성호 이익의
심경질서

지은이 성호(星湖) 이익(李瀷)

1681(숙종 7)년에 태어나 1763(영조 38)년에 세상을 떠났다. 자는 자신(自新), 본관은 여주(驪州)이다. 이익은 경전 연구에서 주석에 의거하지 않고, 원문 자체의 맥락에 입각해 그 본지를 이해하는 탐구 방식을 선도하였다. 동시에 치용(致用)을 중시해 윤행(倫行)에 실용적인 도움이 되지 않는 심법(心法)에 대한 탐구를 지양하는 한편, 고거(考據)를 박학에 그치지 않고 식무(識務)를 위한 방법으로 활용했다. 그의 학문은 유형원 등 선배의 학풍을 계승한 것으로, 윤동규·안정복·이병휴·신후담·권철신·권일신·이기양 등 문하의 학자들에게 확산되었고, 정약용에 이르러 집대성되어, 경세치용(經世致用)의 특색을 발휘하는 조선 실학의 큰 줄기를 이루었다.

옮긴이

재단법인 실시학사 경학연구회

이우성 · 대한민국학술원 회원, 성균관대 명예교수
김문식 · 단국대 사학과 교수
김보름 · 대림대 교양학부 강사
김선희 · 이화여대 인문과학원 HK연구교수
김성재 · 한국고전번역원 번역위원
김수길 · 서울대 철학과 박사과정 수료
김한상 · 명지대 철학과 교수
문석윤 · 경희대 철학과 교수
박성규 · 명지대 방목기초교육원 객원교수
박종천 · 고려대 민족문화연구원 HK교수
박지현 · 서울대 동아문화연구소 객원연구원
이봉규 · 인하대 철학과 교수
이상돈 · 전주대 한국고전학연구소 연구교수
이치억 · 성균관대 학부대학 강사
이헌창 · 고려대 경제학과 교수
임부연 · 서울대 종교학과 강사
전성건 · 연세대 국학연구원 연구교수
함영대 · 성균관대 대동문화연구원 책임연구원

실시학사
실학번역총서
10

성호 이익의 심경질서

이익 지음
실시학사 경학연구회 옮김
재단법인 실시학사 편

사람의무늬

實學飜譯叢書를 펴내며

    실시학사(實是學舍)에서 실학연구총서(實學研究叢書)를 발간하여 학계에 공헌하면서 뒤이어 실학번역총서(實學飜譯叢書)를 내기로 방침을 세운 것은 벌써 2년 전의 일이다. 실시학사가 재단법인으로 발전하면서 그 재정적 바탕 위에 여러 가지 사업을 수행하는 가운데 실학(實學)에 관한 우리나라 고전들을 골라, 한문으로 된 것을 우리글로 옮겨서 대중화 작업을 시도하기로 한 것이다.
    여기, 이 기회에 나는 다시 몇 마디 말씀을 추가할 것이 있다. 이 실학번역총서를 낸다는 말을 전해 듣고 모하(慕何) 이헌조(李憲祖) 형이 앞서 거액을 낸 것 외에 다시 적지 않은 돈을 재단에 출연해 주었다. 나는 그의 학문에 대한 열정에 오직 감동을 느꼈을 뿐, 할 말을 잊었다. 오늘날 우리나라에서 사회문화에 대한 허심탄회(虛心坦懷)로 아낌없이 투자해 줄 인사가 계속해서 나와 준다면 우리 학계가 얼마나 다행할까 하는 생각을 금(禁)할 수 없었다.

실(實)은 실시학사가 법인으로 되기 전부터, 나는 성균관대학교에서 정년퇴임한 뒤에 진작 서울 강남에서 학사(學舍)의 문을 열고 젊은 제자들과 함께 고전을 강독하면서 동시에 번역에 착수하였고, 그 뒤 근교 고양(高陽)으로 옮겨 온 뒤에도 그대로 계속하여 적지 않은 책들을 간행하였다. 예를 들면 경학연구회(經學研究會)가 다산 정약용(茶山 丁若鏞)의 『정체전중변(正體傳重辯)』, 『다산과 문산(文山)의 인성논쟁』, 『다산과 석천(石泉)의 경학논쟁』, 『다산과 대산(臺山)·연천(淵泉)의 경학논쟁』, 『다산의 경학세계(經學世界)』, 『시경강의(詩經講義)』 5책 등을 번역 출판하였고, 고전문학연구회(古典文學研究會)가 영재 유득공(泠齋 柳得恭)의 『이십일도회고시(二十一都懷古詩)』와 『열하기행시주(熱河紀行詩註)』 각 1책, 낙하생 이학규(洛下生 李學逵)의 『영남악부(嶺南樂府)』 1책, 그리고 『조희룡전집(趙熙龍全集)』 5책, 『이옥전집(李鈺全集)』 5책, 『산강 변영만(山康 卞榮晚)전집』 3책, 유재건(劉在建)의 『이향견문록(里鄉見聞錄)』 1책 등을 모두 번역 출판하였다. 이 열거한 전집들 중에는 종래 산실(散失) 분장(分藏)된 것이 적지 않아서 그것을 수집하고 재편집하는 데 많은 노력을 기울였다. 이 과정에서 제자들은 어려운 생활 속에서도 세월 따라 능력이 성장해 왔고 나는 그것을 보면서 유열(愉悅)을 느껴, 스스로 연로신쇠

(年老身衰)해 가는 것도 잊고 있었다.

그런데 이제 번역 사업이 본격화되면서 많은 역자(譯者)가 한꺼번에 나오게 되고 나는 직접 일일이 참여할 수 없게 되고 보니 한편 불안한 점이 없지도 않다. 나는 지난날 한때 민족문화추진회(民族文化推進會, 韓國古典飜譯院의 前身)의 회장직을 맡아, 많은 직원들, 즉 전문으로 번역을 담당한 분들이 내놓은 원고들을 하나하나 점검할 수도 없어 그대로 출판에 부쳐 방대한 책자를 내게 되었다. 물론 역자들은 모두 한문 소양이 상당하고 또 성실하게 우리글로 옮겨 온 분들이지만 당시 책임자였던 나로서는 그 자리에서 물러난 지 오래된 지금에 와서도 마음 한 구석에 빚이 되어 있는 것이 사실이다. 그런데 지금 또 실시학사에서 전건(前愆)을 되풀이하게 되는 것이 아닐까 걱정이 앞서기 때문이다.

그러나 이미 화살은 날았다. 이제 오직 정확하게 표적(標的)에 맞아 주기를 바랄 뿐이다.

2013년 초하(初夏)

李佑成

차 례

實學飜譯叢書를 펴내며 ··· 5

『심경질서』 해제 ·· 11

『심경질서(心經疾書)』

서(序) ·· 25
1 『심경(心經)』, 「우모(禹謨)」 ·· 28
2 「억(抑)」시 ·· 34
3 「건괘(乾卦)」 구이효(九二爻) ······································ 36
4 「곤괘(坤卦)」 육이효(六二爻) ······································ 41
5 「손괘(損卦)」과 「익괘(益卦)」 ····································· 52
6 「복괘(復卦)」의 초효(初爻) ··· 58
7 『논어』에서 공자는 네 가지를 끊으셨다고 한다 ········· 61
8 안연이 인에 대해 물었다 ·· 62
9 중궁(仲弓)이 인(仁)에 대해 묻다 ································ 69
10 『중용(中庸)』 ·· 73
11 『대학(大學)』의 "성의(誠意)" ······································· 79
12 수신(修身) ·· 85
13 『예기(禮記)』의 예악(禮樂) ·· 103

14	성정(性情)의 바름을 회복하여 뜻을 조화롭게 한다	110
15	군자는 그 도를 얻음에 즐거워한다	116
16	『맹자』의 사단(四端)	122
17	적자(赤子)의 마음	128
18	우산(牛山)의 나무	130
19	인은 사람의 마음이다	155
20	지금 무명지가 있다	160
21	사람이 몸에 대해 겸해서 아끼는 바가 있다	162
22	똑같은 사람이다	166
23	닭이 울면 일어나	168
24	양심(養心)	173
25	「양심설(養心說)」	183
26	『통서(通書)』	185
27	사물(四勿)	188
28	「심잠(心箴)」	192
20	「경재잠(敬齋箴)」	198
30	「구방심재명(求放心齋銘)」	205
31	「존덕성재명(尊德性齋銘)」	206

부록

『심경질서(心經疾書)』 원문 ···················· 221

찾아보기 ···················· 292

星湖

『심경질서』 해제

이봉규 | 인하대 철학과

1. 판본과 체제

『심경질서(心經疾書)』는 성호(星湖) 이익(李瀷, 1681~1763)이 황돈(篁墩) 정민정(程敏政, 1446~1499)의 『심경부주(心經附註)』에 대하여 주해(註解)를 가한 것이다. 현존하는 판본으로 『성호전서(星湖全書)』 수록본(여강출판사 영인본: 이하 '전서본'이라 부름)과 국립중앙도서관 소장본(한古朝 17-169: 이하 '국중본'이라 부름) 등이 전한다. 전서본 서문이 시작되는 페이지에는 "심경부주질서(心經附註疾書)"로 되어 있고, 국중본에는 "심경질서(心經疾書)"로 되어 있다. 조선시대에 『심경부주』를 텍스트로 사용하면서도 통상 『심경(心經)』으로 일컬었던 관례와 국중본에 의거하여 본 역주서도 책명을 "심경질서(心經疾書)"로 정하였다.

이익이 『심경질서』를 완성한 시기와 두 종의 필사본이 필사된 시기는 알려져 있지 않다. 전서본에는 "邵南先生尹東奎較", 국중본에는 "尹邵南較"라고 첫 장에 적혀 있어 모두 소남(邵南) 윤동규(尹東奎, 1695~1773)

의 교정을 거친 필사본임을 알 수 있다. 윤동규는 이익의 문하에서 가장 연장자로서 정산(貞山) 이병휴(李秉休, 1710~1776), 순암(順菴) 안정복(安鼎福, 1712~1791) 등과 함께 이익의 저작들을 주도적으로 교정하였고, 이익의 사후 행장을 쓰기도 하였다.

『심경질서』는 『심경부주』의 내용 가운데 문제되는 구절들을 선별하여 고증과 설명을 가함으로써 개념과 맥락을 분명하게 밝힌 책이다. 『심경부주』는 전체 37장으로 이루어져 있는데, 『심경질서』는 이 가운데 2·13·20·27·28장을 제외하고 모두 32장에 대하여 논하였다. 편제를 살펴보면, 『심경부주』의 원문을 수록하지 않고 성호 자신의 견해만 제시하고 있고, 특히 「동명(東銘)」과 「사물잠(四勿箴)」에 대해서는 자신의 견해를 도(圖)를 그려서 제시하였다. 『심경질서』의 목차는 『심경부주』의 목차에 의거하여 해당되는 내용을 중심으로 간략하게 구성하였는데(아래 도표 참조), 성호가 처음부터 붙인 것인지 아니면, 교정 과정에서 부가한 것인지는 불분명하다. 목차는 두 판본이 모두 동일하다.

현재 전하는 두 판본은 모두 소남 윤동규의 교정을 거친 것으로 되어 있지만, 판본 사이에 글자의 출입이나 단락의 출입이 발견된다. 이들은 모두 필사 과정에서 생긴 것으로 보인다. 현재 성호가 완성한 초본이 전해지지 않아서 원형을 확정하기는 어렵다. 다만, 내용을 비교해볼 때, 국중본이 전서본에 비하여 더 정리된 본으로 여겨진다. 예를 들면, 「우모(禹謨)」에서 성호는 "욕구가 천리와 구별되는 것은 마치 이익과 의리가 구별되는 것과 같다.(欲之與理別也, 如利之與義別也.)"라는 의견을 제시하였는데, "理"자가 전서본에는 "利"자로 되어 있어 문맥에 어울리지 않는다. 또한 「심잠(心箴)」에 대한 이익의 조목들은 두 판본 사이에 순서가 다른데, 『심경부주』의 내용으로 볼 때 국중본의 순서가 합당해 보인다.[1] 본 역주에서는 현재 통행본인 전서본을 저본(底本)으로 하고 국중본을 교본(校本)으로 하면서, 서로 글자와 단락에서 출입이 있는 경우 해당 부분의 문맥에 맞추어 조정하였다. 이하 이익이 논한 부분과 주요 내용을 도표로 표시하면 다음과 같다.

	심경부주 목차	심경질서 목차	심경질서 주요 내용
1	『書』「大禹謨」人心道心章	「禹謨」	"人心", "人欲" 개념 고증
2	『詩』「魯頌」上帝臨女章		
3	『詩』「大雅」爾友君子章	「抑」詩	衛武公 관련 기록 고증
4	『易』「乾」九二 閑邪存誠章	「乾」九二	"邪" 개념 고증
5	『易』「坤」六二 敬以直内章	「坤」六二	"主一無適" 주석 추가
6	『易』「損」大象 懲忿窒慾章	「損」「益」	수양의 방법
7	『易』「益」大象 遷善改過章		
8	『易』「復」初九 不遠復章	「復」初	"不遠復"의 의미
9	『論語』子絶四章	『語』絶四	意、必、固、我 관계
10	『論語』顏淵問仁章	顏淵問仁	顔子所好何學論 연원
11	『論語』仲弓問仁章	仲弓問仁	克己復禮章과 연관성
12	『中庸』天命之謂性章	『中庸』	未發時 知覺의 특성
13	『中庸』詩潛雖伏矣章		
14	『大學』誠意章	『大學』誠意	心과 誠의 관계
15	『大學』正心章	修身	誠意正心과 致知의 관계
16	『禮記』「樂記」禮樂不可斯須去身章	「樂記」禮樂	"鞭辟", "退產"등 의미 고증
17	『禮記』「樂記」君子反情和志章	反情和志	東銘圖 부가하여 東銘 설명
18	『禮記』「樂記」樂得其道章	君子樂得其道	秦觀, 公孫敖, 班伯 고증
19	『孟子』人皆有不忍人之心章	『孟子』四端	율곡학파 四端說

1 이에 관해서는 아래 역주의 해당부분 참조할 것.

	심경부주 목차	심경질서 목차	심경질서 주요 내용
20	『孟子』矢人函人章		
21	『孟子』赤子之心章	赤子心	赤子心과 大人心의 차이
22	『孟子』牛山之木章	牛山之木	附註의 范浚 인용을 비판
23	『孟子』仁人心章	仁人心也	"人心", "反復入身"의 의미; "放心"에 대한 주석 보완
24	『孟子』無名之指章	今有無名指	附註 고증
25	『孟子』人之於身也兼所愛章	人之於身也兼所愛	"人心"과 "攻取"의 맥락
26	『孟子』均是人也章	均是人也	"立心"의 맥락
27	『孟子』飢者甘食章		
28	『孟子』魚我所欲章		
29	『孟子』雞鳴而起章	雞鳴而起	義와 利, 爲己의 맥락
30	『孟子』養心章	養心	寡欲의 맥락
31	周子 養心說	養心說	誠意와 "明通"의 관계
32	周子『通書』聖可學章	『通書』	"明通公溥", 求放心의 맥락
33	程子 視聽言動四箴	四勿	心、氣、性、理 관계; 四勿箴圖 추가
34	范氏 心箴	心箴	"堪輿", "其輿" 고증
35	朱子 敬齋箴	敬齋箴	敬齋箴의 敬공부 구조
36	朱子 求放心齋銘	求放心齋銘	"屈伸" 등 의미 맥락
37	朱子 尊德性齋銘	尊德性齋銘	"弄得" 등 의미 맥락; 道問學과 尊德性의 관계

2. 『심경부주(心經附註)』의 관점

주희의 재전제자(再傳弟子) 진덕수(眞德秀: 西山, 1178~1235)는 남송(南宋) 말기 관료이자 학자로 활동하면서, 『심경(心經)』·『정경(政經)』·『대학연의(大學衍義)』·『서산문집(西山文集)』·『서산독서기(西山讀書記)』 등 많은 저술을 남겼다. 이 가운데 『심경』은 『상서』, 「대우모」의 인심도심장(人心道心章)을 필두로 '존양(存養)'과 '성찰(省察)' 양 방면의 수행에 도움 되는 구절을 삼경(三經)·사서(四書)·『예기(禮記)』의 경서(經書)뿐만 아니라 주돈이(周敦頤)·정이(程頤)·범조우(范祖禹)·주희 등 송대 학자들의 글에서 취하여 모은 것이다. 진덕수는 주희의 제자 첨체인(詹體仁)을 통해 주자학을 전수받았는데, 주희가 육구연(陸九淵)의 학문적 입장에 대해 시종 반대하였을 뿐 아니라, 도문학(道問學)과 존덕성(尊德性) 두 방면에 대하여 병진(竝進)하는 학문론을 주희가 평생 견지하였다고 해석하였다. 다만 『심경』에서는 진덕수 자신의 해석을 일체 부가하지 않고, 경전과 선현의 글에서 심성의 수양에 긴요한 부분을 발췌하여 먼저 『상서(尙書)』, 「대우모(大禹謨)」의 인심도심(人心道心)장을 필두로 경전에서 뽑은 자료를 먼저 경전별로 배치하고, 그 뒤에 송대 유학자들의 문장을 시대순으로 배치하였다. 곧 주희가 「중용장구서(中庸章句序)」에서 밝힌 전법론(傳法論)에 의거하여 관련되는 실질적 수행 지침들을 모아 제시한 것이다.

명대 초기 정민정(程敏政: 篁墩, 1446~1499)은 진덕수의 『심경』에 다시 송대 학자들의 주(註)와 자신의 견해를 부가하여 『심경부주(心經附註)』로 편찬, 1492년에 간행하였다.[2] 정민정은 학문적으로 주희를 존중하였는데, 학문방식과 관련하여 주희가 도문학(道問學, 궁리와 치지의 공부) 위주의 공부방식을 취하다가 만년에 존덕성(尊德性, 마음의 대체를 확립하는 공부)을 우선시하는 입장으로 전환하였다고 이해하였다. 그는 『도일편(道一編)』을 저술하여 주희가 초기에 도문학을 중시하는 학문방식을

---

[2] 「心經附註序」 참조.

취하여 육구연과 대립하였다가 만년에는 존덕성 공부를 중시하여 같은 입장이 되었다는 이른바 조이만동(早異晚同)론을 주장하였는데, 이 관점은 뒤에 왕수인(王守仁)이 「주자만년정론(朱子晚年定論)」을 주장하는 선구가 되었다.

정민정은 존덕성을 우선시하는 것이 주희의 정론이라는 견해를 『심경부주』에 반영하였다. 그는 진덕수가 「존덕성재명」을 『심경』의 마지막 장에 배치한 것이 곧 존덕성을 중시하는 입장을 반영한 것으로 해석하였다. 그는 주자의 발언과 오징(吳澄)의 설 등 존덕성을 강조하는 글을 주로 부가하여 주자의 만년정설로 세웠다. 이러한 정민정의 관점은 진덕수의 리학(理學)에 대한 이해나 『심경』을 편찬하면서 가졌던 진덕수의 입장과 상관이 없는 것이었다.

3. 『심경질서(心經疾書)』의 연원과 특징

퇴계 이황은 젊은 시절부터 『심경』을 중시하였으며, 만년에 이르러서도 제자들에게 강의하는 주요한 텍스트로 삼았다. 이황은 정민정의 관점에 대하여 주의하지 않았다가, 금계(錦溪) 황준량(黃俊良)과 월천(月川) 조목(趙穆) 등의 지적에 따라 알게 된다. 1565년 그는 『심경』에 대한 자신의 이해관점을 「심경후론(心經後論)」으로 정리하였다. 이황은 존덕성을 우선시하는 정민정의 관점과 상관없이, 도문학과 존덕성을 병진하는 관점에서 『심경』을 공부에 적극 활용할 필요가 있다고 학술적 효용성을 높이 평가하였다. 이 퇴계의 관점은 이후 조선의 학자들에게 크게 영향을 미쳤다. 『심경』은 『근사록(近思錄)』과 함께 서원(書院)의 교과과정에 포함되었고, 학자들 사이에는 정민정의 관점을 비판하면서 『심경』의 취지를 드러내는 학문적 연구가 계속 유행하였다.

이황 사후 조선에서 『심경부주』에 「심경후론」을 수록하여 간행하는 것이 일반화되었다. 또한 이황이 만년에 『심경부주』에 대하여 강의한 내용은 만년 제자인 간재(艮齋) 이덕홍(李德弘, 1541~1596)과 산천재(山泉齋) 이함형(李咸亨, 1550~1586)이 정리하여 책으로 묶었는데 현재까지 각각 『심경강록(心經講錄)』, 『심경질의(心經質疑)』로 전해진다. 이들 강의록은 효종(孝宗)대에 조정에 올려져 경연(經筵)에서 활용되었을 뿐 아니라, 학자들의 『심경부주』에 대한 학문적 연구에 계속 활용되었다.[3]

이익은 경기도 안산(安山)에서 평생 학문에 몰두, 문하에 많은 학자들을 배출하여 18세기 근기(近畿) 지역 실학(實學)의 한 중심 조류를 형성하였다. 조선후기 실학의 전개과정에서 반계(磻溪) 유형원(柳馨遠, 1622~1673)으로부터 다산(茶山) 정약용(丁若鏞, 1762~1836)에 이르는 경세치용(經世致用)파로 불리는 실학의 조류는 이익의 단계에서 하나의 학파로서 뚜렷한 개성을 발휘한다. 따라서 학계에서는 성호학파로 부르기도 한다. 이익은 『천주실의(天主實義)』, 『직방외기(職方外紀)』 등 당시 조선에 전래된 서학서(西學書)들을 전면적으로 독서하고 자신의 견해를 제시하였을 뿐 아니라, 사서와 삼경, 그리고 성리서(性理書)에 대해서도 자신의 경학적 성찰을 가하여 각각 "질서(疾書)"로 남겼다.[4] 『심경질서』는 그 한

---

3 관련 내용에 대한 상세한 설명은 이봉규, 「심경부주에 대한 조선성리학의 대응」, 『태동고전연구』 12, (한림대학교 태동고전연구소, 1996) 참조.
4 조카 이병휴(李秉休)가 쓴 행장에 따르면, 이익이 남긴 질서는 다음과 같다: 『역경질서(易經疾書)』, 『서경질서(書經疾書)』, 『시경질서(詩經疾書)』, 『논어질서(論語疾書)』, 『맹자질서(孟子疾書)』, 『대학질서(大學疾書)』, 『중용질서(中庸疾書)』, 『가례질서(家禮疾書)』, 『근사록질서(近思錄疾書)』, 『심경질서(心經疾書)』, 『소학질서(小學疾書)』. 『星湖全集』 附錄 卷1, 「家狀」(從子秉休) 참조.

부분이다.

이익은 이황 문하에서 이루어진 『심경』에 관련한 성과들과 더불어, 『심경석의(心經釋疑)』 등 당대 새롭게 배출된 성과들에 대해서도 폭넓게 파악하고 있었다. 그는 이함형(李咸亨)에 대한 소전(小傳)을 통해 1569년 이함형이 이황 문하에서 『심경부주』를 이덕홍과 함께 공부하고, 1570년 강의록을 『심경질의(心經質疑)』로 정리하였음을 밝히고 있다.[5] 또한 송시열 등이 주도하여 편찬한 『심경석의』에서 이황의 사칠설(四七說)에 대하여 이이의 설로 보완한 것을 발견하고, 글로 다시 반박하였다.[6]

이익이 『심경질서』를 통해 행한 작업은 두 가지 측면에서 살펴볼 수 있다. 하나는 이황의 관점에 따라 "겉으로는 주희를 따르지만 속으로는 육구연을 따르는〔外朱而內儒〕" 정민정의 논점을 비판하는 것이고, 다른 하나는 『심경부주』에 인용된 본문과 주석들의 맥락을 명료하게 밝히는 것이다.

먼저 전자와 관련해서 보면, 이익은 공부방식과 관련하여 이정(二程) 문하는 존덕성 쪽에 더 중점을 두면서 불교와 도교에 더 가까이 가고 도문학에 소홀한 폐단이 있었다면, 주희 문하에서는 도문학 쪽에 더 중점을 두어 글의 뜻에 얽매이고 존덕성 부분이 소홀하게 되는 폐단이 있었다고 본다. 이익은 정민정이 진순의 학문방식에 대하여 도문학에 치우쳤다고 비판한 것이 일정부분 타당성이 있다고 여긴다. 그러나 정민정이 주자의 만년정론으로 제시한 12개의 조목에 대하여 그 맥락이 존덕성을 우선시하는 것이 아님을 차례로 지적하여, 주자의 일반론으로 정당화하는 것은 무리라고 비판한다. 가령, 황간(黃榦)에게 답하는 편지

---

5 『성호전집(星湖全集)』 권68, 「산천재이선생소전(山天齋李先生小傳)」 참조.
6 『星湖先生全集』 卷54, 「跋心經釋疑」 참조.

에서 주희가 의미의 세밀한 이해에 집중하면 장족의 발전을 하는 데 도리어 장애가 된다고 지적한 것을 정민정은 존덕성을 우선시하는 사례로 들고 있다. 이익은 이 편지의 내용이 황간이 어린 아이를 교육시키는 것과 관련하여, 곧 소학(小學) 단계의 교육에서 함양이 필요함을 말하는 맥락이라고 밝힌다. 곧 이 편지는 소학 단계의 공부 방식에 대해서 특정한 개인의 사례를 두고 말한 것이어서 주희의 입장을 대변하는 것으로 일반화하면 안 된다고 지적한다.[7]

후자와 관련해서 보면, 이익은 주자의 주석에 담긴 취지를 분명하게 드러내는 것과 더불어, 『심경』에 인용된 본문들의 맥락을 그 자체로 드러내는 것에도 중점을 두고 있다. 그는 장재의 「동명(東銘)」과 정이(程頤)의 「사물잠(四勿箴)」에 대하여 그 의미구조를 쉽게 이해할 수 있게 스스로 도(圖)를 만들어서 제시하고 있다.

정민정은 『맹자』, 「우산지목(牛山之木)」장에서 존심(存心)에 대한 범준(范浚)의 설명을 채록하여 주(註)로 부가하였다. 이익은 온갖 사려들이 분잡하게 일어나도 본심의 고요함은 그대로 있다는 범준의 설명이 착오라고 여긴다. 마음이 주재하는 본래의 활동을 견지하면 외물과의 접촉에 따라 사려들이 기멸(起滅)하는 것은 동정(動靜)의 자연스런 과정이 되지만, 경(敬)을 견지하여 주재하는 활동을 하지 못할 경우 외물과의 접촉에 따라 사려가 분잡하게 일어나고 본심도 견지되지 못하기 때문이다. 따라서 사려가 분잡한 가운데에서도 본심이 그대로 있다는 범준의 말은 잘못된 것이라고 비판하고, 정민정이 범준의 말을 주로 채록하여 부가한 것도 합당하지 않다고 비판한다.[8]

---

[7] 『심경질서』 31장 「존덕성재명(尊德性齋銘)」 8번 항목 참조.
[8] 『심경질서』 18장 「우산지목(牛山之木)」 3번 항목 참조.

이익의 이러한 비판은 미발(未發)에 대한 자신의 성찰에 근거한 것이다. 이익은 미발시 의식의 상태를 영각(靈覺, 지각)은 있지만 사량(思量, 반성적 사유)이 진행되지 않는 상태로, 또는 차고 더운 것과 같은 감각의 지각활동은 있지만 희노(喜怒)와 같은 정(情)의 반응으로 진행되지 않은 상태로 이해한다.[9] 따라서 미발시에도 지각의 생멸이 있고 그 지각을 주재하는 심의 활동도 있다고 이해한다. 그런 입장에서 지각과 사려 외에 별도로 본심이 있는 것처럼 설명하는 범준의 기술은 적절한 설명이 못된다고 본 것이다.

"영각(靈覺)"이란 표현은 주희 등 이학자(理學者)가 즐겨 사용하는 표현이 아니다. 오히려 당시 『천주실의』의 경우처럼 선교사와 양명학자들이 즐겨 사용하는 표현이다. 『천주실의』에서는 이성의 지각을 뜻하고, 양명학자들에게는 양지(良知)의 지각을 의미한다. 이익은 이 용어로 이발시의 지각과 구분되는 미발시의 "허령지각(虛靈知覺)"을 지칭하였다. 이익이 이 용어를 쓴 의도는 명확치 않지만, 미발시에 지각활동이 있음을 적극적으로 드러내기 위해서 이 용어를 사용하고 있는 것으로 보인다. 이익은 미발시의 지각의 의미를 감각지각을 포함하는 구체적인 의식의 활동으로 확장하여 이해하고 있는데, 이런 태도는 주희가 존양(存養)의 주재하는 심리적 활동에 초점을 두고 사용하는 것과 일정한 차이가 있다. 일정 부분 서학 등 당시 학문적 조류에서 제시된 지각과 인식에 대한 성찰들을 수용하여 주자학의 이해를 확장시킨 측면이라고 할 수 있다.

이익은 경(敬)의 수행을 위한 구체적 공부방법을 주희의 「경재잠(敬齋箴)」에서 발견한다. 그는 주희가 「경재잠」을 통해 주일무적(主一無適),

---

[9] 『심경질서』 10장 「중용(中庸)」 2번 항목 참조.

정제엄숙(整齊嚴肅), 수렴(收斂), 상성성(常惺惺) 등의 방법을 두루 포괄하여 경 공부를 제시하였다고 풀이하고, 이들 방법을 동과 정에 관통하여 종합적으로 활용하는 형태의 경 공부를 제시한다. 곧 외면의 공부로는 정제엄숙을 내면의 공부로는 수렴과 상성성의 공부를 사용하는데, 수렴은 정(靜)에, 상성성은 동정을 겸하면서도 동(動)에 더 주안점이 있는 방법이 된다고 해석하고, 주일무적은 전체를 포괄하는 방법으로 설명한다.[10] 이익의 이러한 설명은 조선의 유학이 경(敬)을 수행하는 여러 방법들을 수행 과정에서 종합적으로 이용하는 구체적인 방법을 수립하는데 이르렀음을 보여준다.

『심경질서』는 정민정이 부가한 조이만동(早異晚同)의 주장을 비판하는 것에서 더 나아가, 『심경』의 본문과 주석들의 맥락을 정밀하게 살펴서 그 원의를 드러내고, 수행의 지침으로 구체적으로 활용할 수 있는 방법을 제시하려는 문제의식이 매 구절마다 관통해 있다. 이익은 원의를 드러낼 때에는 주자의 주석에만 의존하지 않고 반드시 본문의 맥락과 자신의 경험에 의거하는 상식적이고 합리적 판단에 의거한다. 이것은 제자 안정복에게 학문 방법과 관련하여 주자의 주석에 의지하여 경전의 맥락을 이해하기보다 경전의 맥락 자체를 먼저 깊이 성찰하는 것이 필요하다고 각성시켰던 문제의식을 이익 스스로가 철저하게 실천하고 있음을 말해준다. 그런 점에서 『심경질서』는 주석의 권위에서 벗어나 합리적 고증과 해석을 통해 원의를 명확히 드러내어 시비를 밝히려는 실사구시(實事求是)의 학문방식으로 전환해가는 17세기 조선 유학의 주요한 사례로서 재평가 할 필요가 있다.

---

10 이와 관련한 상세한 설명은 임부연, 「성호 이익의 심학(心學)-『心經附註疾書』를 중심으로」, 『한국문화』 65, (서울대학교 한국학연구원, 2014) 참조.

범 례

1. 원본 판본은 『성호전서』(여강출판사 영인본, 1984)에 수록된 본을 저본으로 삼고 국립중앙도서관 소장본(朝-17-169)을 교본으로 삼아 두 본을 대조하여 교감하였다. 교감기에서 전자는 전서본, 후자는 국중본으로 약칭하였다.
2. 『심경질서』의 이해를 돕기 위해 『심경』 본문, 진덕수가 붙인 주, 그리고 정민정이 부가한 주 가운데 해당 부분을 『질서』의 본문에 앞서 "《心經》", "《原註》", "《附註》" 등으로 구분하여 수록하고 역주하였다. 매 항목마다 『심경부주』 안에서의 순서에 따라 숫자로 표기하였는데, 『심경주해총람』(동과서, 2014)의 표기에 의거하였다.
3. 『심경』 원문은 『心經·近思錄』(보경문화사 영인본, 1986)을 이용하였다.
4. 표점은 한국고전번역원 전문표점안 범례에 의거하였다.

『심경질서(心經疾書)』

성호(星湖) 이익(李瀷) 선생 저술 | 소남(邵南) 윤동규(尹東奎) 교정

서(序)

『심경부주』는 어찌하여 읽는가? 시속이 그것을 귀하게 여기기 때문이다. 시속이 어찌하여 그것을 귀하게 여기는가? 정자와 주자[1]의 말씀을 모아 두었기 때문이다. 그러나 저 정씨(程氏)[2]는 그 사람됨으로 말하면 시관(試官)을 담당하면서 이익을 탐했고,[3] 그 학문으로 말하면 겉으로는 주자의 학문을 내세우지만 속으로는 육씨(陸氏)[4]의 학문을 따랐으며, 그 책으로 말하면 취사(取捨)에 법도가 없으니, 비록 읽지 않더라도 좋다. 예전에 퇴계가 가장 먼저 이 책을 좋아하여 사서(四書)와 『근사록』에 비등하게 보아[5], 당시 문인(門人)들은 읽지 않는 사람이 없었다. 지금까지 흘러와 풍속을 이루어 위로는 구중궁궐에 나아가 아뢰었고 아래로는 집

---

1 정자와 주자 : 洛建은 정자가 거주한 洛陽, 주자가 거주한 建陽을 뜻한다.
2 정씨(程氏) : 程敏政(1445~1499)을 가리킨다. 그는 明代 徽州府 休寧 출신이고 자는 克勤이다. 선조의 세거지가 篁墩이어서 호는 황돈으로 불려진다. 成化 2년에 진사가 된 이후, 編修를 제수받고, 左諭德을 역임하고, 학문이 해박한 것으로 명성이 있었다. 弘治 년간중에는 관직이 禮部右侍郞 兼 侍讀學士가 되었다. 저술에 『新安文獻志』와 『篁墩集』이 있다.
3 시관(試官)을 담당하면서 이익을 탐했고 : 정민정이 1499년에 李東陽과 함께 試官이 되었을 때 뇌물을 받고 詩題를 유출시킨 사건을 가리킨다. 『明史』 卷286 「程敏政列傳」, "弘治十二年會試, 大學士李東陽少詹事程敏政爲考官, 給事中華昶劾敏政鬻題."
4 육씨(陸氏) : 陸九淵(1139~1191)을 가리킨다. 자는 子靜, 호가 象山이다. 주자와 동시대 인물이다. 鵝湖에 모여 논변한 일이 있는데, 서로 의견의 일치를 보지 못하고 결렬된 후 주희는 육구연을 空疎하다고 비판하고, 육구연은 주희를 支離하다고 비판하였다. 이로부터 유학은 朱와 陸의 두 학파로 나뉘어지게 되었다. 『象山集』과 『語錄』이 있다.
5 예전에 퇴계가 …… 비등하게 보아 : 퇴계는 「心經後論」에서 "내가 처음 道學에 감흥하여 흥기한 것은 이 책의 힘이었다. 그런 까닭에 평생토록 이 책을 높이고 믿은 것이 四書와 『近思錄』보다 못하지 않았다. 〔其初感發興起於此事者, 此書之力也. 故平生尊信此書, 亦不在四子、《近思錄》之下矣.〕"라고 하였다.

집마다 전습(傳習)하였다. 구절마다 주해(註解)되어[6] 조금도 빠진 것이 없으니, 성인(聖人)의 경전도 거의 이와 같지는 않았다. 이와 같으니 어찌 읽지 않겠는가? 서산(西山)[7]의 본경(本經)[8]은 단지 경(經)과 전(傳) 그리고 송나라 현인들이 직접 지은 글만 수록하고, 편지와 어록의 종류까지는 미치지 못했다. 오직 간단하고 긴요한 것만 취하여 문목의 분류가 번잡하지 않았다. 정씨가 이에 별도로 각각의 조목을 세우고 널리 채집하여 분류하였으니, 이것은 경(經)을 부가한 것이지 주(註)를 부가한 것이 아니다.

인심(人心)과 인욕(人欲)의 관계에 대해서는 주자가 전후로 설명을 달리하는데도[9] 흑과 백을 분별하지 않았고, 경(敬)을 근본으로 삼는 것과

---

6 구절마다 주해(註解)되어 : '箋'이라고 하는데, 경전이나 고서 가운데 이해하기 어려운 곳을 해설하여 원작자의 뜻을 밝히거나 자기의 의견을 써 넣은 것을 말한다. 『毛詩』에 대한 漢代 학자 鄭玄의 註釋을 鄭箋이라 부르는 것이 그 예이며, 그밖에도 標箋 또는 箋注라 이름 붙여진 옛 책의 주석서들이 많다.

7 서산(西山) : 眞德秀(1178~1235)를 가리킨다. 그는 南宋 福建 浦城(현재 浦城縣 仙陽鎭) 출신이다. 자는 景元이었으나, 후에 景希로 고쳤다. 호는 西山이며 시호는 文忠이다. 寧宗 慶元 5년에 진사가 된 후, 理宗 때 예부시랑, 직학사원으로 발탁되었다. 端平 원년에는 입조하여 호부상서가 되었으나 이후 한림학사로 옮겼다. 당시 시정에 대하여 많은 건의를 하여 奏疏가 수십만 자에 이른다. 학문은 주희를 종지로 하였다. 『大學衍義』를 편수하였는데, 『大學章句』의 보좌가 될 만하다고 일컬어진다. 정주이학을 다시 흥성시키는 데 많은 힘을 쏟았다. 저술에 『眞文忠公集』이 있다.

8 본경(本經) : 『心經』을 말한다.

9 인심(人心)과 인욕(人欲)의 …… 설명을 달리하는데도 : "인심은 인욕이고 도심은 천리[人心人欲, 道心天理(『이정외서』2-64), 人心惟危, 人欲也; 道心惟微, 天理也(『외서』3-15)]"라는 정자의 주장에 대해 주희도 처음에는 도심과 인심을 천리와 인욕으로 이해하고 있었다.(『朱子語類』 卷78) 그러나 『中庸章句·序』 이후부터 인심은 인욕이 아닌 飢寒痛痒과 같이 形氣와 관련된 육체적인 욕구로 도심은 성명(性命)에 근원을 둔 도덕적 마음으로 설명한다.

정(靜)을 근본으로 삼는 것에 대해서 주자와 장식(張栻)이 서로 논변하였는데도[10] 거리낌 없이 나란히 수록하였으니, 이것은 넓게 하는 것에 힘쓴 것이지 정밀하게 하는데 전념한 것이 아니다. 그 밖에 스스로 주석을 단 것에도 전혀 견해가 없고 단지 서적에서 발췌하여 편집한 것에 불과하니, 꼬리에 붙어서 드러나려고 한 자가 아니겠는가?[11] 지금 전체적인 규모는 제쳐 두고 절(節)과 구(句)만 익히더라도 앞사람의 말씀을 많이 아는 데에 도움이 되는데 해롭지 않을 것이다. 그러므로 이 책을 읽는 틈틈이 내 견해에 따라 문득 기록하였고 아울러 여기에 서문을 짓는다.

---

10 주자와 장식(張栻)이 서로 논변하였는데도 : '정(靜)으로써 공부의 근본을 삼는다'는 주희의 주장에 대해 張栻(1133~1180)은 敬으로 근본을 삼아야 한다고 주장하였다. 이에 대해 주희는 "'경'자 공부는 動과 靜을 통괄하면서 반드시 정을 근본으로 삼기 때문에 내가 이러한 주장을 하였던 것이다. 지금 만약 '경' 자로 바꾸면 완전한 듯하지만, 경을 행하는 데에 先後가 있다는 것을 도리어 알지 못한 것이니, 타당하지 않다.〔敬字工夫, 通貫動靜, 而必以靜爲本, 故熹向來輒有是語. 今者遂易爲敬, 雖若完全, 然却不見敬之所施有先有後, 則亦未得爲諦當也.〕"라고 하였다.(『朱子大全』 卷32 「答張欽夫」32-17) 장식은 자는 敬夫 또는 欽夫, 호는 樂齋 또는 南軒이다. 주자, 呂祖謙과 함께 '東南三賢'으로 불렸다.

11 꼬리에 붙어서 …… 자가 아니겠는가 : 정민정이 별다른 자신의 견해는 없이 다른 사람의 글을 모아 『심경부주』를 편찬함으로써 명성을 얻었다는 말이다. 『史記』 권61 「伯夷列傳」에 "백이와 숙제가 비록 어질었지만 공자를 얻어서 이름을 더욱 떨치게 되었고, 안연이 비록 학문에 독실했지만 천리마의 꼬리(공자의 명성)에 붙어서 행실이 더욱 드러나게 되었다.〔伯夷, 叔齊雖賢, 得夫子而名益彰; 顔淵雖篤學, 附驥尾而行益顯.〕"라고 하였다.

1 『심경(心經)』, 「우모(禹謨)」[12]

『심경』1 ── 순임금이 말하였다. "인심(人心)은 오직 위태롭고 도심(道心)은 오직 은미하니, 오직 정밀하게 살피고 오직 한결같이 지켜야 진실로 그 중(中)을 잡을 것이다."[13]

『부주』1-2 ── 질문하였다. "인심과 도심에 대해 이천이 '천리와 인욕이 바로 이것이다'[14]고 말했습니다. 어떻습니까?" 대답하였다. "실로 그렇다. 그러나 이것은 두 가지가 있는 것이 아니다. 단지 한 사람의 마음에서 도리에 맞는 것이 천리이고, 정욕에 따르는 것은 인욕이다. 바로 그것이 구분되는 곳에서 이해해야 한다. 호오봉(胡五峯)[15]은 '천리와 인욕은 드러난 행동은 같지만 실상은 다르다'[16]고 하였는데 아주 잘 말했다."

『질서』1-1 ── 사람에게는 형기가 있는데, 이 형기에서 생겨나는 것

---

12 『심경(心經)』, 「우모(禹謨)」: 『심경질서』의 첫 장의 제목 '『心經』「禹謨」'에서 '『心經』'은 이후에 나오는 『심경질서』의 장 전체에 공통되는 표제어이다. 따라서 본서에서도 이하 장에서는 다시 표시하지 않는다.
13 인심(人心)은 오직 …… 잡을 것이다 : 『書經』, 「大禹謨」에 나온다.
14 이천이 …… 바로 이것이다 : 『二程遺書』 권11, 「師說」. "人心惟危, 人欲也; 道心惟微, 天理也. 惟精惟一, 所以至之; 允執厥中, 所以行之."
15 호오봉(胡五峯, 1106~1161) : 남송 建寧 崇安 사람이다. 자는 仁仲, 이름은 宏이고, 五峰은 그의 호이다. 胡安國의 아들로 남송 湖湘學派의 개창자다. 어린 시절 楊時와 侯仲良에게 배웠다. 저술로는 『知言』, 『五峰集』, 『皇王大紀』 등이 있다.
16 천리와 인욕은 …… 실상은 다르다 : 『知言』 권1. "天理人欲, 同體而異用, 同行而異情. 進修君子, 宜深別焉."

이 바로 인심이니, 추위를 알고 허기를 느끼는 것과 같은 것이 바로 그것이다. 사람에게는 이런 마음이 없는 자가 없다. 추위를 알면, 따뜻하기를 바라고, 허기를 느끼면 배부르길 바란다. 욕구는 곧 칠정 가운데 하나로서 성인과 우매한 자가 같이 가지고 있다. 만약 따뜻하고 배부름이 의리에 해가 되지 않는다면 어찌 바라지 않을 수 있겠는가? 오직 그 사람의 욕구에 따라 생겨난 것이므로 그것을 인욕이라고 말한다.

정자는 "도심과 인심은 천리와 인욕이 바로 이것이다."라고 말했고, 주자는 "인욕은 단지 허기지면 먹고 싶고 추우면 입고 싶은 마음일 뿐이다."[17]라고 말했는데, 그 설은 본래 유감이 없다. 그러나 추위를 알고 허기를 느끼는 것은 마음이고, 따뜻하기를 바라고 배부르기를 바라는 것도 마음이다. 그런데 단지 추위를 알고 허기를 느낄 때는 '욕(欲)'자를 쓸 수 없기 때문에 인욕(人欲)을 인심이라고 말하면 괜찮지만 만약 인욕 밖에 다시 이른바 인심이 없다고 말하면 안 된다. 따뜻하기를 바라고 배부르기를 바라기 이전에 다만 추위를 알고 허기를 느끼는 마음만 있고, 이른바 '욕구〔欲〕'라는 것에는 아직 미치지 못하는 것이다. 이것이 또한 이 두 가지가 같지 않는 까닭이다. 대개 허기와 추위를 알고 느끼게 되면 곧 따뜻하게 하고 배부르게 하고자 하는 욕구가 저절로 일어나 때로 의리를 가릴 겨를이 없기 때문에 위태로움에 떨어지기 쉽다. 그러나 군자는 바름을 지켜서 의리가 아닌 것을 추구해서는 안 됨을 알아서 비록 배고픔과 추위를 안다고 하더라도, 따뜻하게 하고 배부르게 하려는 욕구가 없는 경우도 있다. 이것이 그 경계로서 어지럽힐 수 없는 것으로, 하나의 욕(欲)자가 그 기괄(機括)[18]이 된다. 그래서 주자가 다시 "인심을

---

17 인욕은 단지 …… 마음일 뿐이다 : 『朱子語類』 78:191. "人欲只是饑欲食、寒欲衣之心爾."
18 機括 : 쇠뇌(弩 : 지지대를 갖춘 기계식 활)의 발사 장치인 노아(弩牙)와 전괄(箭括 : 화살

인욕이라고 말할 수 없다."라고 한 것이다. 대체로 혼륜할 수 없다는 것을 말하는 것이지, 인욕을 위험지경에 이미 떨어진 것으로 지목하여 오로지 사특하고 악한 데로 귀결시키는 것임을 말한 것은 아니다. 그러므로 주자는 다시 "인욕이 바로 좋지 않은 것은 아니다."라고 말하였으니 이것이 진실이다.

그렇다면 인욕을 이욕(利欲)으로 보는 것은 잘못된 것인가? 이것은 대개 이유가 있어서 그런 것이다. 욕구가 천리와 구별되는 것은 마치 이익과 의리가 구별되는 것과 같다. 『주역』에서 "이익은 의리의 조화이다."[19]라고 하였다. 이치에 순응하면 이익이 되는 것이니, 이익이 애초에 불선한 것은 아니나, 오로지 이것만 따라 행하고 의리로써 절제하지 않기 때문에 선하지 않게 될 뿐이다. 그래서 불선(不善)을 지칭하는 이름으로 변해버렸다. 인욕 또한 그러하다. 오직 사적인 형기에 따르고 천리로 그것을 주재하지 않기 때문에 악한 것이 될 뿐이다. 그래서 역시 도리어 불선을 지칭하는 이름으로 변해 버렸다. 그 뜻이 같으므로 (『논어』에서는) "이익에 대해서는 드물게 말하였다"[20]고 하였고, (『맹자』에서는) "욕구를 적게 한다"[21]고 말한 것이다. 만약 단지 이것이 사특하고 악함을 가리킨 것이라면 잘라 버리고 말하지 않아도 좋을 것인데, 하필 드물게 하고 적게 한다고만 하였겠는가? 이것이 비록 그렇기는 하지만 나중에 이미 사특하고 악함을 가리킨 것이라면, 인심과 인욕에 선과 악의 구분이 있다고 말하는 것도 괜찮다. 왕노재[22]의 도설[23]과 같은 종류가 바

끝에 ∧모양으로 갈라져 활줄을 대는 부분). 사물 또는 사태전개의 관건을 뜻한다.
19 이익은 의리의 조화이다 : 『주역』, 「乾卦·文言」.
20 이익에 대해서는 드물게 말하였다 : 『論語』, 「子罕」.
21 욕구를 적게 한다 : 『孟子』, 「盡心下」.
22 왕노재 : 王柏(1197~1274). 자는 會之 또는 伯會, 호는 魯齋, 시호는 文憲이며, 金華 사람

로 이것을 가리킨다.

『부주』1-5 ___ 질문하였다. "'위태롭다'는 것은 위태롭게 동요하여 편안하기 어렵다는 것 아닙니까?" 대답하였다. "위태롭게 동요하여 편안하기 어려운 것에 그치지 않는다. 대체로 인욕에 이끌리면 저절로 위험하다. 그 마음이 어느 사이에 저기에 있다가 다시 어느덧 사방의 만리(萬里) 밖에 있게 된다. 장자가 이른바 '그 열기는 불을 붙이고, 그 한기는 얼음을 얼게 한다.'[24]라고 하였는데, 어쩌다 모면하는 것은 모두 요행이다. 걸핏하면[25] 바로 구렁텅이로 떨어지는 것이니 무엇이 그보다 위태롭겠는가?[26]

『질서』1-2 ___ 『부주』의 다섯 번째 조목은 가장 명백하고 절실하다. 인심의 욕구는 비록 전적으로 좋지 않은 것은 아니지만, 그것을 따르면 위험하여 구렁텅이로 떨어지게 되는 병통이 있다. 만약 인욕이 오로지 사특하고 악하다고만 생각했다면 반드시 '위험하다'고만 말하지 않았을 것이다.

『부주』1-9 ___ 왕노재가 말하였다. "주자가 '인심과 도심의 같지 않음

이다. 조부 王師愈는 楊時의 제자이고, 부친 王瀚은 呂祖謙에게 수학하였으며, 자신은 하기의 문하에서 공부하였다. 汪開之와 함께 주자가 주해한 사서에 대해 연구하였으며, 저서에 『讀易記』, 『讀書記』 등이 있다.
23 노재(魯齋)의 「도설」: 「인심도심도」를 말한다.
24 그 열기는 …… 얼게 한다 : 『莊子』, 「在宥」.
25 걸핏하면 : '動不動'은 動과 不動의 사이이니, '걸핏하면〔動輒〕'의 뜻이다.
26 걸핏하면 …… 위태롭겠는가 : 『주자어류』 78:212.

은 어떤 것은 사적인 형기에서 생기고, 어떤 것은 바른 성명에 근원하기 때문이다'라고 하였다. '사적[私]'이라고 말한 이상 인욕인데, 다시 '인심을 인욕이라고 말해서는 안 된다'라고 하는 것은 어째서인가? 대개 '원(原)'자는 밖에서부터 미루어 들어가서 그것이 본래 있는 것임을 알기에 '미묘하다'고 말한 것이다. '생(生)'자는 그것이 외물에 자극되어 움직인다는 것이니 본래 없는 것임을 알기에 '위태롭다'고 말한 것이다. '정(正)'자와 '사(私)'자는 모두 밖으로 드러난 것이다. 그래서 인심은 인욕이라고 말해서는 안 된다. 만약 인심이 바로 인욕이라면 성인이 분명 '위태롭다[危]'고 말하지 않았을 것이다. 위태롭다는 것은 인욕에 흐르기 쉽다는 것을 말하는 것이다. 인하여 손으로 그림을 그려놓았다."

『질서』1-3 ── 노재(魯齋)의 「도설」은 분명하지 않은 점이 많다. 위태로움은 본래 없어서 그런 것이 아니다. 정(正)자나 사(私)자는 다시 어떻게 하여 밖으로 드러난 것으로 보겠는가? 성명은 본래 바르고 형기는 본래 사적이다. 바르지만 알기 어렵기 때문에 '은미하다'고 하였고, 사적이어서 타락하기 쉽기 때문에 '위태롭다'고 말하였다. 이와 같이 말하면 충분할 것이다. 만약 밖으로 드러나지 않았다면 성명은 바르지 않

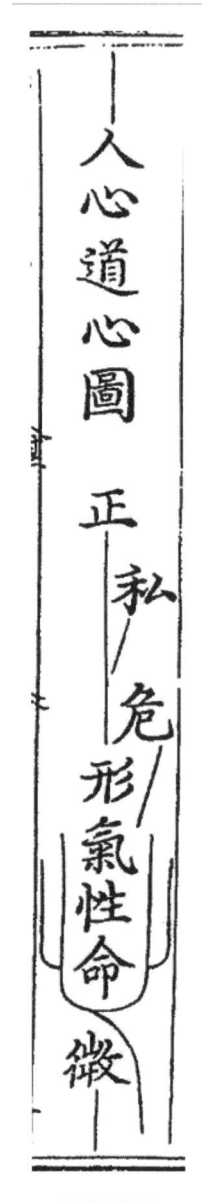

〈인심도심도〉

고 형기는 사적이지 않다는 것인가? 도(圖)의 경우에는 오히려 형기와 성명을 같은 데로 귀결시키고, 단지 사(私)만 사특한 곳으로 돌리고 있다. 만약 그렇다면 사(私)는 '사특한 사사로움〔邪私〕'의 사(私)로서 군자에게는 없는 것이다. 그러나 나의 형기는 다른 사람과 공유할 바가 아니고, 허기와 추위, 아픔과 가려움은 성인이나 우매한 사람이나 모두 있는 것이니 어찌 사적인 것이 없다고 할 수 있겠는가?

번역 박지현

2 「억(抑)」시

『심경』3 ___ 『시경(詩經)』에 이르기를 "네가 군자와 벗하는 것을 보니, 너의 얼굴빛을 온화하게 하여 어떤 허물이라도 있지 않은가 하는구나. 네가 집에 거하는 것을 보니 오히려 옥루(屋漏)에도 부끄럽지 아니하니, 드러나지 않는다고 나를 보는 이가 없다고 하지 말라. 신이 이름을 헤아릴 수가 없거늘 하물며 싫어할 수 있겠는가!"[27]라 하였다.

『부주』3-1 ___ 주자가 말했다. "위무공(衛武公)이 학문하는 공력(功力)이 심히 구차하지 않다. 나이 95세에도 여전히 뭇 신하들에게 명하여 규간(規諫)을 올리라 하였다. 「억시(抑詩)」는 그가 스스로를 경계한 시인데, 후대인이 알지 못하고, 끝내 여왕(厲王)을 경계한 것이라 하였다. 필경 주나라의 경사(卿士)는 성인의 시대와 가까웠으니 기상(氣象)이 자연 같지 않다."[28]

『부주』3-2 ___ 서산 진씨가 말했다. "이는 무공이 스스로를 경계한 시이다. 사람의 상정(常情)이 많은 사람이 있는 곳에서 경건하기는 쉬우나, 홀로 처하는 곳에서 조심하고 두려워하기는 어렵다. 자사가 『중용』을 지으면서 그 설을 미루어 밝히기를 '은미한 데에서 드러나는 것이니, 성(誠)은 가릴 수가 없다.'[29]라고 했다. 아! 무공은 성현을 따르는 무리

---

27 네가 군자와 …… 수 있겠는가 : 『詩經』, 「大雅·抑」에 나온다. 『毛詩』, 「小序」에는 "「억」은 위무공이 여왕(厲王)을 풍자하고, 또한 자신을 경계한 것이다.〔《抑》, 衛 武公刺厲王, 亦以自警也.〕"라고 하였다.
28 위무공(衛武公)이 학문하는 …… 같지 않다 : 『朱子語類』 권81, 59조.
29 은미함이 드러나는 …… 수가 없다 : 『中庸』 제16장에 "子曰: '鬼神之爲德, 其盛矣乎! 視之

일 것이다!"

『**질서**』2-1 ＿ 『사기(史記)』를 살펴보건대, "위무공(衛武公)은 형 공백(共伯)을 습격하여 죽음으로 몰고 자리에 올랐다."[30]고 하였는데, 이 일은 애매하여 천년이 지나도 밝혀지기 어려운 것이다. 지금 시에서는 "네가 방에 있는 것을 보니, 오히려 옥루(屋漏)에도 부끄럽지 않다. 드러나지 않는다 하여 나를 보는 이가 없다고 말하지 말라."고 하였으니, 진실로 그가 평소 극악(極惡)과 대특(大慝, 크게 간특함)이 있었다면, 분명 그의 입에 이러한 말은 담지 않았을 것이니, 이것은 족히 후세에 드러날 것이다. 그러므로 군자는 학문을 귀하게 여긴다.

而弗見, 聽之而弗聞, 體物而不可遺. 使天下之人, 齊明盛服, 以承祭祀, 洋洋乎如在其上, 如在其左右.《詩》曰: '神之格思, 不可度思, 矧可射思.' 夫微之顯, 誠之不可揜如此夫!"라고 하였다.

30 위무공(衛武公)은 형 …… 자리에 올랐다: 『史記』권37,「衛康叔世家 第七」에 "(희후)42년 희후가 죽자 태자 공백 여가 군주의 자리에 올랐다. 공백의 아우 화는 희후로부터 총애를 받아 많은 재물을 받았다. 화는 그 재물을 가지고 무사를 매수하여 공백을 희후의 묘까지 몰아붙였고 공백은 희후의 묘에서 자살했다. 위나라 사람들이 그를 희후의 묘 옆에 장사지내고 시호를 공백이라 하였다. 그리고 화를 위후로 세웠으니 그가 무공이다.〔四十二年釐侯卒, 太子共伯餘立爲君. 共伯弟和, 有寵於釐侯, 多予之賂. 和以其賂賂士, 以襲攻共伯於墓上, 共伯入釐侯羨自殺. 衛人因葬之釐侯旁, 諡曰共伯, 而立和爲衛侯, 是爲武公.〕"라고 하였다.

3 「건괘(乾卦)」 구이효(九二爻)

『심경』4 ＿ 『주역(周易)』, 「건괘(乾卦)」 구이효(九二爻)에 말한다. "공자가 말씀하시기를 '평소의 말을 미덥게 하며 평소의 행실을 삼가서 사악함을 막고 그 성실함을 보존한다.'[31]라고 하였다."

『부주』4-1 ＿ 정자가 말했다. "사악함을 막는 데 다시 무슨 공부를 하겠는가? 오직 용모를 바르게 동하고 사려를 정돈하면 저절로 경(敬)이 생겨난다. 경은 단지 주일(主一)일 뿐이다. 주일하면 동쪽으로도 가지 않고 서쪽으로도 가지 않으니, 이와 같으면 그것이 곧 중(中)이다. 이쪽으로도 가지 않고 저쪽으로도 가지 않았으니, 이와 같으면 그것은 단지 안[內]이다. 이를 보존하면 천리가 저절로 밝아진다. 배우는 자는 모름지기 '경(敬)하여서 안을 곧게 한다'는 것을 가지고 이 뜻을 함양해야 하는데, '안을 곧게 하는 것'이 근본이다."[32]

『부주』4-2 ＿ 또 말했다. "사악함을 막으면 성(誠)이 저절로 보존된다. 예컨대 사람이 집을 가지고 있는데, 담장을 고치지 않으면 도둑을 막을 수 없는 것과 같으니, 도둑이 동쪽으로 오는데 이를 쫓아내면 다시 서쪽으로부터 들어오고, 한 명을 쫓으면 한 명이 또 올 것이다. 담장을 고쳐서 도둑이 저절로 오지 못하게 하는 것만 못하다. 그러므로 사악함을 막고자 하는 것이다."[33]

---

31 평소의 말을 …… 성실함을 보존한다 : 『周易』, 「乾卦·文言」.
32 사악함을 막는 …… 것이 근본이다 : 『二程遺書』 권15.
33 사악함을 막으면 …… 하는 것이다 : 『이정유서』 권15.

『부주』4-3 ___ 또 말했다. "경(敬)은 사악함을 막는 방법이다. 사악함을 막고 그 성(誠)을 보존하는 것이 비록 두 가지 일인 것 같지만, 하나의 일일 뿐이다. 사악함을 막으면 성(誠)은 저절로 보존된다. 천하에 하나의 선과 하나의 악이 있으니, 선을 없애면 곧 악이고, 악을 없애면 곧 선이다. 비유하자면 문은 나가지 않으면 들어오는 것과 같다."[34]

『질서』3-1 ___ 외물이 이르는데 능히 막을 수 있는 것은 경(敬)이 아니면 할 수 없다. 경하면 곧 성(誠)하다.

『질서』3-2 ___ 「동잠(動箴)」에 "현명한 사람은 기미를 알아서 생각의 단계에서 성실히 한다."고 한 것은 마음이 동요하지 않는 것이다. "뜻있는 선비는 힘써 행하여 행위에서 지킨다."[35]라고 한 것은 몸이 동요하지 않는 것이다. 동(動)이란 말은 양자를 다 든 것이다. 만일 다만 '몸을 동요시키지 말아야 한다'고만 하면, 진실로 사특한 생각과 망령된 상념이 마음속에서 뒤섞임이 있게 되어 성실함이 보존될 수 없다.

『질서』3-3 ___ '중(中)'은 일을 가지고 말한 것이고, '안〔內〕'은 몸을 가지고 말한 것이다. 동할 때는 동쪽으로도 서쪽으로도 가지 않고 일에 전념하며, 정할 때는 여기에도 저기에도 있지 않고 몸에게 두는 것이니, 이는 모두 주일(主一)이 되는 바이다. '중'은 일의 적절함이니, 동쪽이나

---

34 경은 사악함을 …… 것과 같다 : 『이정유서』 권18.
35 뜻있는 선비는 …… 행위에서 지킨다 : 『二程文集』 권9, 「動箴」에 "哲人知幾, 誠之於思, 志士厲行, 守之於爲. 順理則裕, 從欲惟危, 造次克念, 戰兢自持, 習與性成, 聖賢同歸."라고 하였다.

서쪽으로 내닫지 않으면 중일 뿐이다.

『부주』4-4 ― 주자가 말했다. "일상의 말을 미덥게 하고, 일상의 행실을 삼가서 다만 사악함을 막아서 저것이 들어올까 두려워해야 한다. 이것이 바로 '싫어함이 없는데도 또한 보존한다'[36]는 말의 뜻이다. '싫어함이 없는데도 또한 보존한다'는 것은 비록 싫어하는 것이 없더라도 마땅히 보존해야 한다는 것이니, 보존한다[保]는 것은 가지고 지킨다는 의미이다."[37]

『부주』4-5 ― 임천 오씨[38]가 말했다. "정자는 '생각에 사악함이 없는 것은 성(誠)이다.'라고 하였는데, 여기에서의 '사(邪)'자는 사욕과 악념을 가리켜 말한 것이다. 천리만 있고 인욕은 없으며 선만 있고 악은 없는 것을 '사악함이 없는 것'이라 한다. 사악함이 없는 것은 망령되지 않은 것이고, 망령되지 않은 것을 성(誠)이라고 하니, 『대학(大學)』의 조목으로는 성의(誠意)의 일이다. 『주역』, 「문언전(文言傳)」에서는 '사악함을 막고 그 성(誠)을 보존한다.'고 하였는데, 여기에서의 '사(邪)'자는 사욕과 악념을 말한 것이 아니다. 성(誠)은 성인의 망령되지 않고 진실한 마음이다. 밖으로 사물을 접할 때, 그것을 막아서 내면에 간섭하지 않게 하여 속마음이 둘이 되지 않고 혼잡하지 않게 하면 성(誠)이

---

36 싫어함이 없는데도 또한 보존한다 : 『詩經』, 「大雅·旱麓」에 "離離在宮, 肅肅在廟, 不顯亦臨, 無射亦保."라고 하였다.
37 일상의 말을 …… 지킨다는 의미이다 : 『주자어류』 권69, 5조.
38 임천 오씨 : 吳澄(1249~1333). 자는 幼淸이고, 草廬先生으로 불리었다. 宋元 교체기의 崇仁(현 강서성) 사람으로 國子監司業, 翰林學士를 역임하였다. 시호는 文正이다. 저서에 『學基』, 『學統』, 『吳文正公集』, 『孝經章句』 등이 있다.

저절로 보존되는 것이니, 『대학』의 조목으로는 정심(正心)의 일이다. 보통사람으로 천리와 인욕, 선과 악의 나뉨에 어두운 자는 인욕을 따라 악을 저지르기를 마치 미친 사람이 물에 빠지고 불속에 뛰어들어서도 편안히 그것을 잘못이라 여기지 않는 것과 같이 하여서, 어리석고 미련하며 어두워 완악하고 영활하지 못한 것이 거의 금수와 다를 것이 없다. 그 다음은 자못 이것이 천리가 되고 선이 되는 것은 알고, 저것이 인욕이 되고 악이 되는 것은 알지만, 뜻이 기질을 이기지 못하여 한가로이 홀로 거처할 적에 사악한 생각이 일어난다. 하나라도 사악한 생각이 있으면, 곧 그것을 막고 제어하여야 스스로 속이지 않는 성(誠)인 것이다. 무릇 이미 사악한 생각이 없다면 생각하는 것은 모두 천리이고 선이다. 그러나 하나의 생각이 막 일어났을 때 한 생각이 또 일어나고, 한 생각이 아직 끝나지 않았는데도 여러 생각이 서로 뒤를 이어 일어난다면 이것이 둘이고 혼잡된 것이다. 인욕이 아니고 악이 아니더라도 또한 이것을 '사(邪)'라고 하는데, 이것이 『주역(周易)』, 「문언전(文言傳)」에서 말한 '한사(閑邪)'의 '사(邪)'이지 『논어(論語)』 '무사(無邪)'의 '사'가 아니다. 대개 반드시 먼저 능히 사욕과 악념의 사(邪)를 막아 끊은 이후에 둘이 되고 또 혼잡해지는 사(邪)를 치료할 수 있다. 뜻을 성실히 하고 나서 마음을 바르게 하는 것이다. 그 등급을 어찌 건너뛸 수 있겠는가!"[39]

『질서』3-4 ___ 오씨의 설은 정자(程子) 「사물잠(四勿箴)」의 가르침과는 다르다. 예(禮)가 아닌 곳이 곧 사욕과 악념이다. 『주역』에서는 다만 "사특함을 막는다"라고 말했을 뿐인데, 어떻게 "사무사(思無邪)"와 다르

---

39 정자는 '생각에 …… 수 있겠는가': 『吳文正集』 권5, 「思無邪齋說」.

다는 것을 알겠는가? 오씨의 뜻은 아마 이런 것 같다. 이미 "평소의 말을 믿음직스럽게 하고 평소의 행동을 삼간다"고 하고 이어서 "사특함을 막는다"고 하였으니, 그 앞부분의 "믿음직스런 말"과 "삼가는 행동"이 이미 사악함을 막는 것이기 때문에 그것이 마음을 바르게 하는〔正心〕 공부가 된다고 여긴 것이다. 그러나 주자가 이미 "싫어함이 없어도 또한 보존한다"는 뜻을 말하면서, "싫어함이 없다〔無射〕"는 것은 믿음과 삼감에 해당하고 "또한 보존한다〔亦保〕"는 것은 사특함을 막는다는 것에 해당한다고 하였으니, 그 뜻이 갖추어지지 않음이 없다.

『**질서**』3-5 ── 오씨는 세 등급의 사람을 논했지만 아직 미비함이 있다. 주자는 "진실로 뜻은 이미 성실하지만 마음이 바르지 못한 자가 있고, 뜻도 아직 성실하지 못한데 마음도 바르지 못한 자도 있다. 가령 사전(私錢)을 주조하고 관회(官會, 화폐)를 위조하는 것이 그 경우이다."[40]라고 하였다. 그 선악의 구분에 어두운 자야 이미 책망할 것이 없겠으나, 혹 그 잘못됨을 이미 알고도 오히려 기꺼이 방자하게 행한다면, 이는 주자가 말한 무상한 소인이니 스스로를 속이는 것과는 같지 않다. 모름지기 이 단락을 보태야만 비로소 완비된다 하겠다.

---

40 주자는 "진실로 …… 그 경우이다 : 주자는 말은 그 전거가 명확치 않다. 다만 『주자어류』에 다음과 같이 관련되는 내용이 보인다. "'마음의 발동이 겉으로는 선을 하지만 속으로는 악을 짓는 것'이 이치를 부실하게 파악해서 모르는 사이에 자기(自欺)에 빠지는 것이지, 속으로 악을 하려는 마음을 가지고 거짓되게 선한 체하여 자신을 속이는 것이 아니라고 보았다. 이런 의미에서 사전(私錢)을 주조하거나 관회(官會)를 위조하는 무상소인(無狀小人)과 구별된다.(所謂'心之所發, 陽善陰惡', 乃是見理不實, 不知不覺地陷於自欺; 非是陰有心於爲惡, 而詐爲善以自欺也. 如公之言, 須是鑄私錢、假官會, 方爲自欺, 大故是無狀小人, 此豈自欺之謂邪!"(『朱子語類』16:107). 성호 역시 무상소인(無狀小人)과 자기(自欺)가 동일하지 않다고 본 것이다.

4 「곤괘(坤卦)」 육이효(六二爻)

『심경』5 　『주역』, 「곤괘」 육이효(六二爻)에 "군자는 경하여 안을 곧게 하고 의롭게 하여 밖을 방정하게 하니, 경과 의가 확립되면 덕이 외롭지 않다. '곧고 방정함이 위대하므로 익히지 않아도 이롭지 않음이 없다'[41]는 것은 그 행하는 바를 의심하지 않는 것이다."[42]라고 하였다.

『원주』5-1 　이천 선생이 말했다. "경이 확립되어 안이 곧아지고 의가 드러나 밖이 방정해진다. 의가 밖으로 드러나는 것이지 밖에 있는 것이 아니다."[43]

『원주』5-2 　또 말했다. "주일(主一)을 경(敬)이라고 하니, 안을 곧게 한다는 것은 곧 주일의 의미이다. '감히 속이지 않고 감히 태만히 하지 않는다'는 것과 '오히려 옥루에도 부끄럽지 않다'는 것은 모두 경의 일이다. 다만 이것을 보존하여 오래도록 함양하면 저절로 천리가 밝아진다."[44]

『부주』5-1 　정자가 말했다. "배우는 자는 먼 곳에서 구할 필요가 없고 가까이 자신에게서 취하여, 다만 사람의 이치를 밝혀 경할뿐이니 이것이 곧 약(約)의 자리이다. 『주역』, 「건괘」에서는 성인(聖人)의 학

---

41 곧고 방정함이 …… 않음이 없다 : 『周易』, 「坤卦」 六二효의 효사.
42 군자는 경하여 …… 않는 것이다 : 『周易』, 「坤卦·文言」.
43 경이 확립되어 …… 것이 아니다 : 『伊川易傳』 권1.
44 주일을 경이라고 …… 천리가 밝아진다 : 『이정유서』 권15.

문을 말했고 곤괘에서는 현인(賢人)의 학문을 말했다. 오직 '경하여 안을 곧게 하고 의롭게 하여 밖을 방정하게 해서 경과 의가 확립되면 덕이 외롭지 않다.'는 것을 말했으니, 성인에 이르러도 역시 이와 같을 뿐이요, 다시 별도의 길이 없다. 천착하고 얽매이는 것은 도리가 아니다. 그러므로 도(道)가 있고 리(理)가 있으면 하늘과 사람이 하나가 되어 다시 분별이 없다. 호연지기(浩然之氣)는 곧 나의 기(氣)이므로 길러서 해치지 않으면 천지에 가득 찬다. 하나라도 사심의 가림이 있으면 감연(欲然)히 줄어들어서 작아짐을 알 것이다. '생각에 사악함이 없다.' '경하지 아니함이 없다.'는 두 구절을 따라서 행하면 어찌 어긋남이 있겠는가? 어긋남이 있다는 것은 모두 경하지 못하고 바르지 못함에서 말미암는 것이다."[45]

『**질서**』4-1 ___ 경(敬)과 의(義)는 체(體)와 용(用)의 관계이다. 그런데 경은 곧 주일(主一)하는 것인데, 주일은 동(動)과 정(靜)을 관통한다. 그러므로 '감히 속이거나 태만히 하지 않음'이나 '옥루에도 부끄럽지 않음'과 같은 것들은 이미 '외면을 방정하게 함'을 겸하여 설한 것으로, 총괄하여 경의 일을 말한 것이다. 정(靜)함에 천리를 보존하고 동(動)함에 인욕을 막는 것은 곧 함양의 절도이다. 진실로 격물치지(格物致知, 사물의 이치를 탐구하여 철저히 파악함)를 하여 저 천리의 실제를 밝히지 못한다면, 존천리(存天理, 천리를 보존함)도 제대로 되지 못하고 알인욕(遏人欲, 인욕을 막음)도 참되지 못할 것이다. 이것이 먼저 다시 절실하게 공부해야 할 곳이다. 그렇다면 이른바 자연히 천리가 밝아진다고 한 것은 무엇

---

[45] 배우는 자는 …… 말미암는 것이다 : 『이정유서』 권2 上.

인가? 또 '지(知)와 행(行)이 둘로 나아간다'고 했는데, 경과 의는 모두 행에 속하니 지와 더불어 서로 필요로 한다. 비록 격물하여 치지하고자 하더라도 경이 아니면 힘을 쓸 바가 없기 때문에 반드시 경이 기본이 된다. 이를 따라서 그 지를 지극히 한다면, 한 자 한 마디라도 얻은 것이 비로소 내 것이 되어 천리의 밝음에도 익숙히 이를 수 있을 것이다. 하나의 '경'자를 용렬하게 지킨다고 해서 모든 이치가 저절로 밝혀지는 것은 아니다. 정자가 "함양은 모름지기 경으로써 해야 하는 것이고, 학문의 진전은 치지(致知, 이치를 철저히 파악함)에 달려있다."[46]고 하였는데, 이 말이 매우 적확하다.

『질서』4-2 ㅡ 경을 지니고자 한다면 모름지기 먼저 사람의 이치를 밝혀야 하고, 사람의 이치를 밝히고자 한다면 모름지기 먼저 가까이 제 몸에서 취해야 한다.

『부주』5-2 ㅡ 또 말했다. "경과 의를 함께 지키면, 바로 하늘의 덕에 도달함이 여기에서 시작된다."[47]

『부주』5-2-1 ㅡ 함께 지킴〔夾持〕의 뜻을 묻자, 주자가 말했다. "이 두 글자를 놓은 것이 좋으니 경은 내면을 주로하고 의는 바깥을 막는 것이니, 양자를 서로 함께 지키면 잠시 놓으려 해도 그럴 수가 없고 단지 곧바로 위로 올라가므로 곧 하늘의 덕에 도달한다."[48]

---

46 함양은 모름지기 …… 치지(致知)에 달려있다 : 『이정유서』 권18.
47 경과 의를 …… 여기에서 시작한다 : 『이정유서』 권5.
48 이 두 …… 덕에 도달한다 : 『주자어류』 권95, 138조.

『부주』5-2-2 __ 또 말했다. "겉과 속을 함께 지켜서 동쪽이나 서쪽으로 달리는 것이 없으면 위는 단지 하늘의 덕이 있을 뿐이다."[49]

『부주』5-2-3 __ 또 말했다. "경과 의는 안과 밖을 함께 기르는 것이니, 잡고 고정하여 이 안에 있게 하여 하나라도 내달리거나 잃어버림이 없게 하여야 한다. 이와 같이 하면 아래로는 물욕에 물들지 않아서 단지 하늘의 덕에 도달하는 것이다."

『질서』4-3 __ 경과 의를 함께 지키면, 덕(德)이 모여서 외롭지 않으리니, 외롭지 않으면 큰 것을 이룰 수 있다. 마치 사람이 모여서 대중을 이루고 물이 모여서 큰 바다를 이루는 것과 같다. 큰 것의 극은 하늘의 덕일 뿐이다.

『질서』4-4 __ 덕은 하늘의 덕을 말하고, 기는 호연지기를 말한다. 이 기가 있은 후에 비로소 이 덕이 있고, 이 덕이 있은 후에 비로소 이 기가 있다.

『부주』5-3 __ (서우(徐寓)가) 질문하였다. "『단서(丹書)』에서는 '경이 태만함을 이기는 자는 길하고 태만함이 경을 이기는 자는 멸하며, 의가 욕심을 이기는 자는 순탄하고 욕심이 의를 이기는 자는 흉하다.'[50] 라고 하였습니다." 주자가 말했다. "경하면 곧 확고히 서고 태만하면 방탕하여 쓰러진다. 리(理)로써 일을 따르는 것이 곧 의이고 리(理)로

---

49 겉과 속을 …… 있을 뿐이다 : 『주자어류』 권95, 139조.
50 경이 태만함을 …… 자는 흉하다 : 『大戴禮記』 권6, 「武王踐阼」.

일을 따르지 않는 것은 욕심이다. 이 경과 의는 체와 용이니 「곤괘」의 설과 같다."[51]

『질서』4-5 ___ 경과 의는 안으로 닦는 것이고, 태만함과 욕심은 밖에서 침모(侵侮)하는 것이다. 『주역(周易)』의 구절은 『단서(丹書)』를 얻은 후에 자신을 다스리는 공이 완비된다.

『부주』5-7 ___ (정자가) 말했다. "'경(敬)하여 안을 곧게 한다'고 하였으니, 안에 주가 되는 바가 있으면 마음이 비어 저절로 잘못되고 치우친 마음이 없게 된다. '반드시 일삼는 것이 있다'고 하였으니, 모름지기 경(敬)을 잡아서 일을 해야 하는 것이다. 이 길은 가장 간략하고 가장 쉬우며 또한 공부의 수고를 던다. 이 말을 한 것이 비록 일반사람의 말과 비슷한 것 같지만, 오래 지키면 반드시 구별될 것이다."[52]

『부주』5-8 ___ 어떤 사람이 "아직 감하지 않았을 때에 마음이 어디에 존재하는지 알 수 있겠습니까"하고 물었다. (정자가) 말했다. "'잡으면 보존되고 놓으면 없어져서 날고 듦에 일정한 때가 없고 그 방향을 알 수 없다'[53]라고 하였으니, 다시 어찌 존재하는 곳을 찾겠는가? 다만 잡을 뿐이니 잡는 방법은 경하여 안을 곧게 하는 것일 뿐이다."[54]

---

51 질문하였다 …… 설과 같다 : 『주자어류』 권17, 56조. 問: "《丹書》曰: '敬勝怠者吉, 怠勝敬者滅; 義勝欲者從, 欲勝義者凶.' '從'字意如何?" 曰: "從, 順也. 敬便豎起, 怠便放倒. 以理從事是義, 不以理從事便是欲. 這處敬與義, 是箇體用, 亦猶《坤卦》說敬義."
52 경하여 안을 …… 구별될 것이다 : 『이정유서』 권15.
53 잡으면 보존되고 …… 알 수 없다 : 『孟子』, 「告子上」.
54 어떤 사람이 …… 것일 뿐이다 : 『이정유서』 권15.

『질서』4-6 ─ "경하여 안을 곧게 하면" 마음이 강자(腔子) 안에 있으니 이것이 마음이 존재하는 곳이다. "그 방향을 알 수 없다"는 것은 일반 사람들이 경하지 못한 병통이다.

『질서』4-7 ─ 마음을 기름은 마음을 잡아 보존하여 내면을 비게 한다는 의미에 지나지 않는다. 잡지 못하면 없어지고, 비우지 않으면 (물욕이) 머무르게 되니, '경이직내(敬以直內)'라는 말이 그 뜻을 다했다.

『부주』5-10 ─ 정자가 말했다. "주일(主一)을 경(敬)이라고 하고 무적(無適)을 일(一)이라고 한다."[55]

『질서』4-8 ─ "'(마음을) 두 갈래 세 갈래로 하지 않는다는 것'과 '남쪽·북쪽으로 달리지 않는다는 것'은 어떻게 구별합니까?"라고 묻자, 주자가 "전자는 마음을 두 갈래 세 갈래로 하지 않음을 말했고, 후자는 마음이 내달리지 않음을 말한 것이다."[56]라고 말하였다. 『논어집주(論語集註)』에서는 '경이라는 것은 주일무적을 말한다'고 하고 이어서 풀이하기를 '그 몸이 여기에 있으면 그 마음도 여기에 있으니 한순간의 분리도 없다. 그 일이 여기에 있으면 그 마음도 여기에 있느니 한 상념의 섞임도 없다.'[57]라고 하였다." 진북계는 "일이 없을 때 마음이 항상 이 안에

---

55 주일(主一)을 경(敬)이라고 …… 일(一)이라고 한다:『二程粹言』卷上에 "或問敬, 子曰: '主一之謂敬.' '何謂一?' 子曰: '無適之謂一.' '何以能見一而主之?' 子曰: '齊莊整敕, 其心存焉, 涵養純熟, 其理著矣.'"라고 하였다.
56 물었다. "(마음을) …… 말한 것이다:『朱子語類』권105, 51조.
57 그 몸이 …… 섞임도 없다:『論語集註大全』, 「學而」5장 "子曰: '道千乘之國, 敬事而信, 節用而愛人, 使民以時.'"의 細註에 "朱子曰: '自秦以來, 無人識敬字, 至程子方說得親切,

있어서 달려가지 않는 것이 진실로 주일(主一)이다. 일이 있을 때 마음이 이 일에 응하여 다시 두 번째 세 번째 일로 뻗어나가지 않는 것도 또한 주일이다."라고 하고, 또 "주일은 마음이 단지 여기에 있어서 두 갈래 세 갈래로 되지 않는 것이다. 무적은 이 마음이 여기에 있어서 동쪽이나 서쪽으로 가지 않는 것이다. 다만 주일무적은 돌려가면서 서로 연관지어 풀어보면 분명하니, 주일 외에 별도로 무적의 공부가 있는 것이 아니다."[58]라고 하였다.

오씨는 "모든 일은 하나를 주로 하고 둘이 되어 저기로 가지 않으며, 모든 생각은 가는 바가 없이 오로지 여기에 있다."[59]라고 한다. 장씨는 "주일을 경이라 하고 무적을 일이라 한다. 무릇 이른바 '일(一)'이라는 것이 어찌 완상하며 잡을 수 있는 것이겠는가? 무적이 곧 일이니 이것을 넘지 않을 뿐이다."[60]라고 한다. 내가 생각건대, "주일무적(主一無適)"에 대해서는 아직 깊이 이해할 수 없는 점이 있다면 우선 선유(先儒)의 여러 설로 참작하여 상고해야 얻는 것이 있을 것이다.

『부주』5-11 ㅡ 정자가 말했다. "정제엄숙하면 마음이 저절로 한결같이 되니, 한결같으면 잘못되고 치우침이 끼어듦이 없다."[61] 또 말했다. "엄

曰主一之謂敬, 無適之謂一, 故此合而言之, 身在是則其心在是, 而無一息之離, 其事在是則其心在是, 而無一念之雜.'"라고 되어 있다.

58 주일은 마음이 …… 것이 아니다 : 『陳北溪大全』 권32, 「答梁伯翔二」에 "主一, 是心只在此, 所主惟一不二不三; 無適, 是心只在此, 不走作, 亦不之東, 亦不之西, 亦不之南, 亦不之北. 然主一卽是無適, 只展轉相解釋要分明. 非於主一之外, 又別有無適之功也."라고 되어 있다.
59 모든 일은 …… 여기에 있다 : 『吳文正集』 권10, 「陳幼德思敬字」.
60 주일을 경이라 …… 않을 뿐이다 : 『南軒集』 권35, 「書贈吳敎授」.
61 정제엄숙하면 마음이 …… 끼어듦이 없다 : 『이정유서』 권15에 "閑邪則固一矣. 然主一則

위엄각(嚴威儼恪)⁶²이 경의 도는 아니지만, 다만 경을 지극히 하려면 모름지기 여기에서 들어가야 한다."⁶³

『부주』5-11-2 ▬ (주자가) 또 말했다. "근래에 벗들과 강론함으로 인하여 배우는 자들의 병통을 깊이 궁구해 보니, 단지 본래 경을 지키는 공부가 부족했기 때문에 일마다 지리멸렬했다. 그 경을 말하는 자도 '단지 능히 이 마음을 보존하면 저절로 리(理)에 합치한다'고 하면서 그 용모와 말에 있어서는 왕왕 전혀 공부를 더하지 않았다. 설사 진실로 이와 같이 해서 보존할 수 있다 하더라도 석가·노장과 무엇이 다르겠는가? 또 하물며 마음과 사려가 거칠거나 소홀하여 반드시 이와 같이 보존할 수 없음에랴! 정자가 경을 말하면서 반드시 정제엄숙(整齊嚴肅)·정의관(正衣冠, 의관을 바르게 함)·존첨시(尊瞻視, 시선을 엄숙하게 함)를 우선으로 하였고, 또 '다리를 뻗고 걸터앉아 있으면서 마음이 거만하지 않은 자는 없다'고 하였으니, 이와 같이 해야 곧 지극한 논의가 되는 것이다. 선성(先聖)이 말한 극기복례에 대하여 내가 평소에 강설할 때 '예(禮)'자에 대해서 매양 시원하지 않아서 반드시 '리(理)'자로 새긴 후에 그만두었는데, 이제야 그것이 정미하고 치밀하여 상정(常情)으로는 미칠 수 있는 바가 아님을 알겠다."⁶⁴

不消言閑邪. 有以一爲難見, 不可下工夫如何. 一者無他, 只是整齊嚴肅, 則心便一, 一則自是無非僻之奸. 此意但涵養久之, 則天理自然明."라고 되어 있다.
62 엄위엄각(嚴威儼恪): 이 말은 『예기』, 「제의」에 "위엄을 엄격하게 갖추고 삼가서 공경하는 것은 부모를 섬기는 도리가 아니라 어른이 하는 도리이다.〔嚴威儼恪, 非所以事親也, 成人之道也.〕"라고 나온다. 엄위엄각은 엄격하게 조심하여 공경하는 태도를 말한다.
63 엄위엄각(嚴威儼恪)이 경의 …… 들어가야 한다: 『이정유서』 권15.
64 근래에 벗들과 …… 아님을 알겠다: 『朱子大全』 권34, 「答林擇之」.

『질서』4-9 ___ '극기복례(克己復禮)가 인(仁)이 된다'는 것과 '정제엄숙하면 마음이 저절로 한결같아진다'는 것은 말의 뜻이 서로 통한다. 주자가 평소에 강설하면서 마음에 시원하게 여겨지지 않은 것은 그 예(禮)가 절문(節文, 절도 있고 문채 있게 하는 것)이면 인(仁)이 되는 공부에 걸맞기에 부족하다고 여겼기 때문이었는데, 이제서야 정자의 제설을 참고하여 징험해보고서 그것이 치밀한 것임을 알았다는 것이다.

『부주』5-12 ___ 상채사씨(上蔡謝氏)가 말했다. "경은 항상 깨어있는 방법이다."[65]

『부주』5-13 ___ 화정윤씨(和靖尹氏)가 말했다. "경이라는 것은 그 마음을 수렴하여 일물(一物)도 용납하지 않는 것을 말한다."

『부주』5-14 ___ 주자가 말했다. "경이라는 것은 성학의 시작과 끝을 이루는 것이다. 정자·사씨·윤씨의 몇 가지 설을 보면 그 힘을 쓸 방법을 족히 알 것이다." 어떤 사람이 세 선생의 경설(敬說)의 차이를 묻자, "비유하자면 이 방의 사방으로 모두 들어갈 수 있는 것과 같다. 만일 한 방면으로 들어가서 여기에 도달하면 세 방면의 들어가는 곳이 모두 그 속에 있다."라고 했다.

『질서』4-10 ___ 주자 사방(四方)의 비유는 『대학혹문(大學或問)』에 보인다. 처음에 엄위엄각(嚴威儼恪) 한 조목은 없었는데, 그것이 정제엄숙

---

[65] 경은 항상 깨어있는 방법이다 : 『上蔡語錄』 권2.

의 뜻과 같은 것이라 여겼다. 그래서 정자(程子)가 따서 붙인 것이다. 정제엄숙(整齊嚴肅)을 노씨(盧氏)는 '정의관(正衣冠, 의관을 바르게 함)·존첨시(尊瞻視, 시선을 존엄스럽게 함)'·'족용중(足容重, 발모양을 무겁게 함)·수용공(手容恭, 손모양을 공손하게 함)' 등을 가지고 풀면서[66] 동과 정의 구별을 두었는데, 그 설이 참 좋다. 지금 「경재잠」 서두는 두 조목이 모두 한 구절의 첫머리가 되어 있다.[67] 사씨와 윤씨의 두 설 또한 서로 바탕이 되는 공부이다. 비록 깨어있고자 하나 마음을 수렴하여 외물을 용납하지 않는 공부가 없으면 힘을 다 하기가 어렵고, 비록 수렴하여 외물을 용납하지 않더라도 깨어있음의 방법이 없으면 또한 일이 가지런해지지 않는다. 「경재잠」에서 말한 '출문여빈(出門如賓)'·'승사여제(承事如祭)'와 '수구여병(守口如瓶)'·'방의여성(防意如城)'은 '수렴하여 하나의 외물도 용납하지 않음'을 말하는 것이고, '전전긍긍(戰戰兢兢)'·'동동촉촉(洞洞燭燭)'은 '항상 깨어있음'을 말하는 것이니, 이들은 모두 주일무적이다. 그러므로 「경재잠」에 '동쪽·서쪽으로 치달음'과 '마음이 두 갈래 세 갈래가 됨'의 구별이 있으니, 두 가지를 서로 비교하고 헤아려야 그 뜻이 더 분명해진다. 요컨대 「경재잠」은 경의 전체를 논한 것인즉, 이 몇 가지는 반드시 하나라도 빠뜨릴 수 없기 때문이다.

---

[66] 정제엄숙(整齊嚴肅)을 노씨(盧氏)는 …… 가지고 풀면서 : 『대학혹문(大學或問)』 경1장에 "玉溪盧氏曰: '主一無適未易曉. 故又就事實上教人, 使只就眼前做工夫, 如正衣冠、尊瞻視、足容重、手容恭之類, 皆是內外一致. 外面整齊嚴肅, 則內面便一; 內面便一, 則外面便無非僻之干.'"라고 되어 있다.

[67] 지금 「경재잠」 …… 첫머리가 되어 있다 : 『주자대전』 권85, 「敬齋箴」은 "의관을 바르게 하고 시선을 공경히 하여, 잠심해서 거처함에 상제를 대하듯 하라. 발의 동작은 반드시 중후하고 손의 모양 반드시 공손히 하여, 땅을 가려 밟음에 개밋둑〔蟻封〕 사이를 꺾어 돌 듯 하라(正其衣冠, 尊其瞻視, 潛心以居, 對越上帝. 足容必重, 手容必恭, 擇地而蹈, 折旋蟻封)"으로 시작한다.

『**질서**』4-11 ── 경과 의는 안과 밖을 함께 지키는 공부이니 정자와 주자의 이론이 또한 갖추어져 있다. 내면을 곧게 하는 것이 곧 외면을 방정하게 하는 것이라 해서는 안 될 것이다. 공부가 이루어진 경지에서 말하자면 안과 밖이 합일했기 때문에 내면이 이미 곧으면 외면은 저절로 방정해지지만, 만약 학자의 일로 말하자면 반드시 함께 지키는 공부를 가해야 할 것이다.

번역 이치억

5 「손괘(損卦)」와 「익괘(益卦)」

『심경』6 ___ (『주역(周易)』)「손괘(損卦)」의 「상전(象傳)」에서 말하였다. "산 아래에 못이 있는 것이 '손(損)'[68]이니, 군자는 이것을 본받아 분노를 징계하고 욕심을 막는다."[69]

『질서』5-1 ___ 산과 못, 바람과 우레의 형상을 담은 괘(卦)는 또한 허다하지만 오직 이 두 괘만이 분노를 징계하고 욕심을 막으며 선(善)으로 옮겨 가고 허물을 고치는 것에 대해 말한다. 그러므로 '산 아래의 못을 메우듯이 욕심을 막고 못 위의 산을 꺽듯이 분노를 징계하며, 우레를 만난 바람처럼 선으로 옮겨 가고 바람을 만난 우레처럼 허물을 고친다.'고 말해야 한다.

『부주』6-6 ___ (주자가) 또 말하였다. "지난번에 여백공(呂伯恭)[70]을 만났는데, 그가 '젊었을 때 성품의 기질이 거칠고 사나워 음식이 마음에 들지 않음을 싫어하게 되면 집안일을 돌보지 않고 때려치웠다. 훗날 오랫동안 병을 앓으면서 다만 『논어』한 책을 아침저녁으로 한가롭게 읽다가 '몸소 자책하는 것은 무겁게 하고 남을 책망하는 것은 적게 한다.'[71]고 하는 구절에 이르러 갑자기 마음이 한 순간에 평안해짐을

---

68 산 아래에 ······ 것이 '손(損)' : 손괘의 구성에서 上卦에는 산을 상징하는 艮(☶)이 있고 下卦에는 못을 상징하는 兌(☱)가 놓여 있음을 말한다.
69 산 아래에 ······ 욕심을 막는다 : 『周易』, 「損卦·象傳」에 나온다.
70 여백공(呂伯恭) : 南宋시대 婺州 출신의 학자인 呂祖謙(1137~1181)을 가리킨다. 백공은 그의 자이고 호는 東萊이다. 朱子와 함께 송대 도학자들의 語錄을 주제별로 분류해서 『近思錄』을 편찬하고 주자와 陸象山의 鵝湖寺 회합을 주선한 것으로 유명하다.

깨달아 드디어 종신토록 갑작스런 분노가 없게 되었다."고 하였다. 이것은 기질을 변화시키는 방법이 될 만하다.⁷²

『질서』5-2 ___ 동래(東萊 : 呂祖謙, 1137~1181)의 말은 단지 분노를 징계하고 욕심을 막는 요체일 뿐만 아니라 선으로 옮겨 가고 허물을 고치는 큰 방법이기도 하다. 추측하건대, 병으로 오랫동안 외물과 접촉하지 않은 채 조용히 독서하고 생각하여 그 공부가 도저(到底)했기 때문에 이처럼 빨리 깨닫는 기회를 촉발할 수 있었던 것이다.

『심경』7 ___ 「익괘(益卦)」의 「상전(象傳)」에서 말하였다. "바람과 우레가 '익(益)'⁷³이니, 군자는 이것을 본받아 선을 보면 옮겨 가고 허물이 있으면 고친다."⁷⁴

『부주』7-2 ___ 나⁷⁵는 나이 16, 17세 때에 사냥을 좋아했었다. 그러다가 이윽고 스스로 "이런 것을 좋아하는 마음이 없어졌다"고 말하였더니, 주무숙(周茂叔)⁷⁶이 "어찌 그리 쉽게 말하는가? 다만 이 마음이 은

---

71 몸소 자책하는 것은 …… 적게 한다 : 『論語』, 「衛靈公」에서 공자는 "몸소 자책하는 것은 무겁게 하고 남을 책망하는 것은 적게 한다면, 원망을 멀리하게 될 것이다.〔子曰: 躬自厚而薄責於人, 則遠怨矣.〕"라고 하였다.
72 지난번에 여백공(呂伯恭)을 …… 삼을 만하다 : 『朱子大全』 권54, 「答路德章」에 관련 내용이 나온다.
73 바람과 우레가 '익(益)' : 익괘의 구성에서는 상괘에는 바람을 상징하는 巽(☴)이 있고 하괘에는 우레를 상징하는 震(☳)이 놓여 있음을 말한다.
74 바람과 우레가 …… 있으면 고친다 : 『周易』, 「益卦·象傳」에 나온다.
75 나 : 북송대 도학자 程顥(1032~1085)를 가리킨다. 河南省 洛陽 출신으로 그의 자는 伯淳이고 호는 明道이다. 동생 程頤(1033~1107)와 함께 흔히 二程子로 불리며 『定性書』와 『識仁篇』 등의 저술로 유명하다.

밀하게 잠복하여 아직 발동하지 않는 것일 뿐이니, 어느 날 싹터서 움직이면 다시 처음과 같을 것이다."라고 하셨다. 12년이 지난 뒤 저녁에 돌아올 때 전야(田野)에서 사냥하는 사람을 보고서는 나도 모르게 기뻐하는 마음이 생기게 되었으니, 비로소 과연 사냥을 기뻐하는 마음이 아직도 없어지지 않았음을 알게 되었다.[77]

『질서』5-3 ── '저녁에 돌아올 때 사냥을 기뻐했다'는 말은 두 가지 뜻이 있다. 본래 스스로 거친 마음이 사물과 접촉하면 움직이는 것이 그 첫째다. 비유컨대, 땔나무가 건조하여 불에 타기 마련이어서 비록 불을 다 끄더라도 땔나무가 본래 불을 끌어당기는 물체라서 불을 만나자마자 타는 것과 같다. 예전에 이미 마음에 심어져 숨어 있다 다시 발동하는 것이 그 두 번째다. 비유컨대, 이미 타다 남은 불씨가 불을 더욱 빨리 끌어당기는 것과 같다. 명도(明道)와 같은 분도 30세경에 오히려 이러한 허물이 있었으니, 평범한 사람들이 두려워할 줄 알아야 하는 점이다.

『부주』7-3 ── 이천(伊川) 선생[78]이 말하였다. "자기를 벌주거나 꾸짖는 일이 없을 수 없으나 오래도록 가슴 속에 머물러 두고 후회해서는 안 된다."[79]

---

76 주무숙(周茂叔) : 송대 道學의 창시자로 평가받는 周敦頤(1017~1073)를 가리킨다. 그의 자는 茂叔이고 호는 濂溪이다. 二程, 곧 程顥와 程頤 형제의 스승으로서 대표적인 저서에는 『太極圖說』과 『通書』가 있다.
77 나는 나이 …… 알게 되었다 : 『二程集(一)』, 「河南程氏遺書」 권7 '二先生語 七'에 관련 내용이 나온다.
78 이천(伊川) 선생 : 북송대 河南省 洛陽 출신으로 程顥(1032~1085)의 동생인 程頤(1033~1107)를 가리킨다. 그의 자는 正叔이고 호는 이천이다. 그의 理學과 공부론은 주자가 계승하여 집대성하였다.

『질서』5-4 ___ 스스로 '사냥을 좋아하는 마음이 없으니 제압해서 힘을 얻었다'고 생각했다가 뒤에 과연 그렇지 않음을 알게 되었으니 근심은 소홀히 하는 데서 생기는 것이지 명도(明道)의 공부가 혹 후퇴한 것은 아니다. 좋아하는 마음이 이미 없어졌다고 했으니 제방이 조금 느슨해진 것이지만 고치면 사람들이 모두 우러러볼 것[80]이다. 어찌 다시 머물러 둠이 있겠는가?[81] 그렇지 않고 한 번 뉘우치고 두 번 뉘우쳐서 이것이 쌓여 사의(私意)를 이루면 심체(心體)가 이로 인해 얽매이게 될 것이다.

『부주』7-4 ___ 상채 사씨(上蔡 謝氏)[82]가 이천(伊川) 선생과 이별한 지 1년 만에 찾아가 뵈었다. 선생이 "무슨 공부를 하였는가?"라고 묻자 사씨는 "다만 자랑〔矜〕이란 글자를 제거하고자 하였습니다."라고 답하였다. 선생이 "무슨 까닭인가?"라고 묻자 "자세히 점검해보니, 병통이 모두 여기에 있었습니다. 만약 이러한 죄과를 굴복시킨다면 비로소 향상되어 진보하는 곳이 있을 것입니다."라고 답하였다. 선생은 머리를 끄덕이시며 자리에 앉아있던 사람들에게 "이 사람의 학문은 절실하게 묻

---

79 자기를 죄책함이 …… 후회해서는 안된다 : 『二程集(一)』, 「河南程氏遺書」 권3, '謝顯道記憶平日語'에 나오는 문구이다.
80 고치면 사람들이 …… 우러러볼 것 : 『論語』, 「子張」에 子貢이 "군자의 허물은 마치 일식·월식과 같다. 허물을 저지르면 사람들이 모두 보고 고치면 사람들이 모두 우러러본다.〔君子之過也, 如日月之食焉. 過也, 人皆見之; 更也, 人皆仰之.〕"고 말한 구절이 나온다.
81 좋아하는 마음이 …… 둠이 있겠는가? : 星湖는 『心經附註』 7-2에서 明道가 사냥을 좋아하던 마음이 없다고 한 말을 『心經附註』 7-3에서 伊川이 가슴 속에 머물러 두고 후회해선 안 된다고 한 말과 연결시키고 있다.
82 상채 사씨(上蔡 謝氏) : 북송시대 河南省 上蔡縣 출신의 도학자 謝良佐(1050~1103)를 가리킨다. 그의 자는 顯道이고 상채는 호이다. 二程에게 학문을 배운 高弟로서 그의 사상이 담긴 문헌은 『上蔡先生語錄』이다.

고 가까운 데서 생각하는 것[83]이다."라고 말하였다.[84]

『질서』5-5 ── 무엇을 '점검(點檢)'이라 하는가? 만일 사람이 장차 선으로 옮겨 갈 때 마음속에서 스스로 '이미 선하다'라고 생각하고 장차 허물을 고치려 할 때 스스로 '허물이 없다'라고 생각한다면, 이것은 모두 '자랑〔矜〕'이란 글자의 죄과(罪過)이다. 또 분노를 징계하고 욕심을 막으려 할 때 곧 스스로 '내가 분노하고 욕심을 부리는 까닭은 참으로 정당하다'고 생각한다면, 이것 또한 자랑이란 글자의 죄과이다. 이렇다면 학문이 어찌 진보할 수 있겠는가? 이러한 상태를 벗어나려면 반드시 겸손해야 한다. 겸손은 자랑의 반대이기 때문이다. '겸손은 덕(德)의 자루〔柄〕'[85]이니 선(善)에 나아가는 것은 역시 모두 여기에 달려 있다.

『부주』7-7 ── 면재 황씨(勉齋 黃氏)[86]가 말하였다. "「손괘」와 「익괘」의 뜻이 큰데 성인이 오직 분노를 징계하고 욕심을 막으며 선으로 옮겨 가고 허물을 고치는 것에서 뜻을 취한 것은 무슨 까닭인가? 마음을 바르게 하고 몸을 닦는 것은 학문의 큰 단서이고, 집안을 가지런하게 만들고 나라를 다스리며 천하를 평안케 하는 근본이기 때문이다. 옛날

---

83 절실하게 묻고 가까운 데서 생각하는 것 : 『論語』, 「子張」에서 子夏는 "널리 배우고 뜻을 독실하게 가지며 절실하게 묻고 가까운 데서 생각하면 인이 그 속에 있을 것이다.〔博學而篤志, 切問而近思, 仁在其中矣.〕"라고 말하고 있다.
84 상채 사씨(上蔡 謝氏)가 이천(伊川)선생과 …… 라고 말하였다 : 『二程集(一)』, 「河南程氏外書」 권12, '傳聞雜記'에 나온다.
85 '겸손은 덕(德)의 자루〔柄〕' : 『周易』, 「繫辭(下)」 제7장에 나오는 문구이다.
86 면재 황씨(勉齋 黃氏) : 남송대 도학자인 黃榦(1152~1221)을 가리킨다. 그의 자는 直卿이고 면재는 호이다. 주자의 高弟이자 사위이기도 한 황간은 주자학의 초기 확산에 커다란 역할을 하였다. 그의 저서로 『勉齋集』, 『朱熹行狀』 등이 있다.

배우는 사람들은 한 생각도 몸과 마음속에 두지 않음이 없었는데, 훗날 배우는 사람들은 한 생각도 몸과 마음 밖에 두지 않음이 없다. 이것은 현명함과 어리석음이 나누어지는 이유로서 성인이 깊이 경계하신 점이다."[87]

『질서』5-6 ___ '분노를 징계하고 욕심을 막는 일'은 마음[心]에 속하고, '선으로 옮겨 가고 허물을 고치는 일'은 몸[身]에 속한다.[88]

---

[87] 면재 황씨(勉齋 黃氏)가 말하였다 …… 경계하신 점이다 : 『勉齋集』 권22, 「書晦菴先生所書損益大象」에 관련 내용이 나온다.
[88] 분노를 징계하고 …… 몸[身]에 속한다 : 『心經附註』, 「遷善改過章」에서 黃榦이 『주역』의 '懲窒'과 '遷改'를 『大學』의 '正心'과 '修身'과 연결시켰는데, 星湖는 이러한 연결을 더욱 세분하여 '징질'을 '정심'에 '천개'를 '수신'에 대응시키고 있다.

6 「복괘(復卦)」의 초효(初爻)

『심경』8 ___ (『주역(周易)』) 「복괘(復卦)」 초구효(初九爻)에서 "멀리 가지 않고 돌아와서 후회에 이르지 않으니, 크게 선하고 길하다."라고 하였는데, 공자가 "안씨(顔氏)의 아들이 아마도 도에 가까울 것이다! 불선(不善)이 있으면 알지 못한 적이 없고 알면 일찍이 다시 행한 적이 없었다."고 말하였다.[89]

『부주』8-1 ___ 정자(程子)가 말하였다. "안자(顔子)와 같은 지위에 어찌 불선(不善)이 있겠는가? 소위 불선이란 다만 미미하게 어긋남이 있는 것이요, 안자는 어긋남이 있자마자 그것을 알 수 있었고 그것을 알면 다시는 그런 어긋남이 싹터 나오지 않았다. 안자는 대개 성인과 모두 같았으나 단지 이 점에서 차이가 있었던 것이다. 만일 이런 어긋남도 없다면 곧 성인이다. 증자(曾子)의 세 가지 반성[90]은 단지 긴밀하게 자신을 검속하는 것이다."[91]

『질서』6-1 ___ 안씨(顔氏)가 '도에 가깝다'는 것은 공부가 이미 쉬워졌기 때문이요, 증자(曾子)가 '자신을 검속한다'는 것은 마디마디 마음을

---

89 멀리 가지 …… 적이 없었다 : 『周易』, 「復卦 · 初九爻辭」.
90 증자(曾子)의 세 가지 반성 : 『論語』, 「學而」에서 증자가 "나는 매일 세 가지로 내 몸을 반성한다. 곧 남을 위해 일을 하면서 충심을 다하지 않았는지, 벗과 사귀면서 신의를 저버리지 않았는지, 스승이 전해준 가르침을 익히지 않았는지 반성한다.〔吾日三省吾身, 爲人謀而不忠乎? 與朋友交而不信乎? 傳不習乎?〕"고 한 말을 뜻한다.
91 정자(程子)가 말하였다 …… 검속하는 것이다 : 『二程集(一)』, 「河南程氏外書」 권5, '馮氏本拾遺'에 나온다.

맹렬하게 성찰한다는 말이다.

『부주』8-3 ㅡ 주자가 말하였다. "병산 선생92이 병이 드셨을 때 내가 동자(童子)로서 선생의 병수발을 하였다. 하루는 선생이 젊었을 때 도에 들어가신 차례를 물었더니, 선생은 흔연히 '나는『주역』에서 덕에 들어가는 문을 얻었다. 소위 불원복(不遠復)은 나의 세 글자 신표이다. 너도 이것에 힘쓰도록 해라!'라고 하셨다."93

『질서』6-2 ㅡ 불선(不善)이 있어도 아는 것이 빠르지 않고 이미 알더라도 고치는 것이 급하지 않는다면, 모두 멀리 가지 않고 돌아올 수는 없다. '세 글자의 신표〔三字符〕'라는 것은 치지(致知)와 역행(力行)을 말한다.94 병산(屛山)은 평일에 사물에 대해 반드시 먼저 그 편안하게 대처할 바를 궁구하고 이것에 기초하여 용감하게 실행하였기 때문에 커다란 허물에 이르지 않았다. 만일 그렇지 않고 단지 세 글자의 절도(節度)에만 힘을 썼다면 막연하여 요긴하지 않은 데 가깝지 않았겠는가? 병산의 경우는 '안자(顔子)를 배운 사람'이라고 말할 만하다.

『부주』8-5 ㅡ 남헌 장씨(南軒 張氏 : 張栻, 1133~1180)가 말하였다. "익

---

92 병산 선생 : 朱子의 스승인 屛山(1101~1147)은 남송 건주(建州) 숭안현(崇安縣) 출신으로 성은 劉氏이고 이름은 子翬이며 자는 彦沖이다.
93 주자가 말하였다 …… 라고 하셨다 : 『朱子大全』 권90, 「屛山先生劉公墓表」에 관련 내용이 나온다. 屛山은 朱子에게 '不遠復' 세 글자의 신표에 힘쓰라는 당부의 말을 전하고 이틀 뒤에 죽음을 맞이한다.
94 세 글자의 …… 역행(力行)을 말한다 : 星湖는 '不遠復'이 인식과 실천 곧 '知'와 '行' 두 측면을 모두 함축한다고 보고 '致知'와 '力行'으로 풀이하고 있다.

힘에 단절이 있는 것은 마음의 허물이 그것을 해치기 때문이다. 마음의 허물은 더욱 막기가 어려우니, 하나라도 속에서 싹이 트면 비록 보거나 들을 수 없더라도 내가 때에 맞게 익히는 공부[95]가 이미 잠시 끊어지는데 그것을 살피는 일이 느슨하면 더욱 자라나게 되는 것이다. 사람들은 오래된 허물을 편안하게 여겨 그것을 하찮다고 생각해서 소홀하게 다루는데, 이것을 어찌 익숙하게 만들 수 있겠는가? 오늘 한 생각의 잘못을 통렬하게 고치려 하지 않는다면, 내일 이 생각이 다시 생겨날 것이다. 이렇게 쌓여서 익숙해져버리면 때에 맞게 익히는 공부는 없어질 것이니, 두 가지는 양립하지 않기 때문이다. 이러한 까닭에 군자는 이를 두려워하여 마음 속에 허물이 싹트면 반드시 깨닫고 깨달으면 통렬하게 징계해서 끊어버려 마치 오동나무 잎을 가르듯이 다시는 이어질 수 없도록 한다. 이와 같이 하면 허물의 경계가 저절로 멀어지고 때때로 익히는 공부는 전일해져서 덕으로써 도를 모으게 될 것이다.[96] 안자(顔子)의 불이(不貳)[97]는 한 번 끊어버리면 다시 생겨나지 않게 하는 것이다. 그러므로 나의 서실(書室)을 '불이'라고 이른다."[98]

『질서』6-3 ＿ 마음의 허물을 통렬하게 고치는 것은 곧 신독(愼獨)의 지극한 공부이다.

---

95 때에 맞게 익히는 공부 : 『論語』, 「學而」에서 첫 구절인 "배우고 때에 맞게 익히면 또한 즐겁지 않겠는가?〔學而時習之, 不亦說乎?〕"에 나온다.
96 덕으로써 도를 …… 될 것이다 : 『中庸章句』 27장에는 "만일 지극한 덕이 아니면 지극한 도는 모이지 않는다.〔苟不至德, 至道不凝焉〕"는 구절이 나온다.
97 안자의 불이(不貳) : 『論語』, 「雍也」에는 孔子가 顔回에 대해 "잘못을 되풀이 하지 않았다〔不貳過〕"고 평가한 구절이 나온다.
98 남헌 장씨(南軒 張氏: 張栻, 1133~1180)가 말하였다 …… '불이'라고 이른다 : 『南軒集』 권13, 「名軒室記」에 관련 내용이 나온다.

7 『논어』에서 공자는 네 가지를 끊으셨다고 한다

『심경』9 ― 공자는 네 가지를 끊으셨으니, 사적인 뜻이 없고 기필함이 없으며 고집이 없고 이기적인 자아가 없으셨다.[99]

『질서』7-1 ― '뜻〔意〕'에는 공적인 것도 있고 사적인 것도 있다. 이 문구는 특히 사적인 뜻에 기초해서 말한 것이다. '뜻'이란 첫 머리에서 길이 잘못된 것이니 이미 이런 뜻이 없다면 또 어찌 '기필함〔必〕'과 '고집〔固〕', '이기적인 자아〔我〕'가 있겠는가? 이 장은 공자가 평생 공부해서 도달한 경지를 두루 논한 것이 아니다. 평범한 사람이 사적인 뜻을 가졌는데 막지 않으면 기필함에 이르고 기필하는데 막지 않으면 또한 고집과 이기적인 자아에 이르게 되는 것을 보고서, 공자를 표준으로 삼아 '공자는 이런 네 가지 병폐를 모두 끊으셨다'고 말한 것일 뿐이다.

---

99 공자는 네 …… 자아가 없으셨다 : 『論語』, 「子罕」에 나온다.

8 안연이 인에 대해 물었다

『심경』10 ___ 안연(顔淵)이 인(仁)에 대해 묻자 공자는 "자기를 이기고 예(禮)로 돌아가는 것이 인이다. 하루라도 자기를 이기고 예로 돌아가면 천하가 인으로 인정한다. 인을 행하는 것이 자기에게 달려 있으니, 남에게 달려있겠는가?"라고 말하였다. 안연이 "청컨대 그 조목을 듣고 싶습니다."라고 하니, 공자는 "예가 아니거든 보지 말고, 예가 아니거든 듣지 말며, 예가 아니거든 말하지 말고, 예가 아니거든 움직이지 말라."고 말하였다. 이에 안연은 "제가 비록 불민(不敏)하지만 이 말씀을 받들어 행하겠습니다."라고 대답하였다.[100]

『원주』10-1 ___ 양자(揚子)[101]가 말하였다. "자기의 사욕을 이기는 것을 '극(克)'이라 한다."

『질서』8-1 ___ 자기를 이긴 뒤에는 이기적인 자아가 없다.

『부주』10-1 ___ 이천(伊川) 선생이 말하였다. "하늘과 땅이 정기(精氣)를 쌓음에 오행(五行)의 빼어난 정기를 얻으면 사람이 된다. 그 근본은 참되고 고요하며 그 아직 발동하지 않았을 때는 오성(五性)이 구비되어 있으니 '인의예지신(仁義禮智信)'이라 한다. 형체가 생기면 외부 사물이 그 형체와 접촉하여 그 속을 움직이고 그 속이 움직이면 칠정(七情)이

---

100 안연이 인에 …… 라고 대답하였다 : 『論語』, 「顔淵」에 나온다.
101 양자(揚子) : 前漢 말기의 학자로 『太玄經』과 『法言』의 저자인 揚雄(기원전53~18)을 말한다. 그는 成都사람으로 자는 子雲이다.

나오니 '희노애락애오욕(喜怒哀樂愛惡欲)'이라 한다. 감정이 성해져 더욱 방탕해지면 그 본성이 훼손된다. 그러므로 깨달은 사람은 그 감정을 단속해서 중도에 맞게 하여 그 마음을 바르게 하고 그 본성을 기를 뿐이다. 그러나 반드시 먼저 마음에서 밝혀 가야할 바를 안 뒤에야 힘써 행하여 도에 이르기를 구할 수 있다. 예컨대 안자(顏子)의 경우, (공자가) '예가 아니면 보지도 듣지도 말하지도 움직이지도 말라'고 한 것이나 '남에게 노여움을 옮기지 않고 잘못을 되풀이 하지 않는다'[102]고 말한 것은 그가 배움을 좋아함이 독실하여 배워서 그 도를 얻었기 때문이다. 하지만 그가 아직 성인의 지위에 이르지 못한 것은 그것을 지키려고 했지 저절로 들어맞지 않기 때문이니, 만약 몇 년의 시간을 더 주었다면 짧은 시간에 저절로 성인의 경지에 들어갔을 것이다. 그런데 오늘날 사람들은 '성인은 본래 태어나면서부터 아는 것이지 배워서 도달할 수 있는 것이 아니다'라고 생각하여 배움이란 단지 글을 기억하고 외우며 문장을 짓는 것에 불과하니 그 또한 안자의 배움과 다르다."[103]

『질서』8-2 ___ '하늘과 땅이 정기를 쌓는다'는 것은 '음양(陰陽)과 오행(五行)의 정기'이다. '그 근본이 참되고 고요하다'는 것은 '무극(無極)의 진리'이니, 이미 주렴계의 주정(主靜)이 근원이 됨을 말한 것이다. '오행의 빼어난 정기를 얻는다'는 것은 '그 빼어난 정기를 얻어 가장 신령하

---

102 남에게 노여움을 …… 하지 않는다 : 『論語』, 「雍也」에는 제자 가운데 누가 배우기를 좋아했느냐는 哀公의 질문에 孔子가 "안회(顏回)가 배움을 좋아하여 남에게 노여움을 옮기지 않고 잘못을 되풀이 하지 않았는데 불행하게도 단명하여 죽었습니다.[有顏回者好學, 不遷怒, 不貳過, 不幸短命死矣!]"라고 말한 구절이 나온다.
103 이천(伊川) 선생이 말하였다 …… 배움과 다르다 : 『二程集(一)』, 「河南程氏文集」 권8, '顏子所好何學論'에 관련 내용이 나온다.

다'는 것이다. '오성(五性)이 외물(外物)에 감촉하여 움직인다'[104] 이하는 또한 '형체가 생기고 신명〔神〕이 (지각을) 발생시킨다'는 등의 말과 깊이 부합한다. '감정이 성해져 본성이 훼손된다'는 것과 '감정을 단속하고 본성을 기른다'는 것은 곧 '선(善)과 악(惡)이 나뉘고 모든 일이 나온다'는 것이다. 정자(程子)의 학문은 하나같이 주렴계(周濂溪)에서 나왔기 때문에 둘이 딱 들어맞을 수 있었다.[105]

『**부주**』10-2 ── 장자(張子)[106]가 말하였다. "하늘이 사물의 본체가 되어 빠드리지 않음은 인(仁)이 사물의 본체가 되어 있지 않는 곳이 없는 것

---

104 '오성(五性)이 외물에 감촉하여 움직인다': 이 문구는 원래 周濂溪의 「太極圖說」에 나오는 "五性感動"에 해당하는데, 星湖는『心經附註』10-1에서 '仁義禮智信의 五性이 구비되고 형체가 생기면 외부 사물이 그 형체와 접촉하여 그 속을 움직인다'고 한 내용을 지칭하는 의미로 사용하고 있다.
105 '하늘과 땅이 …… 수 있었다 : 성호(星湖)는『심경부주(心經附註)』10-1에 인용된 이천(伊川)의 「안자소호하학론(顔子所好何學論)」을 주렴계(周濂溪)의 「태극도설(太極圖說)」과 일일이 대응시켜 양자의 내용이 서로 일치함을 주장하고 있다. 「태극도설(太極圖說)」에서 관련된 부분은 다음과 같다. "오행은 하나의 음양이고 음양은 하나의 태극(太極)이며 태극은 본래 무극(無極)이다. 음양이 생겨남에 각기 그 본성을 갖추게 되며 무극의 진리와 음양·오행의 정기가 묘합하고 응결되어 건도(乾道)는 남성을 이루고 곤도(坤道)는 여성을 이룬다. 건곤(乾坤)의 두 기운이 교감하여 만물을 화생(化生)하니 만물이 생겨나고 생겨나 변화가 무궁하게 된다. 오직 사람만이 그 빼어난 정기를 얻어 가장 신령하다. 형체가 생겨나면 신명이 지각을 발생시키니, 오성(五性)이 외물에 감촉하여 움직이면 선과 악이 나뉘고 모든 일이 나온다. 성인이 중정인의(中正仁義)로 안정시키고 고요함을 주로 하여 사람의 표준을 세우셨다.〔五行一陰陽也, 陰陽一太極也, 太極本無極也. 五行之生也, 各一其性, 無極之眞, 二五之精, 妙合而凝, 乾道成男, 坤道成女. 二氣交感化生萬物, 萬物生生而變化無窮焉. 惟人也得其秀而最靈. 形旣生矣, 神發知矣, 五性感動, 而善惡分、萬事出矣. 聖人定之以中正仁義, 而主靜立人極焉.〕"
106 장자(張子) : 北宋 道學의 창시자 가운데 한 명인 張載(1020~1077)로서 자는 子厚이며 橫渠先生으로 불린다. 대표적인 저술에는『正蒙』과『西銘』등이 있다.

과 같다. 예의(禮儀) 3백 가지와 위의(威儀) 3천 가지가 인이 아닌 것은 하나도 없다. '넓은 하늘〔昊天〕은 매우 밝으시어 네가 나가고 들어오는 것에 미치며, 넓은 하늘은 매우 밝으시어 네가 놀러감에 미친다.[107]'고 하였으니 하늘이 본체가 되지 않는 사물은 하나도 없다."[108]

『질서』8-3 ___ (장횡거의) "사물의 본체가 되어 있지 않는 곳이 없다"는 것은 인(仁)이 포괄하지 않음이 없음을 말한 것이요, 아직 자기를 이기고 예(禮)로 돌아가는 것은 아직 말하지 않았으니, 황돈(篁墩)의 설명[109]은 분명하지 않다. 그러나 이것을 인하여 그 일을 증험할 수 있으니, 적심(赤心, 갓난아이의 마음)을 가지고 남에게 말해주는 것이 됨은 틀림없다.【"횡거(橫渠)가 적심을 가지고 남에게 말했다"는 것은 주자의 말[110]이다.】

『부주』10-3 ___ (장자가) 또 말하였다. "배우는 사람은 우선 예(禮)를 살펴보아야 한다. 예는 사람의 덕성을 기르고 또 사람에게 일정한 일이 있게 하여 지킴이 안정되도록 만들기 때문이다. '예가 아니면 말하지 말고 예가 아니면 움직이지 말라'는 것은 바로 덕성을 기르는 기술이다."[111]

---

107 넓은 하늘〔昊天〕은 …… 놀러감에 미친다 : 『詩經』, 「大雅·板」에 나오는 구절이다.
108 장자(張子)가 말하였다 …… 하나도 없다 : 『正蒙』의 「天道」에 나온다.
109 황돈(篁墩)의 설명 : 정민정(程敏政)은 『심경부주(心經附註)』 10-2-4에서 "장자의 이 말씀은 바로 '자기를 이기고 예로 돌아감이 인이 된다'는 말의 뜻을 밝힌 것이다.〔張子此言, 正是發明'克己復禮爲仁'之義〕"고 해석하였다.
110 주자의 말 : 『心經附註』, 「顏淵問仁章」 2-3항목에는 朱子가 "횡거의 이 말은 적심을 가지고 낱낱이 사람에게 말한 것이다. 荀卿와 揚雄에게 어찌 이러한 것이 있겠는가?〔橫渠此語, 是將赤心片片說與人. 荀、揚何曾有此?〕"라고 말한 구절이 나온다.
111 또 말하였다 …… 기르는 기술이다 : 『張子全書』 권6, 「學大原(上)」에 나온다.

『부주』10-3-1 ___ (장자가) 또 말하였다. "내가 배우는 사람에게 먼저 예를 배우게 하는 까닭은 다만 예를 배우면 세속의 한 가지 습속의 얽매임을 제거할 수 있기 때문이다. 비유하자면, 뻗어나가는 물건은 얽매임을 풀어주어야만 위로 올라갈 수 있는 것과 같다. 만일 세속의 습속을 제거할 수 있다면 자연히 깨끗하게 벗어날 것이다."[112]

『질서』8-4 ___ 예(禮)를 배우고자 한다면 먼저 습속(習俗)의 얽매임을 제거해야 한다. 이것이 자기를 이기고 예를 회복하는 것이다. 덕성(德性)을 기르면 곧 인(仁)이 된다.

『질서』8-5 ___ '자기〔己〕'란 남〔人〕과 상대되는 말이다. '자기'라고 말하더라도 반드시 모두 사악(邪惡)한 것은 아니니 곧 '인심(人心)'이 그것이다. 오직 그것은 악에 쉽게 빠지기 때문에 먼저 제거해야 한다. 만약 성인(聖人)의 지위라면 자기가 곧 도리(道理)이니 이길 일이 없을 것이다. 여기서 말하는 것은 단지 이겨야 하는 자기이니 사욕(私慾)일 뿐이다. 서산(西山)의 설명[113]은 정당하다.

---

112 또 말하였다 …… 벗어날 것이다 : 『張子全書』 권12, 「語錄(下)」에 나온다.
113 서산(西山)의 설명 : 『심경부주』, 「顔淵問仁章」의 마지막 부분에는 西山이 '克己復禮'를 '人心道心'과 연관지어 '人心'을 '자기〔己〕'와, '道心'을 '예(禮)'와 동일시하는 구절이 나온다. "'정밀하게 구분하고 한결같이 지켜 그 중도를 잡는 것〔精一執中〕'은 堯、舜、禹가 서로 전수한 요지이고 '자기를 이기고 예를 회복하여 인이 되는 것〔克復爲仁〕'은 공자와 안자가 서로 전수한 요지이다. 언어로 따져보면 양자는 심히 같지 않다. 하지만 공자가 말한 자기는 곧 순임금이 말한 인심이요, 공자가 말한 예는 곧 순임금이 말한 도심이다. 자기를 이기고 예를 회복하는 것은 곧 '정밀하게 구분하여 한결같이 지키는〔精一〕' 공부요, 인과 중도는 명칭은 다르지만 실상은 같은 것이다.〔夫精一執中, 堯、舜、禹相傳之要指也. 克復爲仁, 孔、顔相傳之要指也. 以言語求之, 蓋甚不同矣. 然孔子之所謂己, 卽雖舜之所謂人心, 孔子之所謂禮, 卽舜之所謂道心. 克而復, 卽精一之功, 而仁之與中, 又名

『질서』8-6 ─ 말하거나 움직이는 것은 보거나 듣는 것에 비해 그 자취가 더 잘 드러난다. 따라서 예를 배울 때에는 먼저 말하거나 움직이는 데서 시작하는 것이니, 그래야 지킬 근거가 있기 때문이다. 주자(朱子)는 "말하거나 움직이는 것은 내면으로부터 외면에 나오는 것이다."라고 하였다.

『질서』8-7 ─ 뻗어 나가는 물건이 다른 사물에 얽매여서 위로 올라가지 못하는 것은 마치 사람이 습속에 고착되어 진보하지 못하는 것과 같다. 얽매임을 풀어주면 뻗어나가는 물건이 위로 올라갈 수 있고, 습속을 제거하면 덕성이 진보한다.

『질서』8-8 ─ 안연(顔淵)은 이미 '박문약례(博文約禮)'의 가르침[114]에 종사하였으니 그는 '격물치지(格物致知)'에 대해 깨달음이 있었을 것이다. 따라서 그가 인(仁)을 물었을 때 공자는 다만 '극기복례(克己復禮)'를 말하고 다시 지성(知性)의 측면에서 말하지는 않았다. (공자가) 안회(顔回)의 사람됨을 총론(總論)할 때는 '불선(不善)이 있으면 알지 못한 적이 없고 알면 다시 저지른 적이 없다.'[115]고 말하였으니, 이와 같이 한 뒤에야 근본과 말단이 겸비된다.

『부주』10-9 ─ (주자가) 또 말하였다. "『설문(說文)』에 '물(勿)'자는 깃

異而實同者也.〕"
114 박문약례(博文約禮)의 가르침 : 『論語』, 「子罕」에는 "학문으로 나를 넓혀주고 예로 나를 단속해주셨다.〔博我以文, 約我以禮〕"는 내용의 문구가 나온다.
115 불선(不善)이 있으면 …… 적이 없다 : 『心經』 6장 經文에 나오는 「復卦」 初九爻의 爻辭를 인용한 것이다.

발의 꼬리와 비슷하다.'고 하였다. 이 깃발을 한번 휘두르면 삼군(三軍)이 모두 후퇴한다. 공부도 단지 물(勿)자 위에 있다. 조금이라도 예(禮)가 아닌 것을 보자마자 그것을 금지하면 바로 이기고, 이기자마자 바로 예를 회복할 수 있다."[116]

『질서』8-9 ___ 깃발이 오른 손에 있어도 그 꼬리가 왼쪽으로 도니, 깃발을 누이는 것이 아니라 깃발을 휘두르는 모습이므로 후퇴의 표지가 된다.

번역 임부연

---

[116] 또 말하였다 …… 수 있다 : 『주자어류(朱子語類)』 41:38에 관련 내용이 나온다.

9. 중궁(仲弓)이 인(仁)에 대해 묻다

『심경』11 ─ 중궁(仲弓)이 인(仁)에 대해 물었다. 공자가 말씀하셨다. "문을 나설 때에는 큰 손님을 뵙는 것 같이 하고, 백성을 부릴 때에는 큰 제사를 받드는 것 같이 하며, 자기가 하고 싶지 않은 일을 남에게 베풀지 말 것이니 이렇게 한다면 나라에 원망이 없고, 집안에도 원망이 없을 것이다." 중궁이 말하였다. "제가 비록 불민하지만 이 말씀에 종사하겠습니다."[117]

『부주』11-1 ─ 정자(程子)가 말했다. "공자는 인(仁)을 말씀하실 때, 문을 나설 때에는 큰 손님을 뵙는 것 같이 하고, 백성을 부릴 때에는 큰 제사를 받드는 것 같이 한다고만 하셨으니 그 기상을 보면 곧 반드시 마음은 넓어지고 몸은 펴져 있으며 행동거지는 예(禮)에 맞는다. 오직 신독(愼獨)이 곧 그것을 지키는 방법이다."

『부주』11-2 ─ 물었다. "문을 나서고 백성을 부릴 때에는 이와 같이 하는 것이 옳지만 아직 문을 나서지 않고 백성을 부리지 않을 때에는 어찌해야 하겠습니까? 대답하셨다. "이것이 '엄숙하기를 생각하는 듯이 한다.'[118]고 하는 때이다. 마음 가운데 있은 다음에야 밖으로 드러나는 것이다. 문을 나서고 백성을 부릴 때에 그 경(敬)이 이와 같음을 본다

---

117 문을 나설 때에는 …… 말씀에 종사하겠습니다 : 『論語』, 「顔淵」에 나온다.
118 엄숙하기를 생각하는 듯이 한다 : 『禮記』, 「曲禮」에 "曲禮曰, 毋不敬, 儼若思, 安定辭, 安民哉!"라고 하였다. 『禮記正義』에는 이 구절을 "明人君立治之本, 先當肅心謹身, 慎口之事"라고 해석했고, "儼若思"에 대해서는 "夫人計慮, 狀必端慤, 今明人君矜莊之貌, 如人之思也"라고 하였다.

면 그에 앞서 경(敬)했다는 것을 알 수 있는 것이지, 문을 나서고 백성을 부린 연후에야 이런 경(敬)이 있는 것은 아니다."

『부주』11-2-1 ___ 동가(東嘉) 사씨(史氏)[119]가 말했다. "문을 나서고 백성을 부리는 것은 사람들도 함께 아는 것이지만 경(敬)이 지극하고 지극하지 않은 것은 자기만 홀로 아는 것이다. 정자는 '문을 나서고 백성을 부림에 손님을 뵙고 제사를 받드는 경(敬)함을 보임이 있다면, 그 기상을 보면 반드시 마음이 넓고 몸이 펴져 있으며 행동거지는 예에 맞을 것이다.'라고 생각했다. 그러나 이 사람이 자기만 홀로 아는 곳에서 삼가지 않는다면 사람들이 함께 아는 것은 다만 경(敬)의 형상이 공손하고 낯빛이 장엄한 것일 뿐이니, 이것이 근독(謹獨)이 움직일 때의 경(敬)을 주로 하는 것이 되는 까닭인 것이다. '엄숙하기를 생각하는 듯이 한다.'는 데 이르러서는 또한 아직 문을 나서지 않고 백성들을 부리기 전이니 마음이 경(敬)을 위주로 하여 처음부터 게으르고 마음대로 하는 버릇이 없어 비록 사물과 접하지 않더라도 항상 정제엄숙(整齊嚴肅)하여 생각하는 바가 있는 것처럼 할 것이니, 움직이지 않을 때 경(敬)을 위주로 하는 것을 말하는 것이 아니겠는가? 요컨대 이 두 가지는 바로 『중용(中庸)』의 계신공구(戒愼恐懼)와 신독(愼獨), 두 절과 서로 유사하다.

『질서』9-1 ___ 문을 나섬에는 손님을 뵌듯하고 백성 부림에는 제사를

---

[119] 동가(東嘉) 사씨(史氏) : 원나라 때 경학가 史伯璿(1299~1354). 史伯璇이라 하기도 한다. 字는 文璣이고 號는 牖巖이다. 錢倉人이다. 평생 은거하여 벼슬하지 않았고, 학문은 주희를 종주로 삼았다. 저서로 『四書簡窺』 10권, 『管窺外編』 등이 있다.

지내는 듯이 한다면 아직 문을 나서지 않고 백성을 부리지 않았을 때의 그 경(敬)함을 알 수 있다. 이것이 『중용(中庸)』에서 이른 바 '신독(愼獨)'이다. 이것을 미루어, 예(禮)가 아니면 보지 않고 예가 아니면 듣지 않는다면 아직 보고 듣지 않았을 때에도 그 경(敬)함을 알 수 있다. 이것이 『중용』에서 이른 바 '계구(戒懼)'이다.

『부주』11-3 ＿ 물었다. "자신이 원하지 않는 것을 남에게 베풀지 않는 것이 서(恕)입니까?" 주자(朱子)가 말했다. "이천(伊川)이 말씀하기를 '서(恕) 자는 모름지기 충(忠) 자와 같이 설명해야 한다.'고 하였으니 대개 충은 자기를 다하는 것이고, 자기를 다한 뒤라야 서(恕)를 한다. 지금 사람들은 충을 알지 못하고 한갓 서(恕)를 하려고 하니 그 폐단은 다만 고식(姑息)이다. 장자소(張子韶)[120]는 『중용해(中庸解)』에서 '성인(聖人)이 자기를 이기기 어려움으로 인하여 천하 사람들이 모두 용서할 만한 사람이라는 것을 알게 되었다'고 하였다. 이것을 논해보면 자신이 하지 못했다고, 천하사람 모두를 하지 못하는 것으로 여긴 것이다. 이와 같다면 서로를 게으르게 할 뿐이니 이 말이 가장 도리에 해롭다."

『질서』9-2 ＿ 범충선(范忠宣)[121]이 "자기를 용서하는 마음으로 남을 용서하라"고 한 것이 곧 자소(子韶)의 뜻이다. 모름지기 자기를 다한 후

---

[120] 장자소(張子韶) : 張九成(1092~1159)이다. 子韶는 그의 字이며, 自號는 橫浦居士, 無垢居士라고 칭해지기도 하였다. 시호는 文忠이다. 楊時에게 배웠다. 저서로 『橫浦集』 20권이 있다.

[121] 범충선(范忠宣) : 范純仁(1027~1101)이다. 忠宣은 그의 諡號이며, 자는 堯夫로, 范仲淹의 둘째 아들이다. 송 철종 때에 재상에 올랐다. 家學을 이어받고 胡瑗, 孫復의 학문을 계승했다. 저서에 『范忠宣文集』이 있다.

에 남을 용서하는 것이니, 비록 반드시 정밀하고 은미함의 표준에 이르지는 못하더라도 요컨대 나의 본분을 다한 뒤에 남에게 미루어 나가야 병폐가 없다. 『중용』에서 "충서(忠恕)는 도(道)와 멀지 않다."[122]고 말할 때에 서(恕)를 언급하면서 먼저 충을 겸하여 말한 것은 또한 이러한 의미이다.

---

122 충서(忠恕)는 도(道)와 멀지 않다 : 『中庸』에 "忠恕, 違道不遠, 施諸己而不願, 亦勿施於人."라고 했다.

10 『중용(中庸)』

『심경』12 　 『중용』에서 말하였다. "하늘의 명(命)을 성(性)이라 하고, 성을 따르는 것을 도(道)라 하고, 도를 닦는 것을 교(敎)라 한다. 도라는 것은 잠시라도 떨어질 수 없는 것이니 떨어진다면 도가 아니다. 그러므로 군자는 그 보이지 않는 데에 경계하고 삼가며, 들리지 않는 데에 두려워한다. 숨은 것보다 더 잘 보이는 것은 없으며, 은미한 것보다 더 잘 드러나는 것은 없다. 그러므로 군자는 그 홀로일 때에 삼간다. 희로애락(喜怒哀樂)이 밖으로 드러나지 않을 때를 중(中)이라 하고, 드러나 절도에 맞는 것을 화(和)라 한다. 중(中)이라는 것은 천하의 큰 근본이고, 화(和)라는 것은 천하의 달도(達道)이다. 중화(中和)를 이루면 천지가 자리를 잡고 만물이 길러진다."[123]

『부주』12-3 　 소병(蘇昞)[124]이 물었다. "희로애락이 드러나기 전에 중(中)을 구하는 것이 가능합니까?" 정자가 말했다. "불가하다. 이미 희로애락이 발하기 전에 생각하여 구한다면 이 또한 생각이다. 생각했다면 곧 이발(已發)이니 발하였다면 화(和)라 해야 하며, 중(中)이라 할 수는 없다." 물었다. "여씨(呂氏)[125]가 '마땅히 희로애락이 발하기 전에 중

---

[123] 하늘의 명(命)을 …… 만물이 길러진다 : 『中庸章句』 1章에 나온다.
[124] 소병(蘇昞) : 字는 季明이다. 武功人이다. 처음에 張載에게 배웠고 나중에 二程에게 배웠다. 呂大臨의 맏형인 呂大中의 추천으로 布衣로 太常博士에 올랐다.
[125] 여씨(呂氏) : 呂大臨이다. 자는 與叔이다. 처음에 張載에게 배웠고 나중에 程頤에게 배웠는데, 謝良佐, 游酢, 楊時와 함께 '程門四先生'으로 일컬어진다. 六經에 정통했고, 특히 『禮記』에 밝았다. 哲宗 元祐 연간에 太學博士를 지냈다. 저서로 『考古圖』와 『續考古圖』, 『釋文』이 전하며 문집으로 『玉溪集』이 있다.

(中)을 구해야 한다.' 하였으니, 진실로 이 말대로라면 착수할 곳이 없을 듯하니, 어떻게 해야 합니까?" 답했다. "희로애락이 발하지 않았을 때에 존양(存養)한다고 말하는 것은 괜찮지만 만약 희로애락이 발하지 않았을 때에 중(中)을 구한다고 말한다면 옳지 않다."

『**질서**』10-1 __ '구중(求中)'의 '구(求)'를 생각하고 헤아리는 것으로 본다면 진실로 그것은 이발(已發)이다. 만약 다만 그렇게 그대로 잡고 있는 것이라면 그것은 여전히 미발이다. 마음이 항상 깨어있는 것이 단지 내가 힘써 조존(操存)하는 데에 달려있다면 그것이 곧 구중(求中)이다. 구(求) 자를 가볍게 사려가 속하지 않는 것으로 말한 것이라면 본래 병폐가 없다. 다만 여씨(呂氏)의 뜻은 이와 같을 수 없기 때문에 정자가 그것을 잘못되었다고 말한 것이다.

『**부주**』12-3-1 __ 주자가 말했다. "정자의 '생각하면 곧 이발(已發)'이라는 한 구절은 자사(子思)가 말씀하신 것 밖의 뜻을 발명하신 것으로 희로애락이 발함을 기다리지 않고, 다만 생각하는 바가 있으면 곧 이것이 이발(已發)이라고 말한 것이다. 이 뜻이 정미하여 미발의 경계에 이름이[126] 십분 그 끝을 다했으니, 더할 수 없다."

『**질서**』10-2 __ 어떤 물건이 눈앞에 있으면 문득 그것이 어떤 물건인

---

[126] 미발 경계에 이름이 : 尤庵의 『心經釋義』에 "'界至'는 『語錄解』에 '아무 경계로부터 아무 경계까지이다.'라고 했다."라고 했다. 李象靖 등이 편찬한 『心經語錄刊補』에는 "至자를 아래 구절에 붙이는 것은 옳지 않다. '界至'는 곧 '地境'이다. 어느 경계로부터 어느 경계까지라는 말이니, 이는 미발의 경계에 이름을 말한다."라고 하였다.

지 알지만 이 때에는 희로애락을 말할 수는 없으니 이것은 단지 지각은 불매하지만 희로의 정(情)에는 이르지 않았기 때문이다. 선한 사람에 대해 기뻐하고 불선한 사람에게 분노하는 데에 이르러야 비로소 그런 정(情)이 되는데, 또한 정도의 차이가 있다. 만약 마음에는 영각(靈覺)이 있으나 아직 생각〔思量〕에 미치지 않았다면, 이것은 실로 본체가 불매(不昧)한 것으로, 이발(已發)이라고 말할 수 없다. 만약 생각하여 그것이 어떤 물건인지 안다면, 비록 희로에 미치지 않아도 미발(未發)이라고 할 수 없다. 이것이 정자가 자사의 말씀 밖의 뜻을 발명했다고 말한 까닭이다.

『부주』12-4 __ 어떤 사람이 "희로애락의 전에는 동자(動字)를 놓아야 합니까? 정자(靜字)를 놓아야 합니까?"라고 묻자 이렇게 답했다. "정(靜)이라고 할 수 있는데 그러나 정(靜)한 가운데 반드시 물(物)이 있어야만 옳다. 이것이 어려운 것이다. 학자는 무엇보다도 우선 경(敬)을 이해해야하니 경(敬)할 수 있다면 자연히 이것을 알게 된다.

『부주』12-5 __ 어떤 사람이 "정좌할 때에 앞에 지나가는 사물을 보아야 합니까? 보지 말아야 합니까?"라고 묻자 정자는 이렇게 답했다. "어떤 일인가를 살펴야 하니 만약 제사와 같은 대사에 면류관의 앞 술이 눈을 가리고 귀막이 솜이 귀를 막고 있을 때라면 지나가는 모든 사물을 보지도 않고 듣지도 않아야 하지만 일이 없는 경우라도 눈은 반드시 보고 귀는 반드시 듣는다."

『질서』10-3 __ 주자는 "지극히 정(靜)한 때에는 다만 지각하는 것은 있지만 지각된 바는 없다. 그러므로 '정(靜)한 가운데 물(物)이 있다'고 하는 것은 옳지만, '생각하자마자 곧 이발이다'라는 것에 비견하면 옳지 않다."¹²⁷라고 말했다. 이것으로 말해보면 모든 지각이 있는 것은 이발 아님이 없다. 그러나 주자는 또 말하기를, "'정(靜)한 가운데 물(物)이 있다'라는 것은 다만 지각(知覺)만 하고 있음이 그 경우이다. 이천(伊川)은 오히려 '지각이라고 말하면 바로 동(動)이다'라고 하였는데 이것은 말이 너무 지나친 듯하다. 이제 일[事]로 드러나지 않고 다만 지각함만 있다면 그 정(靜)이 되는 데 무슨 방해가 되겠는가? 정좌(靜坐)를 그저 눈을 감고 조는 것이라고 할 수는 없는 것이다."¹²⁸라고 하였다. 이것으로 말해보면 마음이 비록 동(動)하지 않을 때에도 지각은 자재(自在)하는 것이다. 두 설이 같지 않으니 장차 어느 것을 쫓아야 할 것인가? 이치로 말해보면 뒤의 설이 더욱 나으니, 「연평행장(延平行狀)」¹²⁹에서 또한 증거를 삼을 수 있다.

또 화(和)는 희로애락이 중절(中節)한 것이다. 사(思)라는 것은 비록 이발(已發)에 속하지만, 다만 이러하다고 지각할 뿐 이른 바 중절 여부가 아직 있지 않다면 어찌 곧 '화(和)'라고 할 수 있겠는가? 화(和)의 반

---

127 지극히 정(靜)한 …… 옳지 않다 : 『朱熹集』 卷48 「答呂子約」에 "至靜之時, 但有能知能覺者, 而無所知所覺之事. 此於易卦爲純坤, 不爲無陽之象. 若論復卦, 則須以有所知覺者當之, 不得合爲一說矣."라고 했다.
128 정(靜)한 가운데 …… 안 된다 : 『朱子語類』 96:47의 내용을 축약하여 인용한 것이다. 問: "蘇季明問喜怒哀樂未發之前, 下'動'字? 下'靜'字? 伊川曰: '謂之靜則可, 靜中須有物始得.' 所謂靜中有物者, 莫是喜怒哀樂雖未形, 而含喜怒哀樂之理否?" 曰: "喜怒哀樂乃是感物而有, 猶鏡中之影. 鏡未照物, 安得有影?" 曰: "然則'靜中有物, 乃鏡中之光明?" 曰: "此卻說得近似. 但只是此類. 所謂靜中有物'者, 只是知覺便是." 曰: "伊川卻云: '纔說知覺, 便是動.'" 曰: "此恐伊川說得太過. 若云知箇甚底, 覺箇甚底, 如知得寒, 覺得煖, 便是知覺一箇物事. 今未曾知覺甚事, 但有知覺在, 何妨其爲靜? 不成靜坐便只是瞌睡?"
129 「연평행장(延平行狀)」 : 정확한 명칭은 「延平先生李公行狀」이다. 『朱熹集』 권97에 실려 있다.

대는 불화(不和)이다. 다만 불화가 있기 때문에 화의 명칭이 있는 것이다. 그런데 차고 따뜻함을 지각하는 경우에는 다시 불화라는 것이 존재하여 이것으로 명칭을 삼을 수 있을까? 이것은 알 수가 없다.

또 살펴보니 주자는 차고 따뜻함을 지각하는 것을 이발(已發)이라고 여기는데 이것은 참으로 그러하다. 무릇 차고 따뜻함이 다다르면, 자신에게 곧 그것을 차거나 따뜻하게 여기는 마음이 생긴다. 그러므로 '발(發, 일어난다)'이라고 한다. 물(物)이 앞에 있음에 눈을 뜨자마자 곧 알 수 있어서 흰 것은 희다는 것을 알고 검은 것은 검다는 것을 아는 것 같은 것은, 물(物)이 다가옴에 비추되 마음은 진실로 아직 움직이지 않은 것이니 어떻게 이발(已發)이라고 할 수 있겠는가? 정자는 "귀는 반드시 듣고 눈은 반드시 본다."고 했지만 여기에서 듣고 본다고 한 것은 '보아도 보이지 않고, 들어도 들리지 않는다.'는 것을 가리키는 것이 아니다. 만약 어떤 색이 눈에 들어오고 어떤 소리가 귀에 들어오는데 마음은 막연하게 알지 못하는 것이 옳겠는가? 아니면 마땅히 어떠한지를 알아서 마땅히 대응할 만하면 대응하고, 대응할 만하지 않으면 대응하지 않는 것이 옳겠는가? 성인은 항상 편안하게 있지만, 마땅히 응해야 할 것은 응하니, 응하기 전에 막연하게 아무 것도 알지 못하는 것은 아닐 것이다. 그렇다면 그 응하기 이전에도 이미 지각이 있다는 것을 알 수 있다.

만일 또 '물(物)이 와서 접하면 마음은 또한 이미 동(動)한다.'고 한다면 외물(外物)은 자재(自在)하고 이목(耳目)은 가리지 않게 된다. 그렇다면 마음이 어찌 부동(不動)할 때가 있겠는가? 그 천조만품(千條萬品)에서 그것에 응함이 부당하다는 것을 알아 응하지 않는 것은 이발이라고 할 수 없으니 미발의 전에 이미 지각이 있는 것이 분명하다.

『**질서**』10-4 ── 정자(程子)는 말했다. "도(道)로 말하면 절도에 맞지 않을 때가 없지만, 일〔事〕로 말하면 때에 따라 절도에 맞는다. 대개 마음속의 이치는 비록 천명(天命)의 병이(秉彝, 잡은 떳떳함)라고 하더라도 하나가 절도에 맞지 않으면 또한 제 마음대로 하고 미혹함에 빠져 보존된 바를 알지 못하게 된다."고 말했다. 또 "잘 관찰하는 자는 문득 이발의 때에 관찰한다."라고 하였다. 주자의 「장남헌에게 답한 편지」에 상세하다.

11 『대학(大學)』의 "성의(誠意)"

『심경』14 ___ 『대학』에서 말하였다. "그 뜻을 성실히 한다는 것은 자기를 속이지 않는 것이다. 악취를 싫어하듯 미인을 좋아하듯 하는 것이니 이것을 자겸(自謙)이라고 한다. 그러므로 군자는 반드시 홀로일 때 삼간다. 소인은 한가로이 있을 때에 불선함을 하지 않는 것이 없다가 군자에게 보인 뒤에 싫어하며 그 불선함을 가리고 자기 선함을 드러낸다. 사람들이 자기를 보는 것이 자신의 폐나 간을 보는 것과 같으니 그런 행동이 무슨 유익이 있겠는가? 이것을 가리켜 마음속에 정성스러운 것이 몸 밖으로 드러난다고 하는 것이다. 그러므로 군자는 반드시 그 홀로 일 때 삼간다. 증자(曾子)는 말했다. "온갖 눈이 바라보는 바요, 온갖 손이 지목하는 바라. 그 엄함이여!" 부(富)는 집을 윤택하게 하고, 덕은 몸을 윤택하게 한다. 마음이 넓으면 몸이 펴진다. 그러므로 군자는 반드시 자기의 뜻을 성실하게 한다."[130]

『부주』14-2 ___ 또 말했다. "어떤 사람이 가슴 속에 항상 두 사람이 있는 듯하여, 선을 하려고 하면 악이 가로막는 듯하고, 불선을 하려고 하면 또 악을 부끄러워하는 마음이 있는 듯 하니 본래 두 사람이 있는 것이 아니라 이는 바로 선과 악이 싸우는 징험이다. 그 뜻을 잡아서 기(氣)로 하여금 혼란할 수 없도록 해야 하니 이것을 여기에서 크게 징험할 수 있다. 요컨대 성현은 반드시 마음의 병에 해로움을 당하지 않는다.

---

130 그 뜻을 …… 성실하게 한다 : 『大學章句』 傳6장에 나온다.

『질서』11-1 ___ 기(氣)가 뜻을 어지럽힐 때 서로 싸우는 것을 징험할 수 있다. 이미 그 뜻을 잡게 되면 기가 어지럽힐 수 없으므로 서로 싸우는 근심이 없게 된다. 여기에서 또한 크게 징험할 수 있다. 성현은 뜻이 이미 확립되었으니 또 마음의 병을 근심할 것이 무엇이 있겠는가?

『부주』14-3 ___ 또 말했다. "얻음과 얻지 못함을 알고자 한다면 심기(心氣) 상에서 징험할 것이니, 사려에 얻음이 있어 심중에 기뻐하여 패연(沛然)히 여유가 있는 것은 실제로 얻은 것이고, 사려에 얻음이 있어도 심기가 피로하고 피폐한 것은 실제로 얻지 못하고 억지로 헤아린 것일 뿐이다. 일찍이 어떤 사람이 말하길 '근래에 도를 배우고 사려하여 마음이 허하다.'라고 하자, '사람의 혈기는 진실로 허약하고 충실한 차이가 있으니 질병이 오는 것은 성현도 면할 수 없다. 그러나 예로부터 성현이 학문으로 인해 마음의 병을 얻었다는 것은 듣지 못했다.'고 했다."

『질서』11-2 ___ 피로함은 열예(悅豫)의 반대이고, 피폐함은 여유로움의 반대이다.

『부주』14-3 ___ 【정민정의 안설】뽑은 두 조목[131]은 모두 성의장(誠意章)의 일이다. 그러나 모두 마음의 병으로 말하였으니 이는 학자가 마음을 잡는 것이 너무 지나칠까 염려한 것이다. 그러나 또한 그 일삼는 바를 잃어서도 안 되니, 반드시 맹자의 이른 바 '잊지도 말고 조장하지도 마는 것'[132]과 같이 하여 점차 심광체반(心廣體胖)을 이루어서야 얻

---

131 뽑은 두 조목 : 앞의 『심경부주』14-2와 14-3을 가리킨다.
132 잊지도 …… 마는 것 : 『맹자』, 「공손추·호연지기장」에서 호연지기를 획득하는 수양법으

음이 있을 것이다.

『질서』11-3 ___ 『근사록』을 살펴보니 교전(交戰) 한 조는 존양(存養)에 있고, 열예(悅豫) 한 조는 치지(致知)에 있어[133] 모두 역행(力行)에 관여되지는 않는다. 그러나 앎이 이르지 못한 곳이 있다면 그 힘을 실제로 쓸 수 없어 뜻이 성실하지 못하게 된다. 존양(存養)은 또 치지(致知)와 역행(力行)의 사이에 있으니 성의(誠意)를 빼서는 안 되는 것이다. 그러므로 정씨가 합하여 성의의 일로 삼은 것이다.

『부주』14-4 ___ 유충정공(劉安世)이 사마온공(司馬溫公)을 뵙고는 '마음을 다하고 몸소 행하는 긴요한 것으로 종신토록 실천할 수 있는 것'을 물으니 온공은 "성(誠)이다."라고 말했다. 실천함에 우선할 것을 물으니 온공은 "망령된 말을 하지 않는 것으로부터 시작해야 한다"고 답했다. 유충정공은 그것을 처음에는 매우 쉽게 여겼으나 물러나와 스스로 날마다 행하는 바와 모든 말한 바를 총괄적으로 살피니 스스로 서로 어긋나고 모순되는 일이 많았다. 힘써 7년을 실천한 다음에야 이루어 이때부터는 언행이 일치되고 표리(表裏)가 조응하여 일을 당하면 태연히 처리하여 항상 여유가 있었다.[134]

로 잊지도 말고 조장하지도 말라〔勿忘勿助長〕고 지적한 바 있다.
133 『근사록』을 살펴보면 悅豫는 「致知」조에서 '實得'의 논의를 하는 과정에 나타나며, 交戰은 「存養」조에서 선악을 행할 때의 도덕적 갈등과 관련하여 제시되어 있다. 그 본문은 다음과 같다. 欲知得與不得, 於心氣上驗之, 思慮有得, 中心悅豫, 沛然有裕者, 實得也. 思慮有得, 心氣勞耗者, 實未得也, 强揣度耳. (「致知」) ; "有人胸中常若有兩人焉, 欲爲善, 如有惡以爲之間. 欲爲不善, 又若有羞惡之心者. 本無二人, 此正交戰之驗也." (「存養」)
134 司馬光의 제자 劉安世가 스승에게 종신토록 실천할 과제로 誠을 얻은 후 7년 만에 비로소 온전하게 실천하게 되었다는 이 고사는 『소학』에도 수록되어 널리 알려진 것이다.

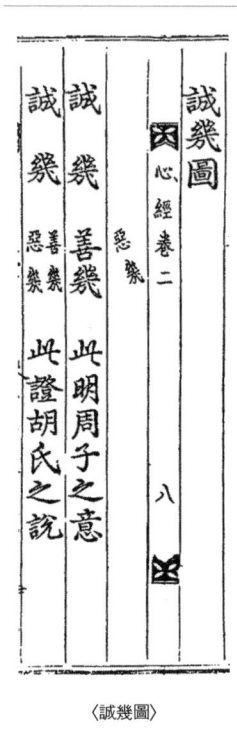

〈誠幾圖〉

『질서』11-4 ___ "마음을 다하고 몸소 행한다"는 정심(正心)과 수신(修身)이 그 것이니 성의(誠意)가 어찌 그 긴요한 것이 아니겠는가? 힘써 7년을 실천하여 이루는 것은 바로 마음을 다하고 몸소 실천하여 얻음이 있는 것이다.

『질서』11-5 ___ 사마온공의 '망령된 말을 하지 않는다.'는 가르침은 대개 공자가 '말을 더듬는 듯이 한다.'[135]는 가르침과 같다.

『부주』14-11 ___ 조치도(趙致道)[136]가 주자에게 물었다. "주자(周子)가 말씀하기를 '성(誠)은 함이 없고, 기(幾)에서 선악이 나뉜다.' 하셨으니 이는 인심이 미발일 때의 체(體)를 밝히고 이발(已發)일 때의 단서를 가리킨 것입니다. 이는 배우는 자들로 하여금 마음이 싹터 동하는 은미한 데에서 살피기를 지극히 하여, 결정하고 선택할 바를 알아서 버리고 취하여, 본심의 체를 잃지 않게 하고자 하였을 뿐입니다. 그런데 혹자는 이를 의심하여 호자(胡子: 胡宏)의 '체(體)는 같으나 용(用)은 다르다'는 말과 유사하다고 여기므로, 마침내 망령되이 마음대로 헤아려 다음과 같이 그림을 만들었습니다. (「성기도(誠幾圖)」 참고)

---

135 말을 더듬는 듯이 한다:『論語』,「顏淵」에서 공자는 "어진 사람은 그 말이 더듬는 듯하다.〔仁者, 其言也訒.〕"라고 말한 바 있다.
136 조치도(趙致道): 주자의 문인으로 이름은 師夏, 호는 遠庵이다.

선과 악이 비록 상대가 되나 빈주(賓主)를 나누어야 하고 천리와 인욕이 비록 파(派)를 나누지만 종(宗)과 얼(孼)을 반드시 살펴보아야 합니다. 성(誠)이 동함으로부터 선으로 가면 나무가 뿌리에서 줄기에 이르고, 줄기에서 끝에 이르러 상하(上下)가 서로 통함과 같으니 이는 도심(道心)의 발현이요, 천리(天理)의 유행이니, 이는 마음의 본주(本主)이고 성(誠)의 정종(正宗)입니다.

혹 옆에서 나와 꽃이 피고 곁에서 빼어나 기생하는 사마귀와 혹과 같은 것은 이것도 성(誠)이 동(動)한 것이기는 하나 인심의 발현이요, 사욕의 유행이니 이른 바 악이라는 것입니다. 이는 마음에 고유한 것이 아니고 나그네가 붙어있는 것이며, 성(誠)의 정종이 아니고 서얼입니다. 만일 일찍 분변하여 정밀하게 선별하지 않으면 객이 혹 주인을 올라타고 서얼이 혹 종자를 대신할 것입니다.

배우는 자는 마음이 싹터 동하는 기미(機微)의 사이에 발한 바의 향배를 살펴서 무릇 곧게 나온 것은 선이 되고, 곁에서 나온 것은 악이 됨을 알아서, 곧게 나온 것은 순히 인도하고, 곁에서 나온 것은 끊어버려 공력이 이미 지극하면 이 마음의 발함이 자연 한 길에서 나와 천명을 보유하게 될 것입니다. 여기에서 미발의 전에는 선만 있고 악이 없음을 볼 수 있으니, 정자(程子)의 이른 바 '성(性) 가운데는 본래 선악의 두 가지가 상대하여 생기는 것이 아니라'는 것은 이것을 말한 것입니다.

만약 선악을 동서(東西)가 상대하고, 피차(彼此)가 버티고 서 있는 것으로 여긴다면 이는 천리와 인욕이 함께 한 근원에서 나와 미발의 전에 이미 두 단서를 갖추고 있는 것이니, 이른 바 '천명(天命)이 성'이라는 것도 또한 매우 더럽고 잡될 것입니다. 이것이 바로 호씨(胡氏)의 '체는 같으나 용은 다르다'는 말입니다."

주자가 말씀하기를 "이 말이 맞다"고 하였다.

『질서』11-6 ___ 성(誠)의 무위(無爲)는 유위(有爲)와 상대가 된다. 무릇 인욕이 생김에는 유위(有爲)한 바가 있지 않음이 없다. 미발에는 유위(有爲)한 바가 없으니 또 어디에 불선(不善)이 있겠는가? 조씨는 사욕을 성(誠)의 동(動)함으로 보았는데 이것은 매우 타당하지 않다. 심(心)은 비유하자면 물과 같고, 성(誠)은 비유하자면 맑음과 같다. 맑음은 곧 물의 형용이요, 물이 찌꺼기가 없음이요, 물의 이름이 아니다. 물이 동하여 혹 티끌이 끼고 혼탁하여 오염되는 데에 이르면 이것은 물이 그 맑음을 보존하지 못한 것이지 맑음이 동요(動搖)하여 그런 것은 아니다.

번역 **함영대**

12 수신(修身)

『심경』15 ___ 이른바 "몸을 닦는 것이 그 마음을 바르게 하는 데 있다"는 것은 자신에게 분노하는 바가 있으면 그 바름을 얻지 못하고, 두려워하는 바가 있으면 그 바름을 얻지 못하며, 좋아하는 바가 있으면 그 바름을 얻지 못하고, 걱정하는 바가 있으면 그 바름을 얻지 못하는 것이다. 마음을 거기에 두지 않으면, 봐도 뵈지 않고, 들어도 들리지 않으며, 먹어도 그 맛을 알지 못한다. 이것이 '몸을 닦은 것이 그 마음을 바르게 하는 데 있다'고 하는 것이다.[137]

『부주』15-3 ___ (이천선생이) 또 말하였다. "오랫동안 기사(機事)를 보다보면 기심(機心)이 생기기 마련이다.[138] 대개 기사를 볼 때에는 마음이 기쁘기 마련인데, 이미 기뻐하고 나면 씨앗을 심어 둔 것과 마찬가지다." 또 말하였다. "의심하는 병이 있는 자는 아직 일이 이르지 않았을 때에 먼저 의심의 단서가 마음에 있는 것이며, 두루 일을 벌이는

---

137 이른바 몸을 …… 하는 것이다 : 해당 내용이 『大學章句』 傳7章에 보인다.
138 오랫동안 …… 마련이다 : 정이천이 『장자』를 인용하여 말한 것이다. '기사'는 기계의 편리함을 추구하는 일을 말하고, '기심'은 편리함을 도모하는 꾀를 말한다. 『莊子』 「天地」편에 의하면, 자공(子貢)이 초나라에서 지내다가 진나라로 돌아가려고 한수(漢水)를 지나다가, 밭이랑을 만드는 노인이 우물 안으로 들어가 옹이에 물을 길어 힘들게 밭에 물을 대는 장면을 보았다. 하루에 백이랑에 물을 대는 용두레 기계를 소개하며 힘들게 일하지 말고 그 기계를 쓰라고 권유했다. 그러자 노인이 말했다. "기계가 있으면 기계를 쓰는 일〔機事〕이 있게 마련이고, 기계를 쓰면 기계에 의지하는 마음〔機心〕이 있게 마련이다. 기계에 의지하려는 마음이 흉중에 있으면 순백을 갖추지 못하게 되고, 순백을 갖추지 못하면 정신이 안정되지 못하게 된다. 정신이 안정되지 못하면 도를 지킬 수 없으니, 나는 부끄러움을 알지 못하는 것이 아니라 하지 않을 뿐이다."

자는 먼저 일을 벌이는 단서가 마음에 있는 것이니, 모두 병통이다."[139]

『부주』15-3-1 ── 주자가 말하였다. "마음에는 한 가지 사물도 두어서는 안 된다. 밖으로 온갖 변화에 대응하는 것은 모두 그저 그 분한(分限)에 따라 응할 뿐이니, 사물에 얽매이게 되면 마음은 곧 그에 따라 움직이게 된다. 사물에 얽매이게 되는 까닭은 세 가지가 있다. 더러는 일이 아직 오지 않았는데도 스스로 미리 기대하는 마음을 지니는 경우가 있고, 더러는 일이 이미 응해 버렸는데도 가슴속에 길이 간직해 두고 있어서 잊어버릴 수 없는 경우도 있으며, 바로 일에 응할 때에 생각에 편중(偏重)이 있는 경우도 있다. 이는 모두 사물에 얽매이는 것이다. 이미 얽매이고 나서 이런 사물이 있을 경우에는, 다른 사물이 얼굴 앞에 와도 그에 응하면 바로 잘못되고 만다. 이러니 어찌 그 바름을 얻을 수 있겠는가? 성인의 마음은 환하게 텅 비고 밝아서 털끝만한 형체와 자취도 없어, 사물이 오면 작은 것이든 큰 것이든 사방팔면으로 사물에 따라 응하지 않음이 없으니, 이는 마음에 원래 이런 사물을 둔 적이 없는 것이다."[140]

『부주』15-3-2 ── 동래 여씨가 말하였다. "기쁜 일에는 마음이 집중되고 안정되지 않는다. 그러므로 의(義)를 가리는 데 정밀하지 못하고 생(生)을 지키는 데 삼가지 못하는 것이다."[141]

---

139 (이천선생이) 또 말하였다 …… 하는 것이다: 해당 내용이 『二程遺書』 卷3, 「謝題道記憶平日語」에 보인다.
140 마음에는 한 가지 …… 없었던 것이다: 해당 내용이 『朱子語類』 16:155에 보인다.
141 기쁜 일에는 …… 못하는 것이다: 해당 내용이 『東萊別集』 卷10, 「與陳君擧」에 보인다.

『질서』12-1 ─ "씨앗을 심어둔 것[種下種子]"은 '저녁에 돌아올 때 사냥하는 사람을 보고서 기뻐하는 것[暮歸喜獵]'[142]과 '숲의 나무를 보고서 헤아려서 판단하는 것[計度林木]'[143] 따위와 같다. "의심하는 병[疑病]" 한 조목은 비록 이와는 다르지만, 병의 뿌리가 마음에 있어서 대상에 접촉하면 다시 생겨남을 알 수 있다. 비유컨대 습지생물인 부들이나 육지생물인 가시덤불이 심을 필요 없이 그냥 저절로 생겨나는 것과 같다. 그것을 위와 비교하면 그 해로움이 더욱 심하다.

『부주』15-4 ─ 장자(張子)가 말하였다. "마음을 바르게 하는 처음에는 자기의 마음을 엄한 스승으로 삼아서 무릇 동작이 있으면 두려워할 바를 알아야 한다. 이렇듯 한두 해 동안 굳게 잘 지킬 수 있으면 자연스레 마음이 바르게 된다." 또 말하였다. "안정된 뒤에야 밝게 빛나는 것이다. 만약 늘 옮기고 바꾸어서 안정되지 않으면 어떻게 밝게 빛날 수 있겠는가? 『주역』은 대저 간(艮, ☶)괘를 그침[止]으로 삼았으니, 그쳐야 밝게 빛나는 것이다. 그러므로 『대학』에는 '안정되어 사려할 수 있는 데 이른다'고 했으니,[144] 인심(人心)이 많으면 밝게 빛날 수가

---

[142] '저녁에 돌아올 때 …… 기뻐하는 것[暮歸喜獵]' : 『심경부주』 7-2에 관련내용이 나온다. 곧 程顥가 16, 17세때 사냥을 좋아했다가 그런 마음이 없어졌다고 말했는데, 12년이 지난 뒤 저녁에 돌아올 때 사냥하는 사람을 보고서 자기도 모르게 기뻐하는 마음이 생겼다는 일화를 말한다.
[143] '수풀의 나무를 …… 판단하는 것[計度林木]' : 明道가 다리를 수리하면서 큰 기둥을 찾았던 일을 계기로 나중에 매번 좋은 나무[林木之佳]를 보게 될 때마다 반드시 헤아려 판단하는 마음[計度之心]이 일어났던 일을 뜻한다. 이를 계기로 명도는 배우는 이들에게 "마음에 한 가지 일을 담아둬서는 안 된다."고 말하게 된다. 이와 관련된 내용은 『朱子語類』 96:11에 나온다.
[144] 『대학』에는 안정하여 …… 이른다고 했으니 : 해당 내용은 『大學』 經文 1장에 보인다. "知止而后有定, 定而后能靜, 靜而后能安, 安而后能慮, 慮而后能得."

없다."¹⁴⁵

『부주』15-4-1 ___ 서산(西山) 진씨(眞氏)가 말하였다. "'많다〔多〕'는 것은 사려가 어수선하고 번잡한 것을 말한다."¹⁴⁶

『질서』12-2 ___ 정자가 말하였다. "마음으로써 마음을 부리면 된다. 인심(人心)은 자유롭게 내버려 두면 바로 잃어버리고 만다."¹⁴⁷ 주자가 그것을 풀이했다. "다만 이 마음은 주재(主宰)하는 바가 있어야 된다."¹⁴⁸ "마음으로써 마음을 부리는 것은 도심(道心)이 한 몸의 주재가 되고 인심(人心)이 그 명을 듣는 것입니까?"라는 질문에 주자는 "역시 그와 같다. 그러나 정선생(程先生)의 뜻을 보건대, 단지 스스로 주재를 하는 것일 뿐이다.¹⁴⁹"라고 답하였다. '마음이 엄한 스승'이라는 것도 이런 뜻으로 보아야 된다. '안정된 뒤에 밝게 빛난다'는 것은 정지한 물〔止水〕에서 증험할 수 있다.

---

145 마음을 바르게 …… 빛날 수가 없다 : 해당 내용이 『張子全書』 卷6, 「學大原上」에 보인다.
146 많다는 것은 …… 것을 말한다 : 해당 내용이 『西山讀書記』 卷3, 「心」에 보인다.
147 마음으로써 마음을 …… 잃어버리고 만다 : 해당 내용이 『近思錄』의 「存養」편에 보인다. 問: "人心所繫著之事果善, 夜夢見之, 莫不害否?" 曰: "雖是善事, 心亦是動. 凡事有兆朕, 入夢者卻無害, 捨此皆是妄動. 人心須要定, 使他思時方思乃是. 今人都由心." 曰: "誰使之?" 曰: "以心使心則可. 人心自由, 便放去也." 해당 내용은 『河南程氏遺書』 卷18, 「伊川先生語4」에 자세하다.
148 다만 이 …… 있으면 된다 : 해당 내용이 『朱子語類』 96:52에 보인다. 問: "'以心使心', 此句有病否?" 曰: "無病. 其意只要此心有所主宰."
149 정선생의 뜻을 …… 것일 뿐이다 : 해당 내용이 『朱子語類』 94:101에 보인다. "聖人定之以中正仁義而主靜", 正是要人靜定其心, 自作主宰. 程子又恐只管靜去, 遂與事物不相交涉, 卻說箇"敬", 云: "敬則自虛靜." 須是如此做工夫.

『부주』15-5 ___ 물었다. "『대학』의 '뜻을 성실하게 하는 것'〔誠意〕을 어떻게 하면, 곧 천하를 평안하게 할 수 있습니까?" 귀산(龜山) 양씨(楊氏)[150]가 말하였다. "후세에는 스스로 마음을 바르게 한 사람이 없었다. 마음을 바르게 할 수 있으면 그 효험이 자연히 이와 같은 것이다. 마음이 한번 생각하는 사이에 털끝만큼이라도 어긋나면 곧 바르지 않은 것이다."[151]

『질서』12-3 ___ '뜻을 성실하게 하는 것'은 마음을 바르게 하는 방도이기 때문에 천하를 평안하게 할 수 있다. 만약 그저 뜻을 성실하게 할 줄만 알고 마음을 바르게 할 수 없다면, 내면을 반듯하게 하는 것〔直內〕을 진덕(進德)의 기초로 삼을 수 없다. 그러므로 귀산(龜山)이 특별히 마음을 바르게 하는 것을 말한 것이다.

『부주』15-6 ___ 주자가 말하였다. "옛 사람들은 '뜻은 장수', '마음은 임금'[152]이라고 말하였는데, 모름지기 마음에 주장이 있어야 비로소 되는 것이다."[153]

---

150 귀산 양씨 : 楊時(1053~1135). 자는 中立, 호는 龜山. 福建省 將樂 출생. 程顥와 程頤 형제를 師事하여 洛學을 열었으며, 그 문하에서 朱子, 張栻, 呂祖謙 등이 나왔다. 저술로는 『龜山集』(42권), 『龜山語錄』(4권), 『二程粹言』(2권) 등이 있다.
151 후세에는 스스로 …… 않은 것이다 : 해당 내용이 『龜山集』 卷12, 「語錄3·餘杭所聞」에 보인다.
152 뜻은 장수, 마음은 임금 : 孟子는 '뜻은 기운의 장수'라고 했고, 荀子는 '마음은 형체의 임금'이라고 했다. 『孟子』, 「公孫丑上」. "志, 氣之帥也; 氣, 體之充也." 『荀子』, 「解蔽」. "心者, 形之君也, 而神明之主也, 出令而無所受令."
153 옛 사람들은 …… 되는 것이다 : 해당 내용이 『朱子語類』 12:3에 보인다.

『질서』12-4 ___ 기(氣)에 대하여 말하면 '뜻은 (기의) 장수'요, 형(形)에 대하여 말하면 '마음은 (형의) 임금'이니, 요컨대 하나의 주재(主宰)인 것이다.

『부주』15-7 ___ 또 말하였다. "사람은 그저 마음 하나를 지니고 있을 뿐인데, 만약 항복시킬 수 없다면 다시 어떤 사람이 되겠는가?"[154]

『질서』12-5 ___ '항복'은 그 바르지 못한 것을 고쳐서 바로잡는 것이다. 현자의 경우에는 이것이 없다.

『부주』15-8 ___ 또 말하였다. "세속의 학문이 성현과 다른 까닭도 알기 어렵지 않다. 성현은 곧바로 진지하게 공부해 나아가니, 정심(正心)을 말하면 곧바로 마음이 바르게 되고자 했고, 성의(誠意)를 말하면 곧바로 뜻이 성실하게 되고자 했으며, 수신(修身)과 제가(齊家)도 모두 빈 말이 아니었다. 지금 배우는 자들은 정심을 말할 때에는 다만 정심을 가지고 잠시 읊조리고, 성의를 말할 때에도 성의를 가지고 잠시 읊조리며, 수신을 말할 때에도 성현들이 허다하게 수신을 말한 곳을 가지고 외워댈 뿐이다. 더러는 말들을 주워 모으고 시문(時文: 科文)을 엮어서 지어대는데, 이처럼 학문을 한다면 자기 신상에 무슨 상관이 있겠는가? 이런 대목은 꼭 유념해서 이해해야 한다. 오늘날 벗들이 성현의 학문을 듣기 좋아하면서도 끝내 세속의 비루함을 떨쳐버리지 못하는 것은 다름이 아니라 다만 뜻이 제대로 서지 못했기 때문이다. 배우

---

[154] 사람은 그저 …… 사람이 되겠는가 : 해당 내용이 『朱子語類』 12:7에 보인다. "人只有箇心, 若不降伏得, 做甚麼人!"

는 자는 크게 뜻을 세워야 하나니, '배우기만 하면 바로 성인(聖人)이 된다'는 것이 바로 이것이다."[155]

『부주』15-9 ___ 하루는 『대학』을 읽는 방법을 논하다가 제자들이 매번 생각이 어지럽고 어수선하다고 대답하자, (주자가) 말하였다. "다만 불경(不敬)하기 때문이다. 경(敬)은 늘 또렷하게 깨어있는 법이다. 경을 주로 삼으면 온갖 일들이 모두 이로부터 이루어지게 된다. 지금 사람들은 모두 내 것을 이해하지 못한다. 스스로 마음이 있는 곳을 알지 못한 채 모두 다른 일을 이해하려고 하면서, 집안을 가지런히 하고 나라를 다스리며 천하를 평정하고자 한다. 마음은 몸의 주인이다. 배를 저으려면 삿대를 써야 하고 밥을 먹으려면 수저를 사용해야 한다. 마음을 이해하지 못하는 것은 삿대를 쓰지 않고 수저를 사용하지 않는 것을 말하는 것이다. 마음을 다잡는 것이 바로 경(敬)이니, 경하기만 하면 무슨 일을 하는지를 알 수 있다. 산에 오르는 것도 그저 이 마음이요, 물에 들어가는 것도 그저 이 마음인 것이다."[156]

『질서』12-6 ___ '뜻이 서는〔志立〕' 것은 성의(誠意) 상의 일이요, '배우기만 하면〔纔學〕'은 정심(正心) 이하인 것인데, 모두 위에서 말한 '저 성현들도 이와 같이 하여 이루어낸 것에 불과하다'고 말한 것이니, 이에 따라서 해 나간다면 어찌 성인(聖人)이 되지 못하겠는가? 그렇게 하지 못한 것은 결국 실행에 힘쓰지 않았기 때문이다. 그러므로 사람이 반드시 행하도록 권면한 것이다. 경하기만 하면 마음을 다잡게 되기 때문에

---

155 세속의 학문이 …… 바로 이것이다 : 해당 내용이 『朱子語類』 8:29에 보인다.
156 하루는 『대학』을 …… 마음인 것이다 : 해당 내용이 『朱子語類』 118:50에 보인다.

무슨 일을 하는지를 틀림없이 알게 된다. 산에 오르고 물에 들어가는 것은 모두 마음을 다잡아서 이루는 것이다.

『**부주**』15-10 ＿ 『대학』의 분치장(忿懥章)에 대해 묻자, (주자가) 대답했다. "이 마음이 바른 것은 저울과 마찬가지니, 물건이 아직 없을 때에는 저울이 평평하지 않음이 없으나, 어떤 물건을 윗면에 놓으면 이내 평평하지 않게 된다. 거울은 이미 한 사람이 그 안에 있는데 다른 것이 오면 제대로 비출 수가 없다. 이 마음에 사물이 아직 없을 때 먼저 하나의 주장이 있어서 '내가 어떻게 일을 처리하려 한다'고 말하면, 곧 바르지 않은 것이다. 가령 요새 사람이 '내가 벼슬살이를 하면 강한 자를 억누르고 약한 자를 도와주겠다'고 말했는데, 마땅히 강하게 해야 할 일을 만났을 경우에도 그 자신을 억누른다면, 이것은 곧 바르지 않은 것이다." 또 공사(公私)의 분별에 대해 묻자, (주자가) 대답했다. "비유컨대 한 가지 일이 만약 공공의 대중〔公衆〕에 관계되면 마음으로 크게 상관하지 않지만, 만약 사사로운 자기〔私己〕에게 관계되면 단지 가슴속에 끼어들어 생각하고 생각하느라 잊지 못하니, 다만 이것이 바로 공사의 구별이다."[157]

『**질서**』12-7 ＿ '공사의 분별' 한 단락은 아마도 오로지 정심(正心)만을 위해서 하신 말씀은 아닌 듯하다. 비록 공공의 대중에 관계되더라도 만약 가슴속에 끼어들어 생각하고 생각하느라 잊지 못한다면, 마음이 곧 바르지 못한 것이다. 주자가 말했다. "뜻이 성실하지 못하면 사적인 죄

---

[157] 『대학』의 분치장(忿懥章)에 …… 공사의 구별이다 : 해당 내용이 『朱子語類』 16:148에 보인다.

이지만, 마음이 바르지 못하면 공적인 죄이다."¹⁵⁸ 뜻이 이미 성실한 뒤에 어찌 사사로움이 마음속에 끼어들 리가 있겠는가? 여기에서 말한 것은 성의(誠意) 이전의 일이다.

『부주』15-11 ＿ 물었다. "'우환공구'(憂患恐懼) 네 글자는 같은 뜻인 듯합니다." 대답했다. "같지 않다. '공구'는 당장에 닥쳐 긴급한 것이어서 사람으로 하여금 겁나고 두려워서 어쩔 줄 모르게 하는 것이요, '우환'은 장래에 있을 큰 화복(禍福)과 이해(利害)를 미리 방비하기를 염려하는 것이다." 또 물었다. "'분치'(忿懥)와 '호요'(好樂)는 내게 달려있는 일이니, 힘써서 하지 않을 수 있으나, '우환'과 '공구' 같은 것은 밖에서 오는 것이어서, 자신으로부터 말미암지 않습니다." 대답했다. "모두 그렇지 않다. 곧 밖에서 오는 것이라도 모름지기 스스로 도리를 가지고 제대로 처리하면 '공구'와 '우환'도 그저 공연한 것일 뿐이다. 공자는 광(匡) 땅 사람들을 경계했고, 문왕은 유리(羑里)에 갇혔는데, 죽고 사는 것이 눈앞에 있었으나, 성인들은 담담하게 대처했다. 다만 이것을 알아보는 것이 바로 요점이니, 도리를 분명하게 터득하면 자연스레 이러한 근심이 없어진다."¹⁵⁹

『부주』15-11-1 ＿ 인산(仁山) 김씨(金氏)¹⁶⁰가 말했다. "분치(忿懥), 공

---

158 뜻이 성실하지 …… 공적인 죄이다 : 해당 내용이『朱子語類』18:130에 보인다. <u>鍾唐傑問</u>: "或問云: '意旣誠矣, 而心猶有動焉, 然後可以責其不正而復乎正.' 意之旣誠, 何爲心猶有動?" 曰: "意雖已誠, 而此心持守之不固, 是以有動. 到這裏, 猶自三分是小人, 正要做工夫. 且意未誠時, 譬猶人之犯私罪也; 意旣誠而心猶動, 譬猶人之犯公罪也, 亦甚有間矣."
159 물었다 우환공구 …… 근심이 없어진다 : 해당 내용이『朱子語類』118:47에 보인다.
160 인산 김씨 : 金履祥(1232~1303)은 송말원초의 학자로서, 자는 吉父이고 호는 次農이며,

구(恐懼), 호요(好樂), 우환(憂患) 네 가지는 희노애락(喜怒哀樂)이 발한 것이니, 바로 마음의 작용〔用〕이어서 사람에게 없을 수 없는 것인데, 여기에서 무엇이 나쁘길래 그 바름을 얻지 못한다고 하는가? 분노해야 할 때 분노하되 분노하면서도 옮기지 않고, 두려워해야 할 때 두려워 하되 두려워하면서도 겁먹지 않으며, 마땅히 좋아할 만하면 좋아하되 좋아하면서도 욕심 내지 않고, 마땅히 걱정할 만하면 걱정하되 걱정하면서도 상심하지 않으면, 이 마음의 체(體)와 용(用)이 바름을 얻게 되니, 있고 없음을 가지고 말할 수 있는 것이 아니다. 이제 전문(傳文)을 가지고 살펴보면, 첫 번째도 '유소'(有所)라고 말했고 두 번째도 '유소'라고 말했으니, 이는 마음이 주(主)하는 바가 여기에 있는 것으로, 그 잘못됨이 확실하다. 분노하는 것을 '분치'라 하고 두려워하는 것을 '공구'라 하며 좋아하는 것을 '호요'라고 하고 걱정하는 것을 '우환'이라고 한 것은 바로 중첩된 말이니, 이는 주도적인 정(情)이 여기에 이르러 그 막힘이 깊은 것이다. 무릇 마음이 이것을 주장하여 잘못된 것이 굳어지고 주도적인 정이 이에 이르러 막히는 것이 깊어지면, 이 마음이 바름을 얻을 수 있겠는가? 무릇 기뻐하고 분노하며 걱정하고 두려워하는 바가 없어서 적멸(寂滅)로 돌아가는 것은 진실로 마음의 올바른 체(體)가 아니며, 기뻐하고 분노하며 걱정하고 두려워하는 바가 있어서 잘못된 것이 막히고 고착화되는 것도 마음의 올바른 용(用)이 아니다. 오직 사물이 이르면 따라서 응하고, 사물이 가면 남겨두지 않는다면,

---

시호는 文安이다. 송나라가 망하자 절의를 지켜서 원나라에 벼슬하지 않고 仁山에 은거하였다. 王栢과 何基를 사사했으며, 주돈이와 정호의 학문을 근간으로 삼았다. 저술로는 『尙書注』, 『尙書表注』, 『論語孟子集注考證』, 『大學章句疏義』, 『中庸標注』, 『資治通鑑前編』 등이 있다.

이것이야말로 바르다고 할 수 있을 것이다. 성현이 아니면 그 누가 이 와 같을 수 있겠는가?"

『질서』12-8 __ 마음이 바르지 못한 것은 문제점이 '유소(有所)' 두 글자에 있는 것이지, '중첩'에 있는 것이 아니다. 퇴계가 이미 논변한 것이 참으로 옳다.[161]

『부주』15-12 __ 장사숙(張思叔)이 복부(僕夫, 종)를 나무라며 꾸짖자, 이천(伊川)선생이 말했다. "어찌하여 마음을 움직여서 성질을 참지 않는가?"[162] 장사숙이 부끄러워하며 사과했다.

『질서』12-9 __ '나무라며 꾸짖는 것'〔詬詈〕은 성냄이 지나친 것이다. 성내는 것은 곧 정(情)이다. 정은 성(性)의 움직임인데, 성 중에 원래 이 이치가 있기 때문에 '사람에게 없을 수가 없는 것'이라고 한 것이다. '성질을 참는 것'〔忍性〕은 이른 바 '성질을 안정시키는 것'〔定性〕과 같다. 성질이 안정되면 정이 망녕됨이 없다. 그러므로 성에 맡기고 견제하지 않는 것을 '색성'(素性)이라고 일컫는다. 마음은 성과 정을 통섭하는 것이다. 무릇 행위가 있는 것은 모두 마음이 하는 것이다. 그러므로 마음을 움직이지 않으면 또한 성질을 참을 수가 없는 것이다.

『부주』15-13 __ 이천 선생(伊川先生)이 말하였다. "여여숙(呂與叔)[163]이

---

161 퇴계가 이미 …… 참으로 옳다 : 해당 내용이 『心經講錄』과 『退溪集』 卷23, 「與趙士敬問目【心經】」, 45b-46b;『退溪續集』 卷6, 「答李宏仲【丙寅】」, 7b-8b 등에 보인다.
162 어찌하여 마음을 …… 참지 않는가 : 정이천이 『孟子』, 「告子下」에서 인용한 말이다.

시가 있는데, '학문은 원개(元凱)[164]와 같아서 바야흐로 성벽(性癖)을 이루었고, 문장은 사마상여(司馬相如)와 같아서 제법 배우와 닮았네. 홀로 공문(孔門)에 서서 조금도 일삼음이 없지만, 안씨(顏氏)가 심재(心齋)[165]를 얻은 것에는 미치지 못하네.'라고 하였다. 옛날에 배우는 자들은 성(性)을 기르는 것만 힘쓰고 그 밖에는 배우지 않았으나, 지금 글을 짓는 자들은 오로지 장구(章句)에만 힘써서 남들의 이목을 기쁘게 하니, 이미 남을 기쁘게 하는 데 힘쓴다면 배우가 아니고 무엇이겠는가?"

『질서』12-10 ─ 바야흐로 성벽을 이루었는데도 스스로 깨닫지 못한다고 말한 것은 아깝게 여기는 뜻이 있다. 이목을 기쁘게 하는 데 힘쓰는 것이 거의 배우가 자신을 천하게 여겨서 남들에게 아첨하는 것에 가깝다는 것은 불쌍히 여기는 뜻이 있다. 그것들은 모두 마음이 얽매이는 바가 있어서 그런 것이다. '조금도 일삼음이 없는 것〔無一事〕'이 '심재(心齋)'다. 마음이 얽매이는 바가 없는 것은 오직 안씨만 그렇게 했다. '수(輸)'는 저 사람에게 져서 감히 더불어 견줄 수 없는 것이니, 승패를 일컫는 수영(輸贏)의 수인데, 사모하고 감복하는 뜻이 있는 것이다.

『부주』15-14 ─ 물었다. "홀로 방안에 거처하거나 혹은 어둠 속을 다

---

163 여여숙(呂與叔) : 呂大臨(1046-1092). 북송대 학자. 楊時, 謝良佐, 游酢 등과 함께 '程門4先生' 중 한 사람으로서, 여씨향약을 만든 것으로도 유명하다.
164 원개(元凱) : 杜預(222-284). 西晉 京兆 杜陵 사람. 元凱는 그의 字. 정치가로서 위나라 尚書郎, 秦州刺史, 鎭南大將軍 등을 역임하였으며, 晉代의 대표적인 경학자로서 십삼경주소에 편입된 『春秋左氏經傳集解』를 짓는 등 『춘추』에 특히 정통했다.
165 심재(心齋) : 『莊子』, 「人間世」에서 안회가 공자와 대화한 내용에서 유래한 것으로, 감관과 마음을 비우고 氣로써 세계를 수용하여 '物我一體'를 이루는 방법을 일컫는다.

닐 때에 놀람과 두려움이 많은 것은 어째서입니까?" 대답했다. "다만 이치를 밝히는 것이 분명하지 못하기 때문이다. 만약 이치를 밝힐 수 있다면 두려워하는 것이 망령됨을 알 것이니, 어찌 두려워하겠는가? 어떤 사람이 비록 이것을 알면서도 두려운 마음이 드는 것을 면치 못하는 것은 다만 기가 충만하지 않았기 때문이다. 모름지기 함양을 하여야 하니, 오래되면 기가 충만해서 자연히 외물이 동요시키지 못할 것이다. 그러나 두려운 마음이 드는 것도 경(敬)이 부족한 탓이다."[166]

『질서』12-11 ___ '이치를 밝힘이 분명하다'고 한 것은 귀신이나 도깨비가 두려워할 만한 것이 없다고 말하는 게 아니다. 본래 도깨비와 야차(夜叉)는[167] 사람을 겁주어 죽일 수 있는 것이 있으니, 어찌 두려워할 만한 것이 아니겠는가? 그러나 내가 삼가는 데 달려 있을 뿐이니, 놀라움과 두려움이 무슨 보탬이 되겠는가? 이는 이치가 분명하지 않고 경이 부족함을 말하는 것이다.

『부주』15-15 ___ 이천이 부릉(涪陵)으로 유배갈 적에 염예퇴(灩澦堆)를 지나가는데, 파도가 사납게 일자, 배안에 있던 사람들이 모두 놀라 어쩔 줄 몰랐으나, 이천만 홀로 태연하게 동요하지 않았다. 강 언덕 위에서 나뭇꾼이 큰 소리로 물었다. "목숨을 내놓아서 이런 것인가? 달관하여 이런 것인가?" 대답하려 했으나, 배는 이미 떠나갔다.[168]

---

166 물었다 홀로 …… 부족한 탓이다 : 해당 내용이 『二程遺書』 卷18, 「劉元承手編」에 보인다.
167 도깨비와 야차 : 魑魅는 산속 요괴, 魍魎은 물속 요괴를 말하는데, 사람을 홀려서 악한 일을 저지르는 온갖 도깨비 따위를 말하며, 夜叉는 본래 사람을 잡아먹는 공포스런 귀신이었으나 불교의 八部神衆으로서 불법을 수호하는 신격이 되기도 했다.
168 이천이 부릉으로 …… 이미 떠나갔다 : 해당 내용이 『二程外書』 卷12, 「傳聞雜記」에 보

『질서』12-12 ___ '목숨을 내놓아서 이런 것인가? 달관하여 이런 것인가?〔舍去如斯, 達去如斯〕'는 질문하는 말이다. '목숨을 내놓는다〔舍〕'는 것은 용기를 숭상하고 의(義)를 취하는 선비가 생사를 버려두어 동요함이 없는 것이요, '달관한다〔達〕'는 것은 장수(長壽)와 단명(短命)을 나란히 여기고 영화와 치욕을 한결같이 보아 생사의 명(命)을 달관하여 역시 동요하지 않는 것이다. 나뭇꾼은 그가 이와 같음을 보고서 이 두 가지로 질문을 던진 것이다. 선생께서 대답하려고 한 것은 이치가 밝아지고 마음이 안정되어 만나는 상황에 따라 편안하다는 뜻이다.

『부주』15-17 ___ 이천이 부주(涪州)에서 돌아옴에 기모(氣貌)와 얼굴색과 수염이 모두 평소보다 나아졌다. 문인(門人)이 물었다. "어떻게 하여 이렇게 되셨습니까?" 대답하였다. "배움의 힘이다. 대체로 배우는 자는 환난과 빈천에 대처하는 것을 배우는 것이니, 부귀와 영달같은 것은 굳이 배울 필요가 없다."[169]

『부주』15-17-1 ___ 태상(太常) 장격(臧格)이 시의(諡議, 시호에 대한 논의)를 지어 말하였다. "이천 선생의 학문은 오로지 경(敬)을 주장하여 채우고 기르는 것이 이미 지극하니, 진실로 순수하여 한결같이 올바름에서 나온 것이 당연하다. 무릇 한번 성내고 꾸짖는 기미가 아직 지나치지 않았으면, 그 마음을 움직여서 성질을 참을 것을 경계하는데, 이는 마음에 분노하는 바가 있으면 그 바름을 얻지 못하기 때문이다. 어두운 방에 있을 때에 한번 놀라고 두려워하는 때에 아직 잘못을 저지

인다.
169 이천이 부주에서 …… 필요가 없다 : 해당 내용이 『二程外書』卷12,「傳聞雜記」에 보인다.

르지 않았으면, 그 이치를 분명하게 밝히지 못했음을 지적하는데, 이는 두려워하는 바가 있으면 그 바름을 얻지 못하기 때문이다. 문장에 빠지면 완물(玩物)을 싫어하고 환난을 만나면 목숨을 버리지 못함을 민망히 여긴 것은 좋아하고 걱정하는 바가 있으면 모두 그 바름을 얻지 못하기 때문이다. 무릇 사람이 그 마음의 누를 모두 없앨 수 있으면, 어찌 그 온전함을 다 회복하지 못할까봐 걱정하겠는가?"

『부주』15-17-2 __ 【정민정의 안설】장씨(臧氏)가 논한 경(敬)은 『장구(章句)』와 부합하지 않으나, 학자에게 깊이 경계됨이 있다.

『질서』12-13 __ 황돈(篁墩, 정민정)은 장씨의 설이 『집주(集註)』와 다르다고 여겼다. 그 뜻은 대개 '『집주』는 경(敬)을 존심(存心)의 요체로 여겼으나, 장씨는 경을 누(累)를 제거하는 방도로 여겼다'고 본 것이다. 그러나 존심이야말로 누를 제거하는 방법이다. 경으로써 안을 반듯하게 하면, 성질을 참을 수 있고, 도리를 밝힐 수 있으며, 완물(玩物)에 빠지지 않고 환난을 만나서는 목숨을 버릴 수 있는 것이다. 이렇게 보면 처음부터 차이가 있었던 것은 아니다. 그러나 그 '아직 잘못을 저지르지 않았으면〔未爲失〕' 등으로 말한 것은 병통이 있으니, 다시 상세하게 살펴야 한다.

『부주』15-21 __ 물었다. "매양 기쁘고 좋아서 뜻에 맞는 일이 있을 때마다 곧 스스로 사사로운 마음이 있음을 깨닫게 됩니다. 만약 도리를 알고자 한다면 당연히 이겨나가야 하지 않겠습니까?" 대답하였다. "이러한 일은 도리를 분명하게 알게 되면 저절로 사라지게 되는데, 이와 같이 절박하게 하면 도리어 병통을 낳을 것같다."[170]

『질서』12-14 ___ 비록 기쁘고 좋아서 뜻에 맞는 일이 있더라도, 내가 곧바로 순응하면 마음에 막히지 않는다. 그렇지 않으면 스스로 사사로이 하는 것이다. 다만 도리를 분명하게 알지 못하면, 외물(外物)을 순응하는 대상으로 삼을 수 없다.[171] 만약 먼저 치지(致知)의 학문에는 힘쓰지 않고 그저 통렬히 이겨 버리려고만 하면 도리어 병통을 낳게 된다.

『부주』15-22 ___ 또 말하였다. "풍속이 귀신을 숭상하니, 신안(新安) 등과 같은 곳은 아침저녁으로 귀신 소굴에 있는 듯하다. 고향 마을에는 이른바 오통묘(五通廟)라는 것이 있는데, 가장 영험하고 괴이하였다. 내가 처음 고향에 돌아왔을 때, 종인(宗人)들이 그곳에 가도록 닦달하였으나 가지 않았다. 이날 밤에 친족들을 모아 관사(官司)에 가서 찌끼 있는 술을 받아다가 마셨는데, 조금 마시자 마침내 오장육부가 뒤틀려 밤새도록 배앓이를 하였다. 다음 날 또 우연히 뱀 한 마리가 섬돌 옆에 있었는데, 사람들이 시끄럽게 떠들며 오통묘를 배알하지 않은 탓이라고 하였다. 나는 '오장육부가 뒤틀린 것은 음식 때문이며, 다른 어떤 일과도 무관하니, 오통묘에 뒤집어씌우지 말라'고 하였다. 그 가운데 있던 어떤 사람은 학문을 지향하는 사람이었는데도, 와서 가보라고 권하면서 '역시 중론을 따르는 것이오'라고 말했다. 나는 '중론을 따라서 무엇하겠는가? 공마저도 이런 말을 할 줄은 생각하지 못했소'라고 말하였다."[172]

---

170 물었다 매양 …… 생겨날 것같다 : 해당 내용이 『朱子語類』 115:9에 보인다.
171 외물(外物)을 순응하는 …… 수 없다 : 「四勿箴」 중 「視箴」에 "마음은 본래 허하니, 외물에 응해도 자취가 없다.〔心兮本虛, 應物無迹〕"고 했는데, 허령(虛靈)한 마음이 막혀서 도리를 분명하게 알지 못하면 외물에 응하여 사사로운 자취가 남게 된다.
172 또 말하였다 …… 못했소라고 말하였다 : 해당 내용이 『朱子語類』 3:79에 보인다.

『질서』12-15 ㅡ '오통(五通)에 뒤집어씌우지 말라'는 이것이 오통이 한 일이 아님을 말한 것이다. 지금 억지로 그렇게 생각한다면 뒤집어씌우는 것이다. 왕(枉)은 원왕(冤枉)의 왕(枉)이다.

『질서』12-16 ㅡ 불서(佛書)에 "신(神)은 오통(五通)이요, 불(佛)은 육통(六通)이다. 오통(五通)은 죽지 않으며, 육통은 죽음도 없고 삶도 없다."라고 했다. '육통(六通)'은 천안(天眼), 천이(天耳), 타심(他心), 숙명(宿命), 신경(神境), 누진(漏盡)을 말하는 것이다.[173] '오통(五通)'은 곧 그것들을 다 통할 수 없는 것이다.[174] 그러므로 신사(神祠)를 일컬어 '오통묘(五通廟)'라고 말한 것이다."【『유문별록(柳文別錄)』[175]: "유주(柳州)에는 예전에 귀신이 있었는데, 이름이 오통(五通)이었다. 나는 처음에 왔을 때부터 그것을 믿지 않았다. 어느 날 상자를 열고서 옷을 바꾸어 입으려고 하다가 보니, 옷이 전부 재가 되어 있었다. 내가 이에 글을 지어 상제(上帝)께 제사를 지내면서 호소하였더니, 상제께서 내 마음을 갸륵하게 여기셔서 드디어 용성(龍城)에 요사스러운 변괴가 없어지게 되었다."】

---

173 육통(六通)이란 …… 것이다 : 육통은 六神通이라고도 하는데, 불가에서 인간적 한계를 넘어서는 여섯 가지 신통력을 일컫는 말로서, 육안으로 볼 수 없는 것을 보는 天眼通, 일반적인 귀로 들을 수 없는 것을 듣는 天耳通, 남의 마음을 꿰뚫어 아는 他心通, 전생을 아는 宿命通, 공간적 한계를 넘나드는 神境通 또는 神足通, 모든 번뇌를 끊고 생사윤회에서 벗어남을 깨닫는 漏盡通 등이다.
174 오통은 …… 것이다 : 오통은 육통 중 누진통이 빠진 것으로서, 생사윤회에서 완전히 벗어나지 못한 한계가 있다. 부처는 육통을 다 갖추었지만 신은 오통만 갖추었다는 점에서 불교의 우월성을 논한 대목이다.
175 『유문별록』(柳文別錄) : 唐代 柳宗元의 별록인 『龍城錄』이다. 해당 내용은 유종원이 憲宗 元和 10년(815) 柳州刺史로 갔을 때 기록이다.

『**질서**』12-17 __ 의가(醫家)에서는 술에 앙금이 없는 것을 무회(無灰)라고 한다. 술에 찌끼가 있으면 앙금이 흐려서 좋지 않은 것이다.

번역 **박종천**

13 『예기(禮記)』의 예악(禮樂)

『심경』16 ──「악기(樂記)」에서 군자가 말했다. "예와 음악은 잠시라도 몸에서 떠나서는 안 된다. 음악의 도리를 극진히 하여 마음을 다스리면 평이하고 정직하며 자애롭고 신실한 마음이 성대하게 생겨나게 된다. 평이하고 정직하며 자애롭고 신실한 마음이 생겨나면 즐겁고, 즐거우면 편안하고, 편안하면 오래 가고, 오래 가면 하늘과 같이 되고, 하늘과 같이 되면 신과 같이 된다. 하늘과 같이 되면 말하지 않아도 미덥고, 신과 같이 되면 성내지 않아도 위엄이 있으니, 음악의 도리를 극진히 하여 마음을 다스린 것이다. 예를 극진히 하여 몸을 다스리면 장중하고 공경스러우며, 장중하고 공경스러우면 위엄이 있게 된다. 속마음이 잠시라도 화평하지 않고 즐겁지 않으면 비루하고 속이려는 마음이 들어오게 된다. 겉모양이 잠시라도 장중하지 않고 공경스럽지 않으면 가볍게 여기고 업신여기는 마음이 들어오게 된다. 그러므로 음악이라는 것은 안에서 움직이는 것이요, 예라는 것은 밖에서 움직이는 것이다. 음악이 화평함을 지극히 하고, 예가 공순함을 지극히 하여 마음이 화평하고 몸가짐이 공순하면 백성들은 그 안색을 우러러보고 나서 함께 다투지 않을 것이며, 그 몸가짐을 바라보고 나서 백성들은 가볍게 여기고 업신여기는 마음을 일으키지 아니할 것이다. 그러므로 덕의 광휘가 안에서 움직여서 백성들이 받들어 듣지 않음이 없으며, 도리가 밖으로 드러나 백성들이 받들어 따르지 않음이 없다. 그러므로 '예와 음악의 도리를 극진히 하여 그것을 들어서 천하에 시행하면 어려움이 없을 것이다'라고 하였다."[176]

---

[176] 예와 음악은 …… 라고 하였다 : 『禮記』,「樂記」에 나온다.

『부주』16-1 ___ 정자(程子)가 말했다. "배움은 다만 채찍질하고 독려하여 안으로 가까이 해야 한다. 그러므로 '절실하게 묻되 비근한데서 생각하면 인(仁)이 그 안에 있다'[177], '말이 충직하고 믿음이 있고 행동이 돈독하고 공경하면 비록 오랑캐의 땅에라도 행해질 것이다. 말이 충직하지 못하고 믿음이 없고 행동이 돈독하지 못하고 공경스럽지 않으면 비록 살던 고향에서라도 행해지겠는가! 서면 앞에 나란히 있음을 보고 수레에 타면 멍에에 기대있음을 본다. 대저 그렇게 한 연후에 행해진다.'[178]고 하셨으니, 다만 이것이 배움이다. 바탕이 아름다운 자는 완전히 밝아지고, 찌꺼기는 곧 온전히 변화하여 천지와 몸을 같이 할 것이고, 그 다음은 오직 장중하고 경건하게 붙잡아 길러나가는 것이니 그 도달함에 미쳐서는 하나다."

물었다. "편벽(鞭辟)은 어떠한 것입니까?" 주자(朱子)가 말했다. "이것은 낙양(洛陽)의 말로 어떤 곳에서는 편약(鞭約)이라고 말한다. 대저 채찍질하여 독려해 안으로 향하게 하는 것이다. 요즘 사람들은 모두 채찍질하여 독려해 안으로 향하지 않으니, 마음은 모두 바깥을 향하고 있어 흡사 한 척의 배가 물 가운데서 뒤집혀진 것과 같다. 반드시 원래대로 뒤집어야 하니 곧 우리가 모름지기 용맹하게 힘을 쏟아야 한다."

『질서』13-1 ___ '채찍질하듯 독려한다'는 것은 몰아서 떠밀어 올리는 것이다. '안으로 가까이 한다'는 것은 놓아버린 마음을 수렴한다는 것이다. 놓아버린 것은 모름지기 방향을 돌려 안으로 향하게 해야 한다. '자

---

177 절실하게 묻되 …… 안에 있다 : 『論語』, 「子張」에 나온다.
178 말이 충직하고 …… 연후에 행해진다 : 『論語』, 「衛靈公」에 나온다.

기에게 붙게 한다'는 것은 마치 몸속에 있는 듯이 해서 몸에서 떨어지지 않게 하는 것이다. '절실하게 묻고 비근한데서 생각하는 것'에서부터 '서면 앞에 말들이 나란히 있음을 보고 수레에 타면 말들이 멍에에 기대있음을 본다'는 것까지는 안으로 가까이 하여 자기에게 붙게 하는 절도(節度)이다. 자질이 아름다운 것이 위가 되고 장중하고 경건히 하는 것이 그 다음이라는 것은, 안으로 가까이 하여 자기에게 붙게 하는 데에 어려움과 쉬움, 먼저와 나중이 있음을 말함이다.

『부주』16-2 ㅡ 이단백(李端伯)이 물었다. "매번 일상에서 일을 만날 때면 붙잡아 보존한다는 뜻을 능히 알 수 있습니다. 일이 없을 때에는 어떻게 보존하고 길러 익혀야 하는지요?" 말했다. "옛사람들은 귀로는 악(樂)을 듣고, 눈으로는 예(禮)를 보며, 일상생활에서 소반과 주발, 안석과 지팡이에 명(銘)과 계(戒)를 두어 움직이고 쉼에 모두 기르는 바가 있었다. 지금은 모두 이것을 없앴으니, 오직 리의(理義)로써 마음을 기를 수 있을 뿐이다. 다만 이 푹 젖어들어 기른다는 뜻을 보존하길 오래하면 자연히 익숙하게 된다. 경(敬)으로 안을 곧게 하는 것, 이것이 푹 젖어들어 기른다는 뜻이다. 말이 장중하고 공경스럽지 못하면 비천하고 기만하는 마음이 생겨난다. 용모가 장중하고 공경스럽지 못하면 해이하고 태만한 마음이 생겨난다."

『부주』16-3 ㅡ 또 말했다. "옛날에는 옥을 몸에서 떼지 않았고 이유없이 금슬(琴瑟)을 치우지 않았다. 아이 때 학교에 들어가서부터 사십이 되어야 벼슬에 나아갔으니, 가르치고 기르는 수단들이 갖추어질 수 있었다. 리의(理義)로써 그 마음을 기르고, 예악(禮樂)으로써 그 혈기를 길렀다. 그래서 재질이 높은 자는 성현이 되고 낮은 자 또한 좋은 선비가 되었으니, 이는 기르는 것이 지극했기 때문이다."

『질서』13-2 ___ 악(樂)은 화순하고 즐거운 것으로 주를 삼고, 예(禮)는 장중하고 공경스러움으로 주를 삼는다. 말이 장중하지 않고 공경스럽지 않은 것은 말함에 예가 아닌 것이고, 용모에서 장중하고 공경스럽지 않는 것은 행동함에 예가 아닌 것이다. 무릇 성음(聲音)으로 귀를 기르고 채색(彩色)으로 눈을 기르는 방식이 지금은 모두 없어졌다. 그래서 단지 말과 행동으로 깨우친 것이다.

『질서』13-3 ___ 「악기(樂記)」에서는 '들어온다〔入〕'[179]고 하고 정자(程子)는 '생겨난다〔生〕'[180]고 하였는데, 사실 뜻은 같다. '생겨난다'는 것은 처음에는 없다가 지금에야 있는 것이니 그래서 '들어온다'고 해도 또한 괜찮다.

『질서』13-4 ___ 말은 속으로부터 나오니 그러므로 그 잘못은 비루하고 속이는 것이 된다. 용모는 겉으로부터 꾸미는 것이니 그러므로 그 잘못은 해이하고 태만한 것이 된다.

『부주』16-6-3 ___ 또 말했다. "요즘 사람들은 공부를 하려고 하지 않는데, 어렵다고 느낀 뒤에 하려고 하지 않는 이가 있고, 스스로 할 수 없

---

179 '들어온다〔入〕': 앞에 인용된 「樂記」의 "中心斯須不和不樂, 而鄙詐之心入之矣; 外貌斯須不莊不敬, 而易慢之心入之矣" 구절에 나오는 '入'자를 뜻한다.
180 '생겨난다〔生〕': 『부주』16-2에 인용된 "言不莊不敬, 則鄙詐之心生矣; 貌不莊不敬, 則怠慢之心生矣"라는 구절에 나오는 '生'자를 뜻한다.

다고 여기고는 공공연히 다른 사람에게 양보하는 이가 있다. 이는 마치 재산을 도로 물리는 것과 비슷하니, 도로 물리는 것에 서명하기를 달게 받아들이고 자기는 원하지 않는 것이다."

『질서』13-5 ___ 퇴산(退産)은 재물을 교역하고 나서, 자신은 도로 물리고 다른 사람이 사가게 하는 것이 아닌가싶다. 그 물리는 것도 문서상에 스스로 서명해서 신표로 삼는 절차가 있기 때문에 '도로 물리는 것에 서명하기를 받아들인다'고 말한 것이다.

『부주』16-10 ___ 남헌 장씨(南軒張氏)가 말했다. "이계수(李季修)가 묻기를 '이른바 경(敬)의 설은 마땅히 힘을 써야하고 진실로 나태해서는 안 되지만 날이 저물어 편안히 쉬는 것 또한 마땅히 때를 따라야 합니다.'고 하기에, 나는 '날이 저물어 편안히 쉬는 것이 곧 경이다. 날이 저물어 편안히 쉬는 것이 나태함이 되지 않는다는 것을 알면 경(敬)의 이치를 논할 만하다'고 하였다."

『질서』13-6 ___ '날이 저물어 편안히 쉬는' 때의 경(敬)은 마땅히 「숙흥야매잠(夙興夜寐箴)」에서 구해야 한다.[181]

---

[181] 「숙흥야매잠(夙興夜寐箴)」에서 구해야 한다 : 「夙興夜寐箴」에서 저녁과 밤에 해당하는 부분은 다음과 같다. "날이 저물어 피곤해지면 나쁜 기운이 쉽게 들어오니 몸을 잘 가다듬어 맑고 바른 정신이 되게 해야 한다. 밤이 깊어 잠잘 때는 손발을 가지런히 모으고 아무 생각을 하지 말고 마음이 조용히 잠들게 해야 한다. 밤기운으로 마음을 차분히 하면 끝이 처음으로 돌아갈 것이다. 이것을 생각하고 마음에 두어 밤낮 없이 부지런히 노력해야 한다.〔日暮人倦, 昏氣易乘, 齋莊整齊, 振拔精明, 夜久斯寢, 齊手斂足, 不作思惟, 心神歸宿. 養以夜氣, 貞則復元, 念玆在玆, 日夕乾乾.〕"

『부주』16-15 ___ 명도선생(明道先生)이 말했다. "내가 글자를 쓸 때 심히 공경스럽게 하는데 글자를 잘 쓰려는 것이 아니다. 이렇게 하는 것이 배움이니, 단지 이렇게 하는 것이 놓아버린 마음을 구하는 것이기 때문이다."

『질서』13-7 ___ 주자가 「서자명(書字銘)」에서 '붓대를 잡고 붓끝을 적시며, 종이를 펴고 글씨를 쓴다. 그 속에 마음을 전일하게 두어 한 점 한 점, 한 획 한 획 써나간다. 뜻을 놓아버리면 거칠어지고 예쁘게 쓰려고 하면 미혹된다. (그 사이에) 반드시 일삼는 바가 있으니 그 덕을 신명(神明)스럽게 한다.'라고 한 것은 명도의 뜻을 충분히 발휘했다.

『부주』16-16 ___ 남전 여씨(藍田呂氏)가 말했다. "횡거선생(橫渠先生)은 종일토록 방안에 단정히 앉아서 좌우에 책을 두고 고개를 숙여 읽고 우러러 생각하다가 얻은 것이 있으면 기록했다. 어떤 때는 한밤중에도 일어나 앉아 촛불을 밝히고 글을 썼다. 그 도(道)에 뜻을 두고 생각을 정밀하게 하는 것을 처음부터 잠시라도 그친 적이 없었고 또한 잠시라도 잊은 적이 없었다."

『질서』13-8 ___ '밤에 일어나 촛불을 켰다'는 것은 주자가 이른바 '(횡거선생은) 신묘하게 계합하는 바가 있으면 급히 기록하였다'[182]고 한 말이 그것이다. 정자는 그것을 듣고는 "자후(子厚)가 이와 같이 순숙(純熟)

---

182 문득 계합하는 …… 글을 썼다 : 주자는 『朱子大全』 권85 「六先生畫像贊」에서 橫渠에 대해 "정밀하게 생각하고 힘써 실천하였으며, 오묘하게 계합하는 바가 있으면 재빠르게 글을 썼다.〔精思力踐, 妙契疾書〕"고 평하였다.

하지 못하다."고 말했다.

『**부주**』16-21 ___ 주자(朱子)가 말했다. "진재경(陳才卿)이 '정선생(程先生)은 그렇게 근엄했는데 어떤 까닭에 여러 문인들은 모두 근엄하지 않았습니까?'라고 묻길래 나는 '정선생은 원래 근엄했고 여러 문인들은 원래 근엄하지 않았으니 정선생과 무슨 상관이 있겠는가?'라고 답했다. 내가 그렇게 말한 이유는 바로 재경(才卿)이 깊이 생각하여 체득하고 자기에게 돌이켜 보기를, 마치 바늘이 몸을 찌르는 듯이 하여, 두려워 발분하고 어디서나 스스로 보존하여 그러한 까닭을 생각하게 하려 했던 것이다."

『**부주**』16-21-1 ___ 【정민정의 견해】 정자 문하의 고제(高弟)들로 위에서 기록한 양씨, 여씨, 주씨, 윤씨의 신독(愼獨)의 일은 '근엄하다'고 말할 수 있다. 진씨(陳氏)가 이와 같은 질문을 한 것은 당시에 필시 가리키는 바가 있었겠으나 상고할 수 없다.

『**질서**』13-9 ___ 정자 문하에 근엄하지 않은 이가 있었다는 것은 아마도 주행기(周行己)[183]와 같은 이를 가리키는 것이 아닌가싶다.

---

183 주행기(周行己) : 주행기(1067~1129 추정)는 북송 溫州 永嘉 사람으로 자는 恭叔이고, 호는 浮沚이다. 程頤와 呂大臨의 문하에서 수학했고, 張載의 영향도 받았다. 저서에 『浮沚集』이 있다.

14 성정(性情)의 바름을 회복하여 뜻을 조화롭게 한다

『**심경**』17 ── 군자는 성정(性情)의 바름을 회복하여 그 뜻을 조화롭게 하고 선한 부류를 따라서 그 행실을 이룬다. 간사한 소리나 어지러운 색채가 총명에 머물지 않게 하고, 음란한 음악과 사특한 예의가 마음씀씀이에 접하지 않게 한다. 태만하고 사특한 기운이 몸에 배지 못하게 하여 귀, 눈, 코, 입, 심지(心知)와 몸의 각 부분이 모두 순조로움과 바름에 말미암아서 그 의(義)를 행하게 한다.[184]

『**부주**』17-1 ── 장자(張子 : 張載)가 말했다. "희롱하는 말(戱言)은 생각에서 나오는 것이며, 희롱하는 행동은 의도적으로 짓는 것이다. 소리로 발현되고 사지로 나타났는데, 자기 마음이 아니라고 한다면 밝지 못한 것이고 다른 사람이 자기를 의심하지 않기를 바란다고 해서 될 수 없다. (이에 반해) 실수한 말(過言)은 마음(心)에서 나온 것이 아니요, 행동에서의 실수가 진정(誠)은 아니다. 발언에서의 실수와 거동에서의 미혹된 것을 두고 자기의 당연한 일이라고 하는 것은 스스로를 속이는 것이고 다른 사람이 자기를 따라주기를 바란다면 남을 속이는 것이다. 어떤 사람들은 마음에서 나온 것을 두고는 자기의 희롱이라고 허물을 돌리고 생각에서 실수한 것을 두고는 자기의 진정이라고 자기를 속인다. 자기에게서 나온 것에 대해서는 경계하고 자기에게서 나오지 않은 것에 대해서는 허물을 돌릴 줄 몰라 오만을 키우고 또 그릇됨을 이루니, 그 어리석음이 무엇이 이보다 심하겠는가!"[185]

---

[184] 군자는 성정(性情)의 …… 행하게 한다 : 이 구절은 『禮記』, 「樂記」에 나온다.
[185] 장재가 말하였다 …… 것이 있겠는가 : 『張子全書』 권3, 「正蒙·乾稱篇第十七」.

『부주』17-1-1 __ 주자(朱子)가 말했다. "횡거(橫渠)는 배우는 노력이 보통사람보다 뛰어났다. 잘못을 고치는데 더욱 용감하였는데, 유독 희롱은 해로움이 없다고 생각했다. 하루는 홀연히 '무릇 사람의 잘못은 알지 못하는데서 나와 행하는 것에 있거니와 희롱에 이르면 모두 마음이 있어 그렇게 하는 것이니 그 해로움이 더욱 심하다.'고 하고는 이윽고 「동명(東銘)」을 지었다."

『질서』14-1 __ 「동명(東銘)」의 설은 매우 이해하기 어렵지만, 역시 조리를 찾을 수는 있다. 대개 '희롱(戲)'이라는 것은, 결국 생각에서 나온다. 경솔하게 희롱하면서도 그런 사실을 자각하지 못하기 때문에 '자기의 마음이 아니다(謂非己心)'고 말하는데, 이것은 밝지 못한 것이다. 이와 같은 것은 오히려 '오만을 키울(長傲)' 걱정은 없다. 그런데 혹 희롱을 무방하다고 생각하여 제멋대로 방자하게 행하면서 단지 자기의 희롱이라고 허물을 돌리는 것은 이른바 '자기에게서 나온 것을 경계할 줄 모른다(不知戒其出汝者)'는 것이다. '과실(過)'이라는 것은, 반드시 마음에서 나온 것은 아닌데도 죄를 알아 용감히 고치려 하지 않고 도리어 스스로를 업신여겨 '내가 하는 일이 당연히 그렇지'라고 말하는 것은 스스로를 버리는 것으로 배움에 진척이 있을 수 없다. 그러나 이와 같

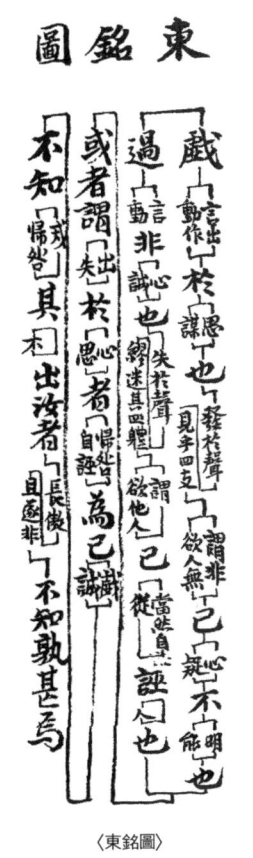

〈東銘圖〉

은 것은 오히려 '그릇됨을 정당화하는(遂非)' 걱정은 없다. 그런데 혹 과실을 도리가 당연한 것이라고 여기고 도리어 스스로 자기의 진정을 속이는 것은 이른바 '자기에게서 나오지 않은 것에 대해서는 허물을 돌릴 줄 모른다(不知歸咎其不出汝者)'는 것이다. 희롱은 경계하고, 과실은 허물을 돌릴 줄 안다면, 어찌 오만함을 키우고 그릇됨을 정당화하는 걱정이 있겠는가? 이에 도(圖)를 그려 놓는다.

『부주』17-2 ＿ 또 말했다. "희학(戱謔)은 일을 해칠 뿐만 아니라, 뜻〔志〕 또한 기(氣)에 휩쓸리게 된다. 희학(戱謔)하지 않는 것 또한 기(氣)를 지키는 일 가운데 하나이다."

『부주』17-2-1 ＿ 서산진씨(西山眞氏 : 眞德秀)가 말했다. "한자(韓子 : 韓愈)가 장적(張籍)에 보낸 글에서 '예전에 부자(夫子)께서도 농을 하셨다.'고 하였고, 『시경(詩經)』에는 '농을 잘하네! 모질지 않네!'[186]라고 하였으며, 『예기(禮記)』에서는 '당기기만 하고 늦추지 않으면, 문왕이나 무왕도 할 수 없다.'[187]라고 했다. 어찌 도를 행함에 해가 되겠는가. 그런데도 장자(張子 : 張載)가 그렇게 말한 것은 무엇 때문인가? 대개 '소잡는 칼'이라는 말은 공자께서 다만 자유(子遊)를 계발시키려 한 것이니 평상한 말은 아니다. 그러므로 '농이다'고 말했던 것이다.[188] 무공의 농에 대해 '잘한다'고 말하고 '모질지 않다'고 한 것에서 화락하면서도 절도가 있었음을 알 수 있다. '백일 동안 일하고 납향제사를 지내니, 하루 동안 즐기

---

186 희학을 잘하네 …… 하지 않네 : 『詩經』, 「衛風・淇澳」에 나온다.
187 조이기만 하고 …… 수 없다 : 『禮記』, 「雜記下」에 나온다.
188 '소잡는 칼이라는 …… '희롱일 뿐이다' : 『論語』, 「陽貨」에 나온다.

는 임금의 은택이다'[189]이라는 것은 대개 이 날에 백성들이 마음껏 즐기도록 해 그 노고를 풀게 한 것이지 문왕이나 무왕이 스스로 즐기려 한 것이 아니다. 장자의 경우는 뜻[志]을 지키고 기(氣)를 기르는 노력이 엄격했으니 희롱하는 말(戱言)과 희롱하는 행동(戱動)이 그것을 해칠까 염려하였기에 이미 「동명(東銘)」을 짓고 또 이런 말을 한 것이다. 배우는 이는 진실로 몸으로 체득하여, 농을 할 때를 당해서도 뜻이 기에 휩쓸리지 않을 수 있은 뒤에야 장자의 말이 참으로 약석(藥石)의 말이라는 것을 알게 될 것이니 부자(夫子)나 무공(武公)을 핑계로 삼아서는 안 된다.

『**질서**』14-2 ─ '뜻은 능히 기(氣)에 의해 흘러가지 않은 뒤에야'에서 이 '부(否)'자는 마땅히 연문이다. 혹 이 구절로 스스로 성찰하는 말이라고 여기지만, 종시(終始) 말의 맥락이 순조롭지 않다.

『**부주**』17-5 ─ 남헌 장씨가 말했다. "옛 사람은 의관을 갖추고 거동하는 사이에서 의도적으로 힘써 지키려 했던 것은 아니다. 단지 하늘의 법칙을 따름이 마땅히 그와 같았던 것이다. 평상시 인습에 따르면서 게으르고 풀어지기 때문에 반드시 힘써 스스로 지켜야 한다. 밖으로 엄숙하지 않고서, 안에서 경건할 수 있다고 말하는 것이 가하겠는가!"

『**부주**』17-6 ─ 또 말했다. "예로부터 성현들이 하학(下學)을 논한 곳

---

[189] '백일 동안 …… 하루 동안의 은택 : 『禮記』, 「雜記下」에 나온다. 蜡祭를 가리킨다. 동지로부터 세 번째 未日인 臘日에 지내는, 한 해의 농사와 그 밖을 일을 하늘에 알리는 제사이다.

을 상세히 고찰해보면 의관(衣冠)을 바로하고 용모(容貌)를 엄숙히 하는 것으로 우선을 삼지 않은 곳이 없다. 반드시 그와 같은 연후에야 보존할 바를 얻어 사특하고 편벽한 데로 흐르지 않기 때문이다. 『역(易)』에서 '삿됨을 막고 그 성(誠)을 보존한다'고 말한 것, 정자가 '밖에서 제재하여 그 안(中)을 기른다'고 말한 것이 그것이다."

『질서』14-3 ── 남헌(南軒)은 여기에서 '삿됨을 막는 것(閑邪)'을 '의관을 바르게 하고(正衣冠)' '용모를 엄숙히 하는(肅容貌)' 등의 밖을 제재하는 일로 여겼다. 그러나 정자는 "정신을 한 곳에 집중하면, 삿됨을 막는다는 말을 할 필요는 없다."고 했다. '정신을 한 곳에 집중한다(主一)'는 것은 동정(動靜)을 관통하는 것이니, 움직임에 용모를 반듯이 하고 사려를 정돈하는 것 같은 것이 모두 삿됨을 막는 절도(節度)이다. 단지 바깥을 제재하는 공부에만 배속시키면 한쪽으로 치우치고 말라버려 두루 포괄하지 못함을 면치 못할 것이다. 다시 자세히 살펴보라.

『원주』17-1 ── 공씨(孔氏 : 孔穎達)가 말했다. "'반정(反情)'은 정욕(情欲)을 돌이켜 제거하는 것이다. '비류(比類)'는 선류(善類)에 견주어 보는 것이다."

『부주』17-8 ── 동회택(東匯澤) 진씨(陳氏)[190]가 말했다. "'반정(情)'은 그 성정(性情)의 바름을 회복한다는 것이다. 정(情)이 바름을 잃지 않으면

---

[190] 동회택(東匯澤) 진씨(陳氏) : 陳澔를 가리킨다. 1260~1341. 자는 可大, 호는 雲住로 經歸 선생으로 불리었다. 『禮記集說』을 지었는데, 명대 五經大全 편찬시 포함되었다. 인용문은 『예기집설』, 「악기」 해당 부분의 진호 주석에 나온다.

뜻[志]이 화순하지 않음이 없다. '비류(比類)'는 선악(善惡)의 유(類)를 구분하는 것이다. 악류(惡類)에 들어가지 않으면 행실이 이루어지지 않음이 없다. '남겨두지 않음', '접촉시키지 않음', '베풀지 않음'[191]은 『논어(論語)』의 사물(四勿)[192]을 말하는 것과 같으니 모두 성정(性情)의 바름을 회복하고 선악(善惡)을 구분하는 일이다. 이와 같이 하면 온 몸이 성명(性命)의 명령을 따르고 오직 의(義)와 함께 할 것이다. 이 한 구절은 곧 배우는 자가 자기 몸을 수양하는 요법(要法)이다."

『질서』14-4 ___ '반정(反情)'과 '비류(比類)'에 대한 공씨(孔氏)의 주석은 잘못됐다. 진씨(陳氏)의 설이 정당하다.

---

191 '머물지 않음' …… '베풀지 않음' : 이 장의 『禮記』 경문(經文) 참조.
192 『논어(論語)』의 사물(四勿) : 『論語』, 「顏淵」에서 공자가 안회에게 극기복례(克己復禮)를 실천하는 네 조목으로 '예가 아니면 보지 말고, 예가 아니면 듣지 말고, 예가 아니면 말하지 말고, 예가 아니면 움직이지 말라〔非禮勿視, 非禮勿聽, 非禮勿言, 非禮勿動〕'라고 말한 구절을 뜻한다.

15 군자는 그 도를 얻음에 즐거워한다

『심경』18 ＿ 군자는 그 도(道)를 얻음을 즐거워하고 소인은 그 욕망을 채움을 즐거워한다. 도(道)로써 욕망을 제재하면 즐거우면서 문란하지 않다. 욕망으로써 도(道)를 망각하면 미혹되어 즐겁지 못하다.[193]

『원주』18-1 ＿ 정씨(鄭氏: 鄭玄)가 말했다. "'도(道)'는 인의(仁義)를 말하고, '욕망〔欲〕'은 넘치고 삿된 것〔淫邪〕을 말한다."

『원주』18-2 ＿ 정자가 말했다. "사람이 비록 욕망이 없을 수 없지만 마땅히 제재할 수 있어야 한다. 제재하지 못해 오직 욕망을 좇게 되면 인도(人道)는 폐기되고 금수(禽獸)로 들어가게 된다."

『부주』18-1 ＿ 여여숙(呂與叔)이 말했다. "일찍이 한 조사(朝士: 조정의 벼슬아치)가 있었는데, 오랫동안 백순(伯淳: 정명도)을 만나지 못하였다가, 백순에게 말하기를 '백순이 이와 같이 총명한데, 무엇 때문에 허다한 기회에도 끝내 고개를 돌리려 하지 않았는가?'라고 말하였다. 백순이 대답하였다. '고개를 돌렸다가 잘못 응하게 될까 염려했다.'"[194]

---

[193] 군자는 그 …… 못한 것이다: 『禮記』, 「樂記」에 나온다.
[194] 여여숙(呂與叔)이 말했다 …… 염려했을 따름이다: 『二程遺書』 권2上에 나온다. 『이정유서』에는 "久不見伯淳"이 "久不見"으로, "謂曰"이 "謂伯淳曰"로, "回頭錯"이 "回頭後錯"으로 되어 있다. 杜甫의 「漫成」 두 번째 시에 "위를 향해 새를 보려 더듬다가, 고개를 돌려 잘못 사람에게 응하였네(仰面貪看鳥, 回頭錯應人)"라고 하였다. "回頭錯"은 조정에 돌아오게 되면 뜻에 맞지 않는 사람들과 어울려야 하는 원치 않는 상황을 두고 말한 것이다.

『질서』15-1 ___ '조사(朝士)'는 벼슬아치〔仕宦〕이다. 명도(明道)처럼 총명한 이가 어찌 돌아보아 벼슬살이를 소임으로 삼지 않는가 라고 말한 것이다. 그 뜻은 양화(陽貨)가 공자(孔子)에게 말한 것[195]과 같다. 명도의 답변은 벼슬살이와 그만두는 것은 자체로 그 의리가 있는 것이니 학문을 굽혀서 시류에 따르면 자연이 그 잘못됨이 있게 된다고 말한 것과 같다.

『부주』18-2 ___ 어떤 이가 이천(伊川)을 위로하면서 말했다. "선생께서는 사오십년 동안 예(禮)에 근엄하셨는데 또한 매우 힘들고 괴로우셨겠습니다." 선생이 말씀하셨다. "나야 날마다 편안한 땅을 밟고 있는데 어찌 힘들고 괴로울 것이 있겠는가? 다른 사람들이 날마다 위험한 땅을 밟고 있으니 곧 힘들고 괴로운 것이다."

『질서』15-2 ___ 군자가 소인을 보는 것이 또한 소인이 군자를 보는 것과 같다. 저들은 날마다 편안하지 못한 땅을 밟으면서 지각없이 망령되이 행동하니, 군자가 볼 때, 어찌 힘들고 괴로움이 심한 것이 아니겠는가!

---

[195] 양화(陽貨)가 공자(孔子)에게 말한 것: 『論語』,「陽貨」에 관련내용이 다음과 같이 나온다. "양화가 공자를 만나보려고 하였으나 공자가 만나주지 않자 공자에게 익힌 돼지를 예물로 보냈다. 공자는 그가 없는 틈을 타 사례하러 갔다가 그를 길에서 만났다. (양화가) 공자에 일러 말하기를, '이리 오시오. 네가 당신께 말하리다.' '보배를 품고서 나라의 혼란을 버려두는 것을 인(仁)이라 이르리까?'라고 묻자, 공자는 '그렇다고 할 수 없소.'라고 했다. '일에 종사하는 것을 좋아하되 자주 그 기회를 놓치는 것을 지(知)라고 이르리까?'라고 묻자, '그렇다 할 수 없소.'라고 했다. 양호가 '해와 달은 흘러가서 세월은 우리를 기다려 주지 않습니다.'라고 하자, 공자가 말하기를 '그렇소. 나는 장차 벼슬을 할 것이요.'라고 했다."

『부주』18-4 ___ 왕신백(王信伯)¹⁹⁶이 말했다. "이천선생이 하루는 진소유(秦少游: 秦觀, 1049~1100)¹⁹⁷를 우연히 만나 묻기를, '〈하늘이 만약 앎이 있다면 하늘도 여위어갈 것이다〉라는 구절이 그대의 사(詞)인가?'라고 했다. 소유는 이천이 자기를 칭찬한다 생각하고 손을 모으고 공손히 인사를 했다. 이천선생이 말했다. '하늘이 존엄한데 어찌 쉬이 여겨 얕볼 수 있겠는가?' 소유의 낯빛이 붉어졌다."

『질서』15-3 ___ 진관(秦觀)이 기생인 유초청(柳梢靑)에게 준 사(詞)에서 '하늘이 지각이 있다면 하늘도 여위어질 것이다'고 말하였는데, 이것은 이하(李賀)의 시에서 '하늘이 만약 지각이 있다면 하늘도 마땅히 늙을 것이다'고 말한 것과 같은 뜻이다. 진관은 소식 문하에 익숙한 문객으로서 이미 정씨와 원수지간이 되어 있으니, 책망하는 말을 듣고 반드시 소자첨(蘇子瞻)과 주공염(朱公掞)¹⁹⁸의 관계에서 그러하였듯이¹⁹⁹, 갑자기 불손한 말을 하여도 이상할 것이 없다. 그런데도 그것에 대하여 얼굴을 붉혀서 부끄러움을 안 것은 진관의 불선함이 색성(素性)에 이르지

---

196 왕신백(王信伯): 程頤의 문인.
197 진소유(秦少游: 秦觀, 1049~1100): 북송 揚州 高郵 사람. 자는 少游 또는 太虛이고, 호는 淮海居士다. 젊어서 蘇軾을 좇아 배웠다. 古文과 시에 능했고 특히 詞에 뛰어났는데, 소식의 문하에 있으면서 黃庭堅과 張耒, 晁補之 등과 함께 '蘇門四學士'로 일컬어졌다. 저서에 『淮海集』40권과 『後集』6권, 詞集으로 『淮海長短句』3권 등이 있다.
198 주공염(朱公掞): 1037~1094. 이름은 光庭, 자는 公掞이다. 朱景의 아들로 程顥의 문인이다. 哲宗 때 司馬光의 추천으로 左正言이 되어 靑苗法의 혁파를 건의하였다. 뒤에 賈易 등과 함께 洛黨의 주도자가 되고 洛黨이 쇠퇴한 뒤에는 朔黨의 주도자가 되어 蘇軾측의 蜀黨과 대립하였다.
199 소자첨(蘇子瞻)과 주공염(朱公掞)의 관계에서 그러하였듯이: 『伊洛淵源錄』권4의 기록에 의하면, 소식이 이정을 비속한 말로 희롱하자 주공염 등이 마음에 불만을 품었고 이후 적대적 관계가 되었다고 한다.

않아 선생의 덕 있는 모습이 그를 감복시켰기 때문이 아니겠는가? 그렇지 않았다면, 상대에게도 보탬이 없고 한갓 자신에게 손해를 끼칠 것이다. 이 또한 처세접물(處世接物)에 마땅히 살피고 생각해야 할 바이다.

무이 호씨(武夷胡氏 : 胡安國)가 말했다. "『좌씨전(左氏傳)』에 '공손오가 거(莒)로 달아난 것은 기씨(己氏)를 좇아간 것이다'라고 하였으니, 남녀 간에는 사람의 큰 욕망이 있다. 욕망을 줄인다는 것은 마음을 기르는 요체이니, 욕망이 생기면 행하지 않기가 어려워지는 것이다. 그러나 욕망은 색욕에서 생겨나 음란함에 빠져들어 방종하게 되고, 색욕은 성(性)에서 나와 눈으로 보는 바에 똑같이 아름답게 여기는 것이 있으니 가릴 수 없는 것이다. 음란함은 기(氣)에서 나와, 그 뜻[志]을 지키지 못하면, 제멋대로 내달려 하지 않는 짓이 없게 된다. 대저 뜻이 기(氣)에 복종하여, 내키는 대로 음욕을 행하는데도 통솔하지 못하고 그 집과 나라를 버리고 달아나 돌아보지 않기에 이르니 이것은 천하에 크게 경계할 일이다. 『춘추(春秋)』에서 그 일을 엄격하게 기록하였으니, 오(敖)에게 무슨 벌을 가하겠는가? 후인들이 거울삼아 반드시 그 뜻을 지켜 몸을 다스리고 욕망을 틀어막는 방법으로 삼게 한 것이다.

『질서』15-4 ＿ 공손오의 일은 『좌전』문공 8년 조에 보인다.²⁰⁰ 【삼가 살피건대, 『주자어류(朱子語類)』, 「춘추(春秋)」권에서 다음과 같이 말하고 있다. "호씨(胡氏)의 '색욕은 성(性)에서 나오고, 음란함은 기(氣)에서 나온다'는 설은 상채(上

---

200 공손오의 일은 …… 조에 보인다 : 穆伯이 周에 문상을 가다 중도에 예물을 가지고 莒로 달아나 己氏를 좇아갔다는 내용을 말한다. 『左傳』文公8年, "穆伯如周弔喪, 不至, 以幣奔莒, 從己氏焉."

蔡)에서 비롯한 것으로, 이와 같은 구분은 매우 잘못되었다. 크게 보면 모두 사람의 몸에서 나온 것으로, 도리도 당연히 성(性)이고 색욕도 당연히 성(性)이다. 그러나 예로써 절제하고 의로써 단속하지 못하면 그것이 곧 악이다. 그러므로 맹자는 여기에서 단지 '군자는 성(性)이라고 말하지 않는다'[201]라고 했던 것이니, 그 말은 본래 병통이 없다."】

『부주』18-7 ___ 치당 호씨(致堂胡氏 : 胡寅)가 말했다. "'오직 술은 정해진 양이 없었는데, 어지러움에 미치지는 않았다'[202]는 것에서, '어지러움〔亂〕'이란 안으로는 심지(心志)를 혼미하게 하고 밖으로는 위의(威儀)를 잃게 하는 것이다. 심하면 반백(班伯)이 말하는 바, '음란의 근원이 모두 술에 있다'는 것이다. 성인(聖人)이 술을 드심에 정해진 양이 없었으나 또한 어지러운 행태도 없었다. 대개 '마음이 하고자 하는 바를 따라도 법도를 넘지 않는다'[203]는 것이니, 이 때문에 그럴 수 있었던 것이다. 배우는 이들은 그렇지 못하니 마땅히 경계할 줄 알아야 한다.

『질서』15-5 ___ 『한서(漢書)』에서 "성제(成帝)가 술이 가득한 잔을 들자 반백(班伯)이 악좌(幄坐)의 병풍에 주왕이 취하여 달기(妲己)라는 여인에게 기대어 있는 모습이 그려진 것을 보면서 말했다. '음란(淫亂)을 경계함에, 그 근원은 모두 술에 있습니다.' 그러자 황제가 말했다. '오랫동안 반생(班生)을 보지 못했는데 또 다시 올바른 말을 듣게 되었다.'"라고 한 것이 곧 그 일이다. 대개 여색(女色)에 빠져 음란하고 어두운 것은

---

201 군자는 성(性)이라고 말하지 않는다 : 『孟子』, 「盡心」에 나온다.
202 오직 술은 …… 미치지 않으셨다 : 『論語』, 「鄕黨」에 나온다.
203 '마음이 하고자 …… 넘지 않는다' : 『論語』, 「爲政」에 나온다.

오히려 스스로 반성하고 다스릴 수 있다. 오직 술이 뜻을 어지럽히니 뜻이 방탕해지면 장차 못하는 짓이 없게 된다. 그러므로 '그 근원이 모두 술에 있다'고 말한 것이다.

번역 **김수길**

16 『맹자』의 사단(四端)

『심경』19 ── 맹자가 말하였다. "사람에게는 모두 다른 이에게 차마 하지 못하는 마음이 있다. 선왕에게 다른 이에게 차마 하지 못하는 마음이 있어 차마 하지 못하는 정치가 이루어졌으니 다른 이에게 차마 하지 못하는 마음으로 다른 이에게 차마 하지 못하는 정치를 행한다면 천하 다스리기를 손바닥 위에서 운용할 수 있을 것이다. 사람들이 모두 다른 이에게 차마 하지 못하는 마음을 가지고 있다고 하는 까닭은 지금 어떤 사람이 순간 어린 아이가 장차 우물에 빠지려는 것을 보았다면 모두 깜짝 놀라고 측은해하는 마음을 가질 것이다. 어린 아이의 부모와 교분을 맺고자 해서도 아니고, 마을 사람들과 친구들 사이에서 칭찬을 바라서도 아니며, (아이를 구하지 않았다는) 소문이 듣기 싫어서도 아닐 것이다. 이로 말미암아 본다면 측은해하는 마음이 없으면 사람이 아니요, 부끄러워하고 미워하는 마음이 없으면 사람이 아니며, 사양하는 마음이 없으면 사람이 아니요, 옳고 그름을 가리는 마음이 없으면 사람이 아니다. 측은해 하는 마음은 인의 단서요, 부끄러워하고 미워하는 마음은 의의 단서이며, 사양하는 마음은 예의 단서요, 옳고 그름을 가리는 마음은 지의 단서다. 사람에게 사단이 있는 것은 사람에게 팔다리〔四體〕가 있는 것과 같다. 이 사단을 가지고 있으면서 스스로 행할 수 없다고 말하는 사람은 자기를 해치는 자요, 임금이 행할 수 없다고 말하는 사람은 그 임금을 해치는 자이다. 무릇 이 나에게 있는 사단을 모두 확충할 수 있음을 안다면 마치 불이 처음 타오르고 물이 처음 흘러나오는 것과 같아서, 진실로 능히 이를 확충할 수 있으면 사해(四海)를 보호하기에 족할 것이요, 진실로 확충할 수 없으면 부모를 섬기기에도 부족할 것이다."[204]

『원주』19-1 ── 주자가 말했다. "사람이 마음으로 삼는 바는 이 네 가지를 벗어나지 않는다. 그러므로 측은지심으로 인하여 모두 꼽은 것이다. 사람이 만약 이 마음이 없다면 사람이라고 이를 수 없다고 말하였으니 반드시 (이 마음을) 가지고 있음을 밝힌 것이다."

『부주』19-1 ── 귀산 양씨가 말하였다. "『맹자』 한 책은 단지 인심을 바로 잡게 하려는 것이니 사람들에게 마음을 보존하고 본성을 길러 놓친 마음을 거두어들이게 한 것이다. 인의예지를 논함에 이르러서는 측은·수오·사양·시비지심으로 그 단서를 삼았고, 사특한 설〔邪說〕의 폐해를 논함에 '그 마음에서 생겨나 그 정치를 해친다.'[205]고 말하였으며, 임금을 섬김을 논함에 '임금 마음의 그릇됨을 바로잡고자 한다.'[206]고 하였다. 천만가지 변화가 다만 마음 위에서 나오는 것이라고 말한 것이니 사람이 마음을 바로잡을 수 있다면 족히 다스리지 못할 일이 없을 것이다."

『질서』16-1 ── 사단과 칠정을 리와 기에 분속하는 설[207]은 퇴계와 고봉에게 허다한 의론이 있었는데 이율곡에 이르러 도리어 또한 고봉의 애초 설을 오로지 고수해 "사단은 칠정 가운데 선한 일변이다."[208]라고

---

204 사람에게는 모두 …… 부족할 것이다 : 『孟子』, 「公孫丑(上)」에 나온다.
205 그 마음에서 생겨나 …… 정치를 해친다 : 『맹자』, 「公孫丑(上)」.
206 임금 마음의 …… 바로잡고자 한다 : 『맹자집주』, 「이루상(離婁上) 20장 주자주.
207 사단과 칠정을 …… 분속하는 설 : 『退溪先生文集』 권23 「與趙士敬」에서는 "사단과 칠정을 리와 기로 분속하는 것은 본래 나의 의견이 아니니 곧 주자에게 원래 이와 같은 설이 있었다.〔四七分理氣, 本非吾說, 乃考亭元有說如此.〕"라고 하였다.
208 사단은 칠정 …… 선한 일변이다 : 이 말은 『栗谷全書』 권10, 「答成浩原」(壬申)에 나온다.

하였다. 근래 어떤 이가 주자의 '사단 역시 절도에 맞음과 절도에 맞지 않음이 있다.'[209]는 설을 이끌어다 율곡의 설에 뒤이어 붙여서 혼연히 완전한 정론으로 삼으려고 하였다. 율곡이 퇴계와 다른 까닭은 칠정은 선악을 겸하고 사단에는 다만 선만 있다고 여겼다는 것이다. 지금 또 주자의 설을 뒤이어 붙이면, 사단 역시 선악을 겸하고 칠정 역시 선악을 겸하는 것이 되는데, (율곡의) 이른바 '(사단이) 칠정 가운데 선한 일변'이라는 것은 과연 무엇을 가리켜 그렇다고 말하는 것인가? 상세한 것은 『사칠신편』에 있다.[210]

---

[209] 사단 역시 …… 않음이 있다 : 『주자어류(朱子語類)』 권53, 36조목에는 "측은과 수오에도 절도에 맞음과 절도에 맞지 않음이 있다. 만약 측은하지 않아야 할 때에 측은하고, 부끄러워하지 않아야 할 때에 부끄러워한다면 중절하지 못함이다.〔惻隱羞惡, 也有中節、不中節. 若不當惻隱而惻隱, 不當羞惡而羞惡, 便是不中節.〕"라고 되어 있다.

[210] 율곡이 퇴계와 ……『사칠신편』에 있다 : 성호는 『사칠신편』의 부록인 「讀李栗谷書記疑」에서 "인심 도심은 정(情)과 의(意)를 겸하여 말하는 것이니, 다만 정(情)만을 가리키는 것이 아니다. 정(情)은 이와 같이 발하여 계교에 미치지 않은 것이니, 또한 인심 도심이 서로 시종이 되는 것과 같지 않다. 이제 양변(兩邊)으로 말하고자 한다면 마땅히 인심 도심의 학설을 따라야 하고, 선한 일변〔善一邊〕을 말하고자 한다면 마땅히 사단의 학설을 따라야 하며, 선악을 겸하여 말하고자 한다면 마땅히 칠정의 학설을 따라야 한다."는 율곡의 입장에 대해 다음과 같이 비판한다. "생각건대, 도심은 다만 사단일 뿐이요, 사단은 다만 정(情)일 뿐이다. 이것은 모두 이미 주자의 학설에 나타나 있으니, 나는 그 계교 여부에 따른 구별을 알지 못하겠다. 인심 도심에 모두 계교의 뜻을 포함시켜 말한다면 또한 커다란 착오이다. 인심 도심은 정과 의를 겸하는데, 의가 바로 계교하는 것이라면, 인심 도심도 또한 계교를 겸하여 말하는 것이다. 인심의 기한통양(飢寒痛痒)과 도심의 측은수오(惻隱羞惡)에 어떠한 계교가 있는가? 또한 칠정 가운데의 선한 일변〔善一邊〕을 사단이라 한다면, 사단의 부중절(不中節)한 것은 도리어 칠정이 되는 것인가? 사단이 비록 불선하더라도 어찌 합쳐서 끌어다 칠정 가운데 둘 수 있겠는가? 칠정은 또 '선악을 겸한다'고 말할 수 없다. 칠정도 본래 당연지칙(當然之則)을 지니고 있는데, 간혹 형기(形氣)의 부림을 당하여 쉽게 악으로 흐르는 것이다. 그 뜻이 이미 『대학장구(大學章句)』 제 7장 및 8장의 주에 보이니 취하여 고찰할 수 있을 것이다. 퇴계가 이른바 '칠정도 또한 불선함이 없다고 한 말이 어찌 알지 못하고 함부로 말한 것이겠는가? '쉽게 악으로

『부주』19-2 ── 주자가 말했다. "공자는 심(心)을 말씀하지 않고 단지 일의 실질〔事實〕 상으로 나아가 말씀하셨다. 맹자가 비로소 심(心)을 말하였다."

서산(西山) 진씨(眞氏)가 말했다. "공자가 비록 심에 대해 말하지 않았지만 사람들로 하여금 말에서 충신(忠信)하며 행에서 독경(篤敬)하며 거처함에 공손〔恭〕하고 일을 집행함에 공경〔敬〕하는 위에서 공부를 하게 하셨으니 (맹자가 말한) 이른바 마음을 보존하고 놓아버린 마음을 거둔다는 것이 진실로 그 가운데에 있다. 또한 사물(四勿)[211], 삼계(三戒)[212], 절사(絶四)[213]는 마음을 바르게 하는 공부이다. 또한 사물과 삼

흐른다고 말하면 옳지만, '본래 선악을 겸한다'고 말하면 옳지 못하다. 성인(聖人)도 칠정이 있음을 면할 수 없으니, 그렇다면 성인도 또한 선악을 겸한 정이 있는 것인가? 또한 선악을 겸한 가운데서 그 선한 일변〔善一邊〕이 사단이 된다면, 악한 일변〔惡一邊〕은 의구(依舊)하게 칠정의 본연인 것인가? 혹 '칠정의 선한 것이 바로 사단이다'라고 말한다면, 곧 인심이 바로 도심이라는 뜻과 세밀하게 부합하는데, 그런데도 오직 사단칠정에 있어서만 양변으로 말할 수 없다는 것은 무엇 때문인가? 다만 이와 같이 말하면, 군자의 칠정은 모두 선하니 선악을 겸한다고 말할 수 없고, 소인의 칠정은 모두 악하니 선악을 겸한다고 말할 수 없으며, 오직 중인(中人)의 선악이 순수하지 않은 것만이 바로 칠정의 본연인 것이다."라고 하였다.

211 사물(四勿): 『論語』, 「顏淵」에서 "예가 아니면 보지 말고, 예가 아니면 듣지 말고, 예가 아니면 말하지 말고, 예가 아니면 움직이지 말라.〔非禮勿視, 非禮勿聽, 非禮勿言, 非禮勿動.〕"고 한 구절을 뜻한다.
212 삼계(三戒): 『論語』, 「季氏」에 "군자는 세 가지 경계가 있다. 젊어서는 혈기가 불안정하니 여색을 경계하고, 장성해서는 혈기가 한창 왕성하니 싸움을 경계하고, 늙어서는 혈기가 이미 쇠했으니 물욕을 경계한다.〔君子有三戒:少之時, 血氣未定, 戒之在色;及其壯也, 血氣方剛, 戒之在鬪;及其老也, 血氣旣衰, 戒之在得.〕"고 되어 있다.
213 절사(絶四): 『論語』, 「子罕」에 "공자는 네 가지를 끊으셨다. 선입견이 없고, 반드시함이 없고, 고집이 없고, 아집이 없었다.〔子絶四:毋意, 毋必, 毋固, 毋我.〕"고 한 내용을 가리킨다.

계에서 그것이 예가 아님을 알아서 하지 않는 것이 심이다. 마땅히 경계해야 할 것을 경계하는 것이 또한 심이다. 공자는 네 가지를 끊으셨으니 의(意)·필(必)·고(固)·아(我)는 마음의 병이요, 인을 좋아하고 불인함을 미워하는 것은 마음의 바름이니 공자가 일찍이 심을 두고 말하지 않은 적은 없으나 다만 그 본체를 가리켜 말하지 않았을 뿐이다. 이는 공자와 맹자가 도(道)를 같이 하는 까닭이다."

『질서』16-2 ___ 『대학』에서 '뜻을 성실히 하고 마음을 바르게 한다'고 하였으니 이는 공자가 말하고 증자가 조술한 것이다. 맹자가 공자의 말을 인용하여 '(마음을) 잡으면 보존하고 버리면 잃어버린다고 말한 것은 오직 마음을 이른 것인저'라고 하였으니, 공자가 어찌 일찍이 심을 말하지 않았겠는가? 다만 (제자들이) 들은 것을 기록함에 상세한 것과 생략한 것이 있어 『논어』에 우연히 기재되지 않은 것일 뿐이다.

『부주』19-4 ___ 물었다. "인심이 함닉된 지 오래되어 사단이 이욕의 사사로움에 가리어 있으니 처음에 공부할 때 또한 간단(間斷)이 있음을 면치 못하겠습니다." 주자가 말하였다. "진실로 그러하다. 그러나 의리지심이 조금이라도 이기면 사욕의 생각이 곧 사라진다. 예를 들어 측은지심이 이기면 잔학한 뜻이 저절로 사라지고, 수오지심이 이기면 탐욕스럽고 염치없는 마음이 저절로 사라지며 공경지심이 이기면 교만하고 나태한 마음이 저절로 사라지며 시비지심이 이기면 모호하고 구차하며 완악하고 어두운 생각이 저절로 사라진다."

『질서』16-3 ___ 사리사욕에 가려졌기 때문에 처음에 모호하고 구차스럽게 있다가 이리저리 전전하여 고질병이 되고, 종국에는 완악하고 어두워 자각하지 못하는데 이르는 것이다. 어리석어 사리에 밝지 못한 것을 말하는 것이 아니다.

17 적자(赤子)의 마음

『심경』21 ___ 맹자가 말했다. "대인이란 적자의 마음을 잃지 않은 자이다."[214]

『원주』21-1 ___ 주자가 말했다. "대인은 지혜가 만물에 통하고 적자는 조금도 아는 것이 없으니 그 마음이 의심컨대 매우 다른 듯하다. 그러나 외물에 의해 유혹당하지 않고 순일하여 거짓이 없는 것은 일찍이 같지 않은 바가 없다. 그러므로 그 대인이 되는 까닭이 다만 여기에 있음을 말한 것이다."

『부주』21-1 ___ 어떤 이가 물었다. "『잡설(雜說)』[215] 중에 적자의 마음을 이발이라 하였는데 맞습니까?" 정자가 말했다. "이미 발하였으나 도로부터의 거리가 아직 멀지 않은 것이다." (물었다) "대인이 적자의 마음을 잃지 않았다는 것은 어떠합니까?" (정자가) 말했다. "그 순일함이 도에 가까움을 취한 것이다." (물었다) "적자의 마음과 성인의 마음은 어떠합니까?" (정자가) 말했다. "성인의 마음은 밝은 거울과 같고 고요히 멈추어 있는 물과 같다."

『부주』21-2 ___ 주자가 말했다. 적자는 아는 바가 없고 능한 바가 없으

---

214 대인이란 적자의 …… 않은 자이다 : 『孟子』, 「離婁(下)」에 나온다.
215 『잡설(雜說)』: 『심경석의』에 "잡설은 아마도 정자의 문인들이 문답한 말을 기록하여 잡설이라고 이름한 것 같다. 이는 대개 여대림과 문답한 말일 것이다.〔雜說, 意程門人, 記其問答之語, 名曰雜說. 此盖與呂大臨, 問答之說也.〕"라고 하였다.

며 대인은 그 아는 바가 없고 능한 바가 없는 마음을 잃지 않은 것이다. 만약 그 마음을 잃고 조금이라도 계교[216]하여 조금이라도 이해를 계산하게 한다면 곧 한 사람의 소인이 되어 버린다. 대인의 마음에는 허다한 일이 없다.

『**질서**』17-1 ㅡ 사람은 어린아이일 때 이미 양지와 양능을 가지고 있다. 그런데 이제 적자에게는 아는 바가 없고 능한 바가 없다고 한 것은 어째서인가? 아는 바가 없고 능한 바가 없다는 것은 이른바 "(목적을 가지고) 하는 바가 없다"는 것과 같다. 무릇 하나라도 알고 하나라도 능한 것은 (목적을 가지고) 하는 바가 있어 그러한 것이니 모두 천리의 바름이 아니다. 적자에게 어찌 그런 것이 있겠는가? 대인이 어찌 단지 아는 바가 없고 능한 바가 없음을 잃지 않을 뿐이겠는가? 역시 또한 그 양지 양능을 잃지 않고 겸하여 만물을 두루 알고 만사에 두루 능하니, 이것이 적자와 대인의 차이이다.

---

[216] 계교: 『심경석의』에 "기관의 기는 쇠뇌의 발사 장치이며 관은 문을 잠그는 나무니 모두 마음을 교묘하게 쓰고 계산하는 곳을 말하는 것이다.〔機關, 機, 弩牙, 關, 門關木, 皆言心之用巧費計處.〕"라고 되어 있다.

18 우산(牛山)의 나무

『심경』22 ___ 맹자가 말했다. "우산(牛山)의 나무가 일찍이 아름다웠는데 큰 나라의 교외에 있었으므로 큰 도끼, 작은 도끼로 베어내니 아름다울 수 있겠는가? 이것이 밤낮으로 자라나고 비와 이슬에 젖으니 싹이 자라나지 않는 것은 아니지만 (사람들이) 소와 양을 또한 끌고 와 기르니 이 때문에 저와 같이 (풀이 없어) 민둥민둥한 것이다. 사람들이 그 민둥민둥한 것을 보고 일찍이 재목이 없었다고 여기니 이것이 어찌 산의 본성이었겠는가. 비록 사람에게 보존된 바에도 어찌 인의(仁義)의 마음이 없었겠는가? 그 양심을 잃어버리는 것이 또한 큰 도끼, 작은 도끼가 나무를 날마다 베어내는 것과 같으니 아름다울 수 있겠는가. 낮과 밤으로 자라나는 바와 새벽녘의 기운이 있는데도 그 좋아하고 싫어함이 다른 사람과 가까운 바가 얼마 안 되는 것은 낮에 저지르는 일이 질곡시켜 없애기 때문이다. 질곡을 반복하게 되면 야기(夜氣)가 보존될 수 없고, 야기가 보존될 수 없으면 금수와의 거리가 멀지 않게 된다. 사람들이 그 금수(와 같은 것을) 보고 일찍이 (훌륭한) 재질이 없었다고 여기는데 이것이 어찌 사람의 실정이었겠는가. 그러므로 만일 그 기름을 얻는다면 모든 것이 자라나게 되고 만일 그 기름을 잃는다면 모든 것이 소멸되게 된다. 공자가 '잡으면 보존되고 놓으면 잃어버린다. 들고 남에 (일정한) 때가 없으니 그 방향을 알 수 없다'고 하셨으니, 오직 마음을 이르는 것이다."[217]

---

[217] 우산(牛山)의 나무가 …… 이르는 것이다 : 『孟子』, 「告子(上)」에 나온다.

『원주』22-1 ___ 주자가 말했다. "양심이라는 것은 본연의 선한 마음이니 즉 이른바 인의의 마음이다. 새벽녘의 기는 사물과 접하지 않았을 때의 청명한 기를 말한다. 좋아하고 싫어함이 다른 사람과 서로 가깝다는 것은 사람 마음이 같다고 여기는 바를 얻음을 말한다. 얼마 안 된다는 것은 많지 않다는 것이다. 곡은 형틀이다. 반복은 전전(展轉)함이다. 사람의 양심을 비록 이미 잃어버렸더라도 낮과 밤 사이에 또한 반드시 생장하는 바가 있다. 그러므로 새벽녘의 사물과 접하지 않아 그 기가 청명한 때에 이 마음이 반드시 오히려 발현되는 바가 있으나 단지 그 발현이 지극히 은미하다. 게다가 낮에 하는 바의 불선함이 이미 따라서 질곡시켜 없애니 마치 산의 나무가 이미 베어졌어도 여전히 싹이 있지만 소와 양을 또한 방목시키는 것과 같다. 낮에 행하는 바가 이미 왕성하면 반드시 그 밤에 자라는 바를 해치게 되고 밤에 자라는 바가 이미 박하면 더욱 낮의 행위를 이길 수 없다. 이 때문에 전전하여 서로 해치니 새벽녘의 기가 또한 맑아질 수 없어서 인의의 양심을 보존할 수 없는 데에 이르는 것이다."

『질서』18-1 ___ 사람에게는 지각이 있고 산은 그렇지 않지만, 산의 나무에 싹이 나는 것은 사람 마음에 호오(好惡)가 생기는 것과 같다. 싹이 나는 것과 관련해서는 단지 성(性)을 말해야 하며, 호오가 생기는 것과 관련해서는 또한 정(情)을 말해야 한다.

『원주』22-2 ___ 또한 '공자가 마음을 잡으면 여기에 있고 놓으면 잃어버리니 그 출입에 일정한 때가 없고 또한 일정한 장소가 없다고 하였다. 맹자가 그것을 인용하여 마음의 신명하고 헤아리기 어려우며 위태롭게 움직이고 편안하기 어려움이 이와 같음을 밝혔으니, 잠시라도 그

존양을 잃어서는 안 된다.

『원주』22-3 ___ 정자가 말했다. '마음에 어찌 들고 나는 바가 있겠는가. 또한 잡음〔操〕과 놓음〔舍〕으로 말한 것이니 (마음을) 잡는 방법은 경으로써 안을 바르게 하는 것일 뿐이다.

『부주』22-1 ___ 범순부[218]의 딸이 《맹자》의 조존장(操存章)을 읽다가 '맹자는 마음을 알지 못했다. 마음에 어찌 들고 나는 바가 있겠는가'라고 하였다. 이천 선생이 듣고 말하였다. '이 여인은 비록 맹자를 알지 못하지만 도리어 마음은 알고 있다고 하겠다.'

『부주』22-1-1 ___ 어떤 이가 이천선생이 범순부의 딸이 '도리어 능히 마음을 알았다'고 말씀하신 단락에 대해 물었다. 주자가 말했다. "마음은 도리어 쉽게 알 수 있는데 단지 맹자의 뜻을 알지 못한 것이다. 마음은 죽은 물건이 아니니 마음을 살아있는 것으로 보아야 한다. 이렇지 않으면 불가의 정(定)에 들어가서 좌선하는 모양이 된다. 보존한다는 것은 단지 일에 응하고 사물에 접할 때 일일이 이치에 맞도록 하는 것이 곧 보존함〔存〕이다. 만약 다만 올연히 그 속에서 지키고만 있으면 홀연히 일이 내 앞에 이르렀을 때 보존했던 바가 곧 흩어질 것이다. 도리어 이것이 놓으면 잃어버린다는 것이다."

---

218 범순부 : 북송 대의 학자 范祖禹(1041~1098)를 말한다. 자는 淳夫, 夢得이다. 사마광이 발탁하여 『資治通鑑』 편찬에 참여하기도 하였다. 당시의 재상이었던 왕안석이 그를 무척 아꼈으나 신법에 반대하여 결코 만나지 않았다고 한다.

『부주』22-1-2 ___ 또한 말하였다. "범순부의 딸은 마음은 알았으나 맹자는 알지 못했다. 이 여식은 응당 실제로 수고롭게 애쓴 적이 없었다. 그러므로 (마음은) 들고 나는 바가 없다고 말하여 다른 이에게 들고 나는 바가 있음을 알지 못한 것이다. 병이 없는 자가 다른 사람의 병의 고통을 모르는 것과 같다."

『질서』18-2 ___ 마음의 출입에 '조(操)'자와 '사(舍)'자를 붙인 것은 맹자가 대중의 경우를 따라 가르침을 세운 것이다. 혹 마음의 체단이 마땅히 이와 같아야 한다고 여기는 것은 잘못이다. 성인의 마음은 발하지 않았을 때는 만상이 삼연(森然)[219]히 있고, 발하여 사물에 응했을 때는 털끝만큼도 틀림이 없으니 어찌 일찍이 그 향하는 바를 알지 못했겠는가? 그러므로 병이 없는 사람이 다른 사람의 아픔을 알지 못한다는 것으로 비유한 것이다. 『주자어류』에 십여 개의 조목이 있어 모두 증명할 수 있고 『주자대전』 가운데도 역시 다수 수록되어 있다.

『부주』22-2 ___ 난계(蘭溪) 범씨(范氏)[220]가 말했다. "군자의 학문은 마음에 근본하는 것이니 마음이 있지 않으면 책을 보아도 보이지 않고 간하는 말을 들어도 들리지 않는다. 이것은 입과 귀로 하는 학문〔口耳之學〕[221]에도 들어갈 수 없는데 하물며 이치를 궁구하여 앎을 지극히

---

219 만상이 삼연(森然) : 『近思錄』 卷1 「太極」에는 '지극히 고요하여 조짐이 없을 때에 만상의 이치가 이미 빼곡히 갖추어져 있다.〔沖漠無眹 萬象森然已具〕'는 정이천의 말이 나온다.
220 난계(蘭溪) 범씨(范氏) : 南宋 시대의 학자인 范浚(1102~1151)을 가리킨다.
221 입과 귀로 하는 학문〔口耳之學〕: 문자만을 중시하여 그 속에 담긴 뜻은 연구하지 않고, 그저 귀로 듣고 입으로 말이나 하는 깊이 없는 학문을 일컫는다.

할 수 있겠는가. 이 때문에 배우는 자는 반드시 먼저 마음을 보존하는 것이다. 마음이 보존되면 근본이 서니 근본이 선 뒤에야 학문을 말할 수 있다. 대개 학문이란 깨닫는 것이니 깨달음은 마음에서 말미암는데 마음도 보존하지 못한다면 무슨 깨달음이 있겠는가. 맹자가 '사람이 금수와 다른 바가 얼마 되지 않는데 서민은 이를 버리고 군자는 이를 보존한다.'[222]라고 하였으니 이 마음이 보존되지 못하면 장차 어두워지고 편벽되고 어긋나서 (외물이) 정을 동요시켜 욕망이 따라 나와 스스로 사물과 구별될 수 없게 된다. 오히려 어찌 깨닫는 바가 있겠는가. 그러나 마음이 비록 움직이지 않는 적이 없으나 이른바 지극히 고요함이 그 속에 있으니 저 (마음) 가운데 분분한 것은 뜬 생각이며 사특한 생각일 뿐이니 사물이 교접해오면 끌려갈 뿐이다. 비록 백가지 생각이 번거로우나 이른바 지극히 고요한 것은 본래 그대로이다. 군자가 마음을 논할 때 반드시 보존됨과 잃어버림〔存亡〕으로 말하는 것은 마음이 진실로 없다는 것이 아니고 잡음과 놓음〔操捨〕으로 말하는 것일 뿐이다. 사람이 능히 잡을 바를 알 수 있으면 마음이 보존된다. 맹자가 '마음을 기르는 것은 욕심을 적게 하는 것보다 좋은 것이 없다.'[223]고 하였으니 욕심을 적게 함으로써 마음을 길러 (마음으로 하여금) 외물에 유혹당하지 않게 하는 것이 마음을 보존하는 요체이다."

『부주』22-2-1 __ 【정민정의 안설】 범씨가 이 단락에서 "학문이란 깨달음이다"라고 한 것과 "마음이 진실로 없다는 것이 아니라, 잡음과 놓음으로써 말한 것이다"라고 한 것은 모두 정자의 설에 합치된다. 또한 마

---

222 사람이 금수와 …… 이를 보존한다 : 『맹자』, 「離婁(下)」.
223 마음을 기르는 …… 것이 없다 : 『孟子』, 「盡心(下)」에 나온다.

음을 보존하는 것은 지극히 고요함에 있으니 그 요체는 욕심을 적게 하는 것에 있다는 것 역시 주자(周子)의 설[224]에 합치한다.

『질서』18-1 ＿ 난계(蘭溪)는 "백가지 사려가 분분하여 어지러워도 이른바 지극히 고요한 것은 본래 그대로이다"라고 말했는데, 이는 호문정(胡文定)[225]의 이른바 "온갖 생각이 일어나고 온갖 생각이 없어져도 마음은 본래 그러하다."는 것과 말은 가까우나 뜻은 실제로 같지 않다. 온갖 생각이 일어나고 온갖 생각이 없어지는 것은 마음의 용(用)으로, 감응하여 마침내 천하의 일에 통하게 된다. 움직이다가 다시 고요해지면, 그 일어나지도 않고 없어지지도 않는 본체는 본래 예전대로 그대로이니, 고요하여 움직이지 않는 것[寂然不動]이 이것이다. 저 온갖 생각이 일어나고 온갖 생각이 없어짐과 같은 것은 뜬 생각[浮念]이며 사사로운 생각이 분분하게 이끄는 것으로, 이는 곧 놓아서 잃어버리는[舍亡] 병폐이니 어찌 지극히 고요한 것이 그대로일 이치가 있겠는가? 살펴보건대, 난계의 뜻은 한 번 동(動)하고 한 번 정(靜)하는 것으로 말한 것이 아니다. 그 온갖 생각이 어지러운 가운데에서도 자연히 지극히 고요한 것이 보존됨이 있다는 것은 주자가 "온갖 생각이 일어나고 온갖 생각이 없어지는 가운데 별도로 한 가지 것이 있어 일어나지도 없어지지도 않는다."라고 기롱[226]한 바와 같은 것이다. 정민정(程敏政)이 변별하지 못하고 뒤섞

---

224 주자(周子)의 설: 「太極圖說」을 가리킨다.
225 호문정(胡文定): 남송 대의 유학자 胡安國(1074~1138)을 말한다.
226 온갖 생각이 …… 라고 기롱: 출전은 『주자대전』권42, 「答石子重」이며 『附註』22-3에서 "온갖 생각이 일어나고 온갖 생각이 없어지는 가운데 일어나지도 없어지지도 않는 별도의 한 물건이 있다는 것도 아니다.〔非百起百滅之中別有一物不起不滅也〕"라고 한 내용을 가리킨다.

어 채록해 두었으니 잘못이다.

『부주』22-3 ── 주자가 「석자중(石子重)에게 답하는 편지」에서 말하였다. "공자는 '잡으면 보존되고, 놓으면 없어지니, 출입에 때가 없고, 그 향하는 곳을 모른다.'는 네 구절을 말씀하시고 '오직 마음을 이르는 것이다'라는 한 구절로 맺으셨으니, 바로 마음의 체용을 곧바로 지적하여 두루 흘러 변화하며 신명하여 헤아리기 어려운 묘함을 말한 것이다. 만약 그 놓으면 잃어버림〔舍亡〕이 이처럼 (마음이) 달아나게 되는 것을 말한 것이라면, 공자가 마음의 체를 말한 것은 단지 마음의 병을 말한 것이 된다. 성인이 말을 세우고 사물에 명명한 뜻이 아마도 이와 같지는 않을 것이다. 아울러[227] '출입' 두 글자는 선도 있고 악도 있으니 모두 '놓으면 잃어버림'의 소치라고 말해서는 안 된다. 또한 '마음의 본체는 보존됨과 잃어버림으로 말할 수 없다'고 했는데, 이 말 역시 온당하지 않다. 만약 잡아서 보존한 바가 애초에 본체가 아니라면, 그 보존된 바가 과연 무엇이며, 또한 어찌하여 반드시 보존한다고 여기는지 모르겠다. 우연히 기억하건대 호문정공이 말한 '일어나지도 않고 없어지지도 않는 것이 마음의 체이고, 바로 일어났다가 바로 없어지는 것이 마음의 용이므로, 늘 잡아서 보존한다면 하루 사이에 온갖 생각이 일어났다가 온갖 생각이 없어지더라도 마음은 본래 그대로이다.'라고 한 것

---

[227] 아울러 : 『心經釋疑』에서 "겸자에는 又字와 且字의 뜻이 있다. 대개 자중이 놓으면 없어지기 때문에 출입에 때가 없고 그 향하는 바를 모른다고 잘못 생각하였다. 주자는 들어와서 보존되는 것을 선으로 여기고 놓아서 없어지는 것을 악으로 여긴 것이니 어찌 보존하여 선한 것을 아울러 가리켜 모두 놓아서 잃어버린 바의 소치라고 여길 수 있겠는가?〔兼有又字、且字. 意盖子重誤謂舍亡, 故出入無時、莫知其鄕。朱子以爲入而存者爲善、出而亡者爲惡, 何可幷指存而善者皆爲舍亡之所致耶?〕라고 하였다.

은 그 자체로 좋은 말이다. 다만 읽는 이가 마땅히 '일어나지도 없어지지도 않는다'는 것이 덩그러니 움직이지 않고 지각하는 바도 없다는 것이 아니며, 또한 온갖 생각이 일어나고 온갖 생각이 없어지는 가운데 일어나지도 않고 없어지지도 않는 별도의 한 물건이 있다는 것도 아님을 알아야 한다. 다만 이 마음이 밝아서 조금도 사의(私意)가 없는 것, 이것이 곧 고요하여 움직이지 않는 본체요, 그 이치에 순응하여 일어나고 이치에 순응해 없어지는 것이 곧 감응하여 드디어 천하의 일에 통하게 되는 바라고 말한 것이다."

『질서』18-4 ── 근세에 누군가가 주자가 말한 "마음의 체용을 곧바로 가리켰다"는 한 구절을 인용하여 (마음의) 출입을 그 체용에 배속하고, 마땅히 이와 같아야 한다고 한 이가 있었는데, 나는 그렇지 않다고 생각한다. 공자는 이미 네 구절을 말하고 나서 "오직 마음을 이른 것이다"는 한 구절로 결론을 맺었는데, 네 구절 가운데 그 '놓으면 잃어버린다〔舍亡〕'는 한 구절은 분명히 마음의 병통이다. 공자는 반드시 이를 마음의 본체로 뒤섞어 말하지 않으셨다. 주자의 뜻은 이해하지 못하는 사람들이 '잡으면 보존됨〔操存〕' 한 구절은 놓아두고, 다만 '놓으면 잃어버림〔舍亡〕'으로 인해 이와 같이 출입하게 되었다고 말하는 것을 보았기 때문에, 이를 위해 깨우쳐주어 '(마음이) 나가는 것은 놓으면 잃어버림〔舍亡〕에서 기인한다면 옳지만, (마음이) 들어오는 것은 잡아서 보존함〔操存〕에 기인하는 것이니 어찌 전부 마음의 병통으로 돌릴 수 있겠는가?'고 말한 것이고, 그러므로 또한 "아울러 출입 두 글자에는 선도 있고 악도 있다"라고 말한 것이다. 나는 "마음의 체용"에서 "용"이라는 글자를 너무 심중히 볼 필요는 없다고 생각한다. "마음의 병통"이라는 한 구절에 근거하건대, 놓으면 잃어버림을 (마음의) 작용이 마땅히 그런 것이라고 여겨서는 안 됨이 분명하다.

주자는 「여자약(呂子約)에게 답하는 편지」[228]에서 말하기를 "잡고 놓고 보존되고 잃어버린다는 설에 대해 여러 사람들이 모두 인심의 사욕이 하는 바가 곧 놓으면 잃어버리는 것의 소치라고 말하면서도, 도리어 이른바 보존하는 바도 역시 이를 잡는 것일 뿐임을 알지 못한다. 자약은 또한 '보존하고 없어지고 나가고 들어오는 것이 모두 신명하여 헤아릴 수 없는 묘함'이라고 하여 그 사이에 참과 거짓의 구별이 또한 분명하지 않으니 대개 양쪽이 서로 잘못이다. 요컨대 보존하고 없어지고 나가고 들어오는 것이 본래 모두 신명하여 헤아릴 수 없는 것이 하는 바이나 그 참과 거짓, 사특함과 바름, 시작과 끝, 움직임과 고요함도 또한 분별하지 않을 수 없다."라고 하였다. 그 설이 흡사 이 단락과 상하가 서로 꼭 들어맞는 듯하니 그 뜻은 분별을 기다리지 않아도 너무나 분명하다. 근래의 의론은 대부분 자약의 견해처럼 참과 거짓을 분별하지 않는 설을 주장한다. 그런 까닭에 여기에서 갖추어 논하는 것이다.

『질서』18-5 ___ 혹자는 '여기에서는 선에도 출입이 있고, 악에도 출입이 있음을 말한 것으로 다른 날에 논한 것과 같지 않다. 곧 전후로 다른 설이니 서로 섞어서는 안 된다'고 하였다. 다시 살펴야 한다.

『부주』22-6 ___ 정자가 말하였다. "배우는 이는 마음의 사려가 어지럽고 혼란하여 편안하고 고요할 수 없음을 걱정하는데, 이것은 천하 사람들의 공통된 병이다. 배우는 이는 단지 이 마음을 세우는 것이니, 그

---

[228] 「여자약(呂子約)에게 답하는 편지」: 1174년 주자 45세에 쓴 것으로 『주자대전』 권47에 수록되어 있다.

위에 진실로 헤아림이 있어야 한다."

『부주』22-7 ＿ 또 말하였다. "사람이 사려가 많아서 스스로 편안하지 못한 것은 단지 마음의 주인이 되는 것이 안정되지 않아서이다. 오직 일에 머물러야 하는 것이니 임금이 되어서는 인(仁)에 머무는 것과 같은 류이다. 예를 들어 순임금이 네 명의 흉인[229]을 주벌한 것과 같은 것이다. 네 명의 흉인이 이미 악을 저지르고 나서 순임금이 이에 따라 그들을 주벌한 것이니 순임금이 어찌 (사사롭게) 관여했겠는가? 사람이 일에 머물지 못하는 것은 단지 다른 일을 붙잡고 있어서 사물을 각각 그 사물에 맡기지 못하기 때문이다. 사물을 그 사물에 알맞게 맡기는 것이 바로 사물을 부리는 것이다. 사물에 의해 부림을 당한다면 이 것은 사물에게 부려지는 것이다. 사물이 있으면 반드시 법칙이 있으니, 반드시 일에 머물러야 한다."

『부주』22-7-1 ＿ 서산 진씨가 말하였다. "정자는 또한 일찍이 '사람이 404가지의 병을 가지고 있는 데 모두 자신에게서 비롯된 것이 아니다. 다만 이 마음은 모름지기 자신에게서 말미암도록 해야 한다.'[230]고 하였는데, 이것이 바로 마음의 주인이 되는 것을 말한 것이다.[231]

---

229 네 명의 흉인 : 『書經』, 「舜典」에 "(순임금이) 공공(共工)을 유주(幽州)로 유배보내고, 환도(驩兜)를 숭산(崇山)에 귀양살이 보냈다. 삼묘(三苗)를 삼위산(三危山)으로 축출하고, 곤(鯀)을 우산(羽山)에서 참하였다. 네 명을 벌주자 천하가 모두 따르게 되었다.〔流共工于幽洲, 放驩兜于崇山, 竄三苗于三危, 殛鯀于羽山. 四罪而天下咸服.〕한 내용을 가리킨다.
230 사람이 404가지의 …… 해야 한다 : 『近思錄』 권4 「存養」.
231 서산 진씨가 말하였다 …… 말한 것이다 : 『서산독서기(西山讀書記)』 권3.

『**질서**』18-6 ― 『유마경』²³²에서 말하였다. "일대(一大)가 늘어나고 줄어드는 것에 따라 101 가지 병이 생겨난다. 사대가 늘어나고 줄어들면 사대로 인한 사백사병이 동시에 모두 일어난다."²³³ 사대란 지수화풍(地水火風)이다. 무릇 피부와 가슴은 지(地)에 속하고, 혈맥은 수(水)에 속하며, 화색(華色)은 화(火)에 속하고, 동작은 풍(風)에 속한다. 전문을 기록하지 않지만 대개 이와 같다. 서방(西方)의 가르침은 오행은 말하지 않고 단지 사대만을 논한다. 일대가 마땅함을 잃어서 늘어나거나 혹은 줄어들면 그 병은 백여 가지가 되니, 사대는 곧 사백 가지의 병이 된다. 그 백 가지의 병이 각각 일대로부터 나오는 것이다. 그래서 백을 하나의 항목으로 삼은 것이니 저 사백 가지의 사대로 인한 병이라고 말한 것과 같다.

번역 김선희

---

232 『유마경』: 鳩摩羅什이 번역한 대승불교 경전으로 정확한 명칭은 『維摩詰所說經』이며 줄여서 『유마힐경』 또는 『유마경』이라 한다.
233 일대(一大)가 늘어나고 …… 모두 일어난다: 『維摩經』에 "이 몸이 재앙이니 백한 가지 병이 괴롭힌다. 일대가 늘고 줄면 백한 가지 병이 생겨나니 사대가 늘고 줄면 사백 사 가지 병이 동시에 일어난다.〔是身爲災, 百一病惱. 一大增損, 則百一病生. 四大增損, 四百四病, 同時俱作.〕"고 되어 있다.

『부주』22-8 ___ (정자가) 또 말했다. "사람의 마음이 주체로 정해지지 않으면 바로 마치 하나의 물레방아와 같아서 유전하고 동요하여 잠시도 정지함이 없이 감촉하는 바가 수만 갈래일 것이다. 만약 하나의 주체가 되지 못하면 어떻게 되겠는가?" 장천기(張天祺)[234]는 일찍이 '대략 몇 년을 침상에 오름으로부터는 곧 생각을 하지 않을 수 있었다'라고 하였다. 겨우 생각을 하지 않은 뒤에는 모름지기 힘껏 이 마음을 제어하고 또 모름지기 한 곳에 깃들어 있도록 해야 할 것이니, 이는 모두 자연스러운 것이 아니다."[235]

『질서』18-7 ___ '번차(翻車)'는 『자휘(字彙)』를 보면 물방아를 번차라고 한다. 지금 풍속에서 물 끝에 의지하여 상류를 막아 수차를 설치해 바퀴가 돌게 하여 방아 몸채와 서로 부딪치게 하여 스스로 방아를 찧게 하는데, 곧 그것이 내려온 제도이다. 진여의(陳與義)[236]의 시(詩)에 "황량한 마을에 하루 종일 수차가 운다."고 한 것이 그것이다. 혹은 "격수기(激水器)"라고 하는데 잘못이다.

---

234 장천기(張天祺) : 宋나라 학자이다. 이름은 戩이고, 天祺는 그의 字이다. 張載의 동생이다.
235 사람의 마음이 …… 것이 아니다 : 『二程遺書』二下에 "人心作主不定, 正如一箇翻車, 流轉動搖, 無須臾停 所感萬端. 又如懸鏡空中, 無物不入其中, 有甚定形? 不學則却都不察, 及有所學, 便覺察得是爲害. 著一箇意思, 則與人成就得箇甚好見識?【一作'無意於學, 則皆不之察, 暨用心自觀, 卽覺其爲害. 存此紛雜, 竟與人成何見識!'】心若不做一箇主, 怎生奈何? 張天祺昔常言: '自約數年, 自上著牀, 便不得思量事.' 不思量事後, 須强把佗這心來制縛, 亦須寄寓在一箇形象. 皆非自然. ……"라고 하였다.
236 진여의(陳與義) : 南宋의 학자이다. 字는 去非고, 號는 簡齋다. 詩를 잘 지었고, 처음에는 黃庭堅과 陳師道를 배우다가 나중에는 杜甫를 배웠다. 국가의 환란을 당해 겪은 비탄과 恨別이 비장하게 그려져 있다. 후세 사람이 江西詩派 '三宗'의 한 사람으로 꼽았다. 詞에도 능했다. 저서에 『簡齋集』 16권과 「無住詞」 등이 있다.

『질서』18-8 ___ 착(著)은 착준(著罇)²³⁷의 착과 같다. 『주례』의 여섯 술두루미 중의 하나에 착준(著罇)이 있는데, 다리가 없이 땅에 붙어 있다. 그렇다면 착상(著牀)은 다리가 없는 상이다. 밤에 눕는 침상은 좌상과는 달리 다리가 없이 땅에 붙어 있다. 그래서 '착상(著牀)'이라고 한다. 『강목(綱目)』을 살펴보면, "팽총(彭寵)의 하인인 자밀(子密) 등은 팽총이 누워 자는 것을 이용하여 함께 착상에 묶었다."²³⁸라고 하였는데, '같이 자는 곳으로 가서 그를 착상에 묶었다.'는 말이다. 이것이 증거가 될 수 있다. "상착상(上著床)"은 밤에 침상에 가는 것을 말한다. 그 뜻은 대개 낮에는 사물에 응접하여 생각하지 않을 수 없다가, 착상에 오른 뒤에서야 내 마음을 제어하여 생각하는 바가 있지 못하게 한다는 것이다. 그러나 마음이 이미 주체가 되어있지 않으면 비록 단서가 없이 생각하지 않고자 하더라도 될 수 있겠는가? 반드시 나의 어떤 형상에 맡긴 뒤에야 이와 같을 수 있다. 예컨대 중(中)을 생각하고, 경(敬)으로써 안을 곧게 하는 일²³⁹이 그것이다. 이것이 어찌 자연스럽게 됨을 말하는 것이겠는가?

『부주』22-11 ___ (정자가) 또 말했다. "사마자미(司馬子微)²⁴⁰가 「좌망

---

237 착준(著罇) : 구리로 되어 있으며, 양쪽에 손잡이가 달린 단지 모양의 祭器이다. 주로 술과 물을 담는다.
238 팽총(彭寵)의 하인인 …… 착상에 묶었다 : 팽총은 후한 광무제의 공신으로 뒤에 모반을 도모하다가 하인인 자밀에게 죽었다. 자세한 내용은 『자치통감』권41에 "乙丑上行幸魏郡, 彭寵妻數爲惡夢, 又多見怪變, 卜筮望氣者, 皆言兵當從中起. 寵以子后蘭卿質漢歸, 不信之, 使將兵居外無親於中, 寵齋在便室, 蒼頭子密等三人, 因寵臥寐, 共縛著牀."라고 되어 있다.
239 경(敬)으로써 안을 곧게 하는 일 : "以敬直內"의 번역이다. "敬以直內"와 달리 마음에 어떤 의도를 가지고 하는 것을 말한다.

론(坐忘論)」²⁴¹을 지었는데, 이것이 이른바 '좌치(坐馳)²⁴²'이다."

『부주』22-11-1 __ 주자가 말했다. "사람의 마음은 지극히 영활하여 수많은 변화를 주재하지만 사물이 주재할 수 있는 바가 아니다. 그러므로 잡아 가지려는 뜻이 있자마자 곧 이 마음이 먼저 저절로 움직인다. 이것이 정자께서 매양 '좌망은 곧 좌치이다.'라고 말한 까닭으로, 학자에게 잡아서 보존하는 방법을 가리켜 보여줄 경우에도 비록 '경하여 안을 곧게 한다.'고 말하였지만, 또 '경을 가지고 안을 곧게 하는 것은 곧 곧아지지 않는다.'라고도 말하였다."

『질서』18-9 __ 앉음[坐]과 잊음[忘]은 본래 두 가지 일이다. 그(「좌망론」의) 뜻은 대개 '길을 가는데 그 감을 드러내지 않는 것이 좌(坐)이고, 봄은 있는데 그 본 것을 행하지 않는 것이 망(忘)이다.'라는 것이다. 정씨(程氏)의 생각은 '가다가 앉아 있는 것이 아니니, 곧 앉아 있지만 역시 내달리는 것이다.'라는 말이다. 내달린다고 했으니 그 마음이 잊은 것이 아님은 변별하지 않아도 분명하다.

『부주』22-12 __ (정자가) 또 말했다. "사람은 몽매간에도 자신의 학문의 얕고 깊음을 점칠 수 있다. 만약 꿈에서 엎어지고 넘어지는 것은

---

240 사마자미(司馬子微) : 唐나라 玄宗 때의 道士이다. 이름은 承禎으로, 子微는 그의 字이다. 貞一先生이라 시하였다.
241 「좌망론(坐忘論)」 : 사마승정은 이 글에서 장자의 좌망에 의한 수행을 체계화하였다. 즉 이 글은 장자가 말하는 虛靜을 중시하면서도 좌망의 깊은 단계에서 천지의 氣와 하나가 되는 것을 말하였다.
242 좌치(坐馳) : 『莊子』, 「人間世」에 나오는 말이다.

곧 심지(心志)가 안정되지 못하고 잡아서 보존하는 것이 견고하지 못한 것이다."

『부주』22-12-1 ___ 주자가 말했다. "혼이 백과 사귀어 잠을 이루는데, 마음은 그 사이에서 여전히 사려할 수 있어서 꿈을 만들어 낸다. 만약 심신(心神)이 안정되면 꿈에서도 엎어지고 넘어지는 데에 이르지 않는다."

『질서』18-10 ___ 백(魄)이 진정되고 혼(魂)이 안칩(安蟄)되어 있으면, (백과 혼이) 사귀어도 열리지 않는다. 마음은 살아있는 것이어서 자는 중에 사려하는 것이 깨어있을 때와 똑같을 수 있다. 깨어있을 때 만약 멋대로의 생각과 어지러운 생각이 없다면 잠잘 때에 어찌 다시 이런 것이 있겠는가? 그러나 깨어있을 때는 오히려 혹 억지로 제어해 안정시킬 수 있기 때문에 의당 잠잘 때에 점쳐야 한다.

『부주』22-13 ___ 장자(張子)가 말했다. "마음은 맑을 때는 적고 어지러울 때가 많다. 맑을 때는 보고 듣는 것이 총명하며, 사지는 속박할 필요 없이 자연히 공손하고 삼가게 된다. 어지러울 때는 이와 반대가 된다. 왜 그러한가? 대개 마음 씀이 익숙하지 못해 뜬생각이 많고 항상된 마음이 적으며, 습속의 마음이 아직 제거되지 않고 진실한 마음[實心]이 아직 완전하지 않기 때문이다. 사람은 또 강해야 하니, 강하면 지키는 것이 안정되고 사벽하지 않아서 도에 나아감이 용감해진다."

『질서』18-11 ___ '항상 된 마음[常心]'은 항상 보존해야하는 본심(本心)으로서, 갑자기 왔다 갔다 하는 뜬생각[客心]과 비할 바가 아니다. '실심

(實心)'은 실리(實理)의 도심(道心)으로서, 습속에 오염된 마음이 아니다. 저것이 제거되는 그만큼 이것이 완전해지는 것이니, 예컨대 이른바 "욕망이 깊은 사람은 천기(天機)가 얕다."는 것이다. 요컨대 이 항상 된 마음이 보존되어 습속의 오염을 모두 제거하면 곧 실심일 뿐이다. 이 실심을 안정되게 지켜 뜬생각이 훔치지 못하면 곧 항상 된 마음일 뿐이다. 여기에 이르지 못하면 먼저 강하고 용기 있어야 한다.

『부주』22-14 ___ 주자가 말했다. "요즘 배우는 사람이 크게 진보하지 못하는 것은 다만 마음이 있지 않기 때문이다. 일찍이 기억하기에, 젊어서 동안(同安)에 있을 때 밤에 종소리가 들렸다. 하나의 소리를 듣는 것이 아직 끊어지지 않아서 이 마음은 이미 저절로 내달려 버렸다. 이 때문에 경계하고 살피면서, 학문을 하는 데는 모름지기 뜻을 전일하게 해야 함을 알았다."

『질서』18-9 ___ 하나의 소리가 끊어지지 않아서 이미 저절로 내달려 버렸다는 것은 그 마음이 대단히 편안하고 고요하지 못한 것이다. 주자의 초년에 또한 다시 이런 것이 있었으나, 이 일을 계기로 경계하고 살피어 뜻을 전일하게 함으로써 성현의 지위에 이르렀으니 학자에게 귀한 바가 이와 같다. 대개 평상시에는 범범하고 소홀하여 스스로 깨달음이 있지 못하다가 착심해서 듣는 것을 겪으면서부터 바야흐로 마음이 달아났음을 알았다. 이것은 반드시 주자가 알선(斡旋)한 큰 기틀일 것이다. 후대의 학자가 잡아 보존하고자 함에 반드시 이러한 종류에서 시험하면 가히 볼 수 있다.

『부주』22-16 ___ (주자가) 또 말하였다. "사람이 하나의 바른 생각을 가지면 본래 분명히 아는데, 또 옆에서 별도로 작은 생각이 생겨 점점 넓혀져 가니 살피지 않을 수 없다."

『질서』18-13 __ "바른 생각[正念]"과 "작은 생각[小念]"은 곧 『대학』의 "정심(正心)"과 "성의(誠意)"를 말한 것이다. 주자는 "마음[心]은 큰 것이고, 의(意)는 작은 것이다. 마음[心]은 이렇게 하고자 하지만 도리어 의(意)가 뒷면으로부터 끌어감에 의해 바르지 않게 된다."[243]라고 말했다. 의(意)가 성실해지는 것은 진실로 싹이 돋아나는 곳에서 이해해야 한다. 그러므로 "살피지 않을 수 없다."고 한 것이다.

『부주』22-17 __ 사현도(謝顯道)[244]가 부구(扶溝)에서 명도(明道) 선생을 종유(從遊)하였다. 명도가 어느 날 그에게 말하였다. "그대들은 여기에서 서로 종유(從遊)하지만 단지 나의 말만을 배운다. 그러므로 그 학문은 마음과 입이 서로 응하지 아니한다. 어찌 그것을 행하지 아니

---

243 마음[心]은 큰 …… 않게 된다 : 해당 내용은 『朱子語類』 16:126에 "亞夫問致知、誠意. 曰: '心是大底, 意是小的. 心要恁地做, 卻被意從後面牽將去. 且如心愛做箇好事, 又被一箇意道不須恁地做也得. 且如心要孝, 又有不孝底意思牽了. 所謂誠意者, 譬如飢時便喫飯, 飽時便休, 自是實要如此. 到飽後, 又被人請去, 也且胡亂與他喫些子, 便是不誠. 須是誠, 則自然表裏如一, 非是爲人而做, 求以自快乎己耳. 如飢之必食, 渴之必飮, 無一毫不實之意. 這箇知至、意誠, 是萬善之根. 有大底地盤, 方立得脚住. 若無這箇, 都靠不得. 心無好樂, 又有箇不無好樂底在後; 心無忿懥, 又有箇不無忿懥底在後. 知至後, 自然無.'" 라고 한 것을 생략하여 인용한 것이다. 다만 끝 부분에 "所以不正也"는 星湖가 임의로 삽입해 넣은 것으로 보인다. 그와 관련하여 같은 책 15:116에 "或問: '意者心之所發, 如何先誠其意?' 曰: '小底卻會牽動了大底. 心之所以不正, 只是私意牽去. 意丕實, 心便自正. 聖賢下語, 一字是一字, 不似今人作文字, 用這箇字也得, 改做那一字也得.'"이라고 한 부분을 참조할 수 있다.
244 사현도(謝顯道) : 程子의 제자인 謝良佐이다. 號는 上蔡이며, 顯道는 그의 字이다.

하는가?" 청하여 묻자 "우선 정좌(靜坐)하라."고 말하였다.

『질서』18-14 ___ "어찌 그것을 행하지 아니 하는가?"라는 것은 마음에서 체득하는 것이요 한갓 입으로 말할 뿐이 아님을 이른다. 체득하는 것은 궁리(窮理)로 말미암으며, 궁리는 정좌(靜坐)에 기초를 두고 있다. 이는 소학(小學)의 절차가 아니라 곧 대학(大學)의 상달(上達) 공부이다.

『부주』22-19 ___ 소강절 선생이 백원(百原)의 깊은 산중에 서재를 짓고 홀로 그 안에 거처하였다. 왕승지(王勝之)[245]가 항상 달밤에 방문했는데, 반드시 그분이 등불 아래서 옷깃을 바르게 하고 바르게 앉아 비록 밤이 깊어도 그러한 것을 보았다.

『질서』18-15 ___ 밤에 조용히 누우면 양심이 반드시 자라나니, 그를 통해 낮에 정좌를 하면 마음이 안정되고 이치를 터득하게 됨을 알 수 있다. 이것은 보통 사람이 공유하는 것을 가지고 학자가 공부에 힘쓸 것을 깨우친 것이다.

『부주』22-28 ___ (정자가) 또 말하였다. "도(道)에 들어가는데 경(敬)만한 것이 없으니 경에 있지 않으면서 앎을 이룩한 사람은 없었다. 요즘 사람은 마음을 주재함이 일정치 않고 마음을 보기를 도적과 같이 하면서 제어하지 못한다. 일이 마음을 얽매는 것이 아니라 마음이 일에 얽매이는 것이다. 마땅히 천하에 원래 없어야 할 것은 하나도 없어서 싫어할 수 없음을[한 물건도 본래 얻음이 적은 것이 없으니 미워하

---

245 왕승지(王勝之) : 송나라의 학자로 이름은 益柔이며, 勝之는 字이다.

지 말아야 함을〕 알아야 한다."

『질서』18-16 __ 사려(思慮)는 삼〔麻〕과 같아서 비록 물리치고 제거하려해도 할 수 없다. 그래서 그것을 도적같이 보는 것이다.

『질서』18-17 __ 일이 이르러 곧 응하면 일이 마음을 얽어매지 못한다. 마음이 사물에 매이므로, 마음이 도리어 일에 얽매인다. 그러나 여기서 말한 일은 윤상(倫常)의 마땅히 행할 일을 가리킨다. 그러므로 '원래 없어야 할 것은 하나도 없다'라고 하였다.

『부주』22-28-1 __ 물었다. "정자가 '사물에 나아가 이치를 궁구하되 다만 뜻을 성실하게 하는 것을 세워서 사물에 나아간다.'고 하였고, 또 '도에 들어가는 것은 경(敬)만한 것이 없다.'고 하였습니다. 제 생각에 뜻을 성실하게 하는 공부는 사물에 나아가 앎을 지극히 하는 공부 뒤에 있다고 생각합니다. 지금 먼저 뜻을 성실하게 하는 것을 세우고 나서야 격물(格物)을 한다고 말하는 것은 경전의 뜻과 반대되는 것이 아닙니까?" 잠실(潛室) 진씨(陳氏)²⁴⁶가 말하였다. "정자의 문하에는 이러한 류가 매우 많다. 앎을 지극히 하는데 경을 쓰는 것도 역시 먼저 마음을 바르게 하고 뜻을 성실하게 하는 지위를 침입한 것이다. 대개 성(誠), 경(敬) 두 글자는 움직임과 고요함, 시작과 끝을 관통하는 것이니 사물에 나아가 앎을 지극하게 하는 공부 앞에 다시 하나의 경 공부가 있는 것이 아니다. 다만 하나의 주인옹을 세우고자 할 뿐이다. 그렇지

---

246 잠실(潛室) 진씨(陳氏) : 남송의 학자인 진식(陳埴)이다. 자는 기지(器之)이며, 호가 잠실(潛室)로 영가(永嘉) 사람이다. 주자의 제자이다.

않으면 모두가 망령된 것이다."

『질서』18-18 ___ 지(知)가 먼저이고 행(行)이 뒤라는 것은 대개 이와 같다. 그러나 필경 지와 행은 병진하므로 지도 행에 의지해야 깊이 나아가는 것이다. 격물치지(格物致知)도 또 어찌 성의(誠意)에 의지한 것이 없겠는가? 하물며 경(敬)이라는 한 글자가 동정(動靜)을 관통한다면 반드시 '먼저 마음을 바르게 하고 뜻을 성실하게 하는 지위를 침입했다'고 말할 필요는 없다. 진씨(陳氏)의 설은 다시 살펴보아야 한다.

『부주』22-30 ___ 횡거(橫渠) 선생이 일찍이 말했다. "내가 15년 동안 '공손하면서도 편안함'을 공부했으나 이루지 못했다." 명도(明道) 선생이 말했다. "이 '공부가 이루어지지 않았다'고 함이 다소 병통이 있음을 알 수 있다."

『질서』18-19 ___ '공손하면서도 편안함'은 극치로 말한다면 곧 성인(聖人)의 일이다. 횡거(橫渠)가 어떻게 행할 수 있었겠는가? 그러나 사람의 지위에는 각각 얕고 깊은 분수가 있으니 비록 배우는 이라도 마땅히 전혀 공부 과정이 없어서는 안 된다. 횡거 같은 경우는 오로지 고심하며 억지로 한 것으로 편안한 맛이 없었기 때문에 그렇게 말한 것이다.

『부주』22-35 ___ 물었다. "평상시 경(敬)을 유지하는데 고요한 때는 아주 좋다가 일에 임하게 되면 싫증나고 게을러집니다. 혹은 일에 임했을 때 힘을 쓰게 되면 어지럽고 흔들림을 느낍니다. 그렇지 않으면 바로 경을 보존해야 할 때 홀연히 사려에 이끌려갑니다. 이 세 가지를 어떻게 이길 수 있습니까?" 말했다. "요즘 사람은 경을 별도의 한 가지 일로 삼기 때문에 싫증나고 게을러지거나 생각에 이끌려가게 된다. 경은 단지 자신의 마음을 늘 깨어있게 하면 되는 것이니 별도의 일로 삼아서는 안 된다. 또 어찌 무릎 꿇고 절하듯이 우뚝하니 여기에 있은 뒤에 경이 된다고 하겠는가?"

『질서』18-20 __ "어지럽고 흔들림"과 "이끌려감" 등의 병은 아래 글의 상채(上蔡) 조목[247]에서 간파할 수 있다.

『부주』22-36 __ 정자가 말했다. "사람의 마음이 늘 살아 있고자 하니, 두루 흘러 끝이 없고 한 모퉁이에 막혀있지 않는다.〔사람의 마음이 항상 살아있고자 하면 두루 흘러 끝이 없고 안 모퉁이에 막혀 있지 말아야 한다.〕"

『부주』22-36-1 __ 【정민정의 안설】성현(聖賢)이 마음을 논하면서 본래 출입(出入)과 조존(操存)을 어렵게 여겼는데, 정자(程子)는 또 두루 흘러 막혀있지 않음을 귀하게 여겼다. 대개 마음은 고요함과 느낌〔寂感〕을 구비하고 경은 동정(動靜)을 겸하니 좌선(坐禪)해서 섭념(攝念)으로 정(靜)에 전일하게 하지 않는다. 바로 털끝만한 것이 천리로 차이 나는 구분이니, 배우는 자가 마땅히 삼갈 바이다.

『질서』18-21 __ 황돈(篁墩)이 '(성현이) 마음을 논함에 있어, 출입(出入)과 조존(操存)을 어렵게 여겼다.'라고 하였는데, 이는 말의 맥락이 성

---

247 아래 글의 상채(上蔡) 조목 : 上蔡 謝氏曰: "事至應之, 不與之往, 非敬乎? 萬物變而此常存, 奚紛擾之有? 夫子曰'事思敬', 正謂此耳."라고 한 부분을 가리킨다.

립하지 않는다.

『부주』22-38 ___ 장자(張子)가 말했다. "말에 교훈이 있고 행동에 법도가 있으며, 낮에 행위 함이 있고 밤에 체득함이 있으며, 눈 깜작하는 데에 기름이 있고 숨 쉬는 데에 보존함이 있다."

『질서』18-22 ___ 말과 행동은 평생으로 말한 것이고, 낮과 밤은 하루로 말한 것이며, 눈 깜짝임과 숨 쉬는 것은 짧은 시간을 가지고 말한 것이다. 숨 쉬는 것은 눈 깜작하는 것에 비하면 더욱 빠르며, 보존하는 것은 기르는 것에 비하면 더욱 급하다.

『부주』22-43 ___ 물었다. "벼슬을 하여 일이 많으면 얽매이고 어지러우니 어떻게 해야 합니까?" (주자가) 대답했다. "그 일이 스스로 어지러운 것이니, 내가 어찌 관여할 것인가? 염계(濂溪)가 '중정인의(中正仁義)로 정(定)하되 고요함을 주로 한다.'고 하였다. 중(中)과 인(仁)은 발동하는 곳이고, 정(正)은 당연하게 리가 결정된 곳이고, 의(義)는 절단(截斷)하는 곳이다. 항상 고요함을 주로 해야 하니, 어찌 방출만을 관장하고 수렴하지 않을 수 있는가? '절단(截斷)'이라는 두 글자가 가장 중요하다."

『질서』18-23 ___ 중(中)과 정(正)을 말하면 중이 정보다 앞서니, 마치 사덕(四德)이 인에서 일어나는 것과 같다. 그러므로 "중과 인은 발동하는 곳이다."라고 말한 것이다.

『질서』18-24 ___ 의(義)로 절단(截斷)하여, 옳은 것은 행하고 옳지 않은 것은 버리는데, 어찌 다시 얽매이고 어지러울까 하는 근심이 있겠는가?

『**부주**』22-45 ___ 주자(朱子)가 「허순지(許順之)[248]에게 답하는 편지」에서 말했다. "보내온 글에서 '마음을 담박한데 깃들게 하여 세상에서 구하는 것을 적게 하고, 성현의 말씀을 음미하여 내 신명(神明)의 바탕으로 하고 나의 진정(眞精)을 기르고자 한다.'고 한 것은 한 글자도 병통이 없는 것이 없다. 사람의 마음은 살아있는 것으로 마땅히 움직여야 할 때는 움직이고 마땅히 정지(靜止)하여야 할 때는 정지하여 그 때를 잃지 않는다면 그 도가 환하게 빛날 것이니, 이것이 바로 본심의 온전한 본체와 큰 작용이다. 어떻게 담박한데 깃들게 한 연후에야 된다고 하겠는가? 또 이 마음은 무엇이기에 또 어떻게 깃들게 할 수 있겠는가?"

『**질서**』18-25 ___ 내 생각에, 마땅히 고요해야 할 때 고요하면 생각이 어찌 순조롭지 않은 적이 있겠는가? 마땅히 응해야 할 때 응하는 것이니, 손님과 더불어 말을 하는 것은 그 적막함을 싫어해서가 아닌 것이다. 군자는 동정(動靜)을 하나로 관통하니, 어찌 하루를 지낼 방법이 없을까 근심하겠는가? 주자가 비록 번거로움을 싫어하고 고요함을 구하는 잘못을 배척하였지만, 말의 뜻에서 너무 지나침을 약간 느끼니 다시 상세히 생각해 보아야 한다.

『**질서**』18-26 ___ 허순지(許順之)의 글이 반드시 글자마다 병통이 있는 것은 아니다. 그러나 그 대의는 일을 멀리하고 외물을 끊어서, 수련하는 학파의 투를 떠나지 않아서 그 말이 모두 일제히 틀림을 면하지 못했다. 그러므로 주자가 말한 것이다.

---

[248] 허순지(許順之): 이름은 升이고 泉州 사람으로 朱子의 문인이다.

『부주』22-46 __ 「장경부(張敬夫)[249]에게 답하는 편지」에서 말했다. "보내온 편지에서 '정(靜)하면 허무에 빠진다.'고 하였는데, 이 두 글자[虛無]가 부처와 노자(老子)의 이론과 같다면 정말로 이러한 근심이 있습니다. 만약 천리(天理)로서 본다면, 동(動)에 고요함(靜)이 없을 수 없는 것은 정에 동이 없을 수 없는 것과 같고, 정에서 기르지 않을 수 없는 것은 동에서 살피지 않을 수 없는 것과 같습니다. 다만 한번 동하고 한번 정하여 서로 그 뿌리가 되고 경(敬)과 의(義)를 함께 견지하여 끊어짐을 용납하지 않는다는 뜻을 본다면, 비록 정(靜)자를 쓰더라도 원래 죽은 물건이 아닙니다. 지극히 정한 가운데 스스로 동의 단서가 있으니 이것이 곧 천지(天地)의 마음을 보는 근거이며, 선왕(先王)이 동지(冬至)에 관문(關門)을 닫았던 까닭입니다. 대개 이때를 당하여 편안하고 고요하게 이것을 기를 뿐이니, 진실로 일을 멀리하고 외물을 끊고 눈을 감고 우뚝하니 앉아 정에 치우침을 말하는 것이 아닙니다. 그러나 아직 외물에 접하지 않았을 때 곧 경(敬)하여서 안을 주재한다면, 일이 이르고 사물이 오면 선한 단서가 밝게 드러날 것이니, 그래서 살피는 것이 더욱 정밀하고 밝아지게 됩니다. 또 말하기를 '내가 정(靜)을 근본으로 삼는다고 말했으니 마침내 경을 근본으로 삼는다고 말하는 것만 못하다.'고 한 이 말은 진실로 옳습니다. 그러나 경 공부는 동과 정을 관통하지만 반드시 정을 근본으로 삼습니다. 지금 만약 마침내 경으로 바꾼다면 비록 완전한 것 같지만 경이 시행되는 데에 선후가 있음을 보지 못한 것이니 또한 합당하지 못합니다. 반드시 이른바 '모름지기 정(靜)으로써 동(動)이 근원하는 바를 함양하고, 동으로써 정이 보존된 것을 드러냄을 살펴, 동과 정이 서로 필요하고 체와 용이

---

[249] 장경부(張敬夫) : 張栻이다. 號는 南軒이고 敬夫는 그의 字이다. 朱子의 친구이다.

떨어지지 않은 뒤에 빠지는 것이 없다.'라고 하는 것과 같아야 합니다. 이 몇 마디의 말은 탁월하여 뜻과 말이 모두 갖추어졌으니 마땅히 앉는 자리 오른쪽에 써놓고 드나들면서 보고 성찰해야 하겠습니다."

『질서』18-27 ___ 살피건대, 『주자대전』에 "보내온 편지에서 이른바 '모름지기 동(動)에서는 정(靜)이 보존된 것을 드러내고 정(靜)에서는 동(動)이 근원한 것을 함양한다는 점을 살펴야 한다.'고 한 말에 이르러"라고 하였고, 이어서 "위의 두 구절은 순서가 매우 타당하지 못한 듯하다. 바꾸어 놓아야 행할 수 있는 실질이 있게 되는 것으로 생각된다."고 하였다. 대개 먼저 정(靜)을 말하고 뒤에 동(動)을 말하여 순서를 얻고자 한 것이다. 이른바 '살핀다〔察夫〕'는 것은 동과 정을 겸하여 말한 것이다. 이제 주자의 설에 의거하여 그 순서를 바꾸어 먼저 정(靜)을 말한 것은 진실로 옳다. 그러나 '살핀다〔察夫〕'는 두 글자를 오로지 동에 소속시키는 것[250]은 그 본의가 아니다.

『질서』18-28 ___ 주자의 전후 몇 단락은 반복하여 경이 동정을 관통함을 밝혔고 남헌에게 답하는 편지에서 또 경을 정으로 바꾸는 것을 비판하였으니 이것이 결단된 안이다. 남헌의 두 조목은 도리어 경을 정으로 여겼으니 오히려 경이 동정을 관통하는 것을 빠뜨린 것이다. 이는 마땅히 다시 살펴야 한다.

번역 **이상돈**

---

250 '살핀다〔察夫〕'는 두 …… 소속시키는 것 : 『심경부주』22-46에서 인용된 "동을 살펴 정이 보존하는 것을 보아〔察夫動以見靜之所存〕"라는 구절을 가리킨다.

19 인은 사람의 마음이다

『심경』23 ― 맹자가 말하였다. "인(仁)은 사람의 마음이요, 의(義)는 사람의 길이다. 그 길을 버리고 경유하지 않으며, 그 마음을 놓쳐버리고도 찾을 줄을 모르니, 안타깝구나! 사람이 닭과 개를 놓쳐버리면 그것들을 찾을 줄 알지만, 마음을 놓쳐버리면 그것을 찾을 줄 모른다. 학문하는 방법은 다른 것이 없으니, 놓쳐버린 그 마음을 찾는 것일 뿐이다."[251]

『원주』23-1 ― 정자가 말하였다. "마음은 본래 선하지만 불선(不善)으로 흐른 것이 이른바 '놓쳐버린다'는 것이다."

『원주』23-2 ― 주자가 말하였다. "인(仁)이란 마음의 덕이니, 정자께서 '마음은 비유하자면 곡식의 씨앗과 같은 것으로 생명의 본성이 바로 인이다.'[252]라고 말씀한 것이 바로 이 뜻이다. 그러나 '인'이라고만 말하면 그것이 나에게 절실한 것임을 모르기 때문에 그것을 반추하여 '사람의 마음'이라고 명명한 것이다. 그렇다면 그것은 이 몸이 수만 가지의 변화에 대처하게끔 해주는 주인이 되어 잠시라도 놓쳐버려서는 안 되는 것임을 알 수가 있다. 의(義)란 일을 행할 때의 마땅함으로 '사람

---

[251] 인(仁)은 사람의 …… 것일 뿐이다 : 『孟子』, 「告子上」에 나온다.
[252] 인이란 마음의 …… 바로 인이다 : 『河南程氏遺書』 권18에 관련 내용이 나온다. "어떤 사람이 물었다. '비유하자면 오곡(五穀)의 씨앗은 반드시 양기(陽氣)를 기다려 생겨나는 것과 같습니다.' 답했다. '옳지 않다. 양기가 발하는 곳은 오히려 정(情)이다. 마음은 비유하자면 곡식의 씨앗과 같은 것으로 생명의 본성이 바로 인이다.〔心譬如穀種, 生之性便是仁也〕'"

의 길'이라고 하였다. 그렇다면 '의'는 사람이 출입하고 왕래함에 반드시 경유해야 하는 길이 되어 잠시라도 버려서는 안 되는 것임을 알 수가 있다."

『질서』19-1 ___ 인은 본성인데 '마음'이라고 하였다. 그러므로 정자의 설명을 인용하여 증험으로 삼았다. 마음속에 인이 있는 것은, 비유하자면 곡식의 씨앗에 생명의 본성이 깃들어 있는 것과 같다. 이 생명의 본성이 없다면 '곡식의 씨앗'이라고 할 수 없으니, 비유컨대 인이 없다면 '사람의 마음'이라고 해서는 안 되는 것과 같다. 이렇게 말한 것은 "사람의 마음이란 인이다."라고 하는 것과 같다.

『원주』23-5 ___ 정자가 말하였다. "성인과 현인의 천언만어(千言萬語)는 다만 사람들이 이미 놓쳐버린 마음을 수습하여 다시 몸에 들어가게끔 하여 스스로 그 높은 경지를 찾아가서 아래에서 배워 위로 이르게 하려는 것[下學而上達][253]뿐이다."

『질서』19-2 ___ '심향상거(尋向上去)'는 그 높은 곳을 찾아 간다는 말이다.

『질서』19-2 ___ '반부입신(反復入身)'의 의미는 단지 아랫부분의 '하학상달(下學上達)'의 기반을 마련한다는 것이다. 만약 아랫부분의 한 구절이 없다면, 몸에 들어가게끔 하는 것은 과연 무엇을 한다는 것인가? 맹

---

[253] 아래에서 배워 …… 하려는 것[下學而上達] : 『논어(論語)』, 「헌문(憲問)」에 나온다.

자께서 "그 놓쳐버린 마음을 찾아라."라고 말씀하셨는데, '방(放)'은 놓쳐 버려서 그릇되고 편벽된 행위를 한다는 말이고, '구(求)'는 찾아서 선을 회복해야 함을 말한다. 놓으면 놓쳐버리게 되고 돌아오게끔 하면 나에게 있게 되니, 닭과 개를 찾아서 짐승우리에 들어가게 하는 것과 같다. 그러므로 놓쳐버린 마음을 찾는 일은 반드시 몸에 들어가게끔 해야 하는 것이다.

『질서』19-4 ── 닭과 개를 놓치면 새벽을 알리거나 도둑을 막을 수가 없다. 그러므로 그것들을 찾아서 돌아오게 한 것이니, 이는 그것들이 각각 자신의 직무를 지키기를 바란 것이다. 마음이 몸에 들어가는 것도 역시 이와 같다. 만약 몸에 들어가서도 행하는 것이 없으면, 이는 곧 불교의 공적(空寂)에 해당하게 된다. 선의 단서를 채우고 넓히는 의의를 여기에서 알 수가 있다.

『부주』23-12 ── 서산 진씨가 말했다. "인이란 마음의 덕인데 맹자께서 곧바로 '사람의 마음'이라고 말씀하신 것은, 대개 이 마음이 있으면 곧 이 인이 있게 되니, 마음이 불인하면 사람이 아니기 때문이다. 공자의 문하에서 인을 말한 것이 많기는 하지만 모두 공부하는 곳을 가리켜 말한 것이다. 그러나 여기에서는 전체(全體)를 곧바로 거론하여 사람들로 하여금 마음이 곧 인이고 인이 곧 마음이어서 그것들을 두 가지로 보아서는 안 됨을 알게 한 것이다. 의란 사람이 마땅히 가야할 길이니, 반걸음이라도 이곳을 경유하지 않으면 사특하고 편벽한 길에 빠지게 된다. 세상 사람들이 이내 그 길을 버리고 경유하지 않고 그 마음을 놓쳐버리고 찾을 줄 모르는 것은, 바로 풍 병에 걸린 사람[病風]이나 실성한 사람[喪心]이 미쳐 날뛰거나 제멋대로 행동하여 돌아올 줄 모르는 것과 같다. 어찌 안타깝게 여기지 않을 수가 있겠는가? 닭과 개는 매우 하찮은 것이지만 놓쳐버리면 찾을 줄 알고, 사람의 마음은 매우 귀중한 것이지만 놓쳐버리면 찾을 줄 모른다. 이렇게 매우 가벼운 것을 차용하여 매우 무거운 것을 비유하였으니, 사람들로 하여금 경계할 줄 알도록 한 것이다. 그렇다면 사람의 마음을 놓쳐버리게 된 이유는 무엇인가? 욕심이 마음을 어지럽히면 놓쳐버리게 되고, 이익이 유혹하면 놓쳐버리게 되니, 마음을 놓쳐버렸다면 그의 행실에는 반드시 잘못이 있게 된다. 그러므로 맹자께서 처음에는 사람의 마음과 사람의 길을 함께 말씀하셨지만, 마지막에 가서는 놓쳐버린 마음을 찾는 것에 대해서만 타이르듯 말씀하신 것이다. 놓쳐버린 마음을 찾을 수 있다면 몸 안에 주인이 있게 되어 행실이 잘못되지 않게 될 것이다. 놓쳐버린 마음을 찾는 데에는 다른 것이 없고, 경(敬)으로 스스로를 다잡아 한 생각도 감히 함부로 하지 않으면 된다. 마음은 본래 밖에 있는 것이 아니지만, 방종하면 놓쳐버리게 되고 찾으면 보존되는 것이 손을 뒤집는 것과 같이 쉽다. 마음이 보존되면 인도 보존되고, 인이 보존되면 행동도 이치에 맞지 않는 것이 없게 된다. 이것이 곧 이른바 '의는 사람의 길이다'는 것이니, 성인이 되는 학문의 핵심이 이것보다 먼저인 것이 무엇이던가?"

『질서』19-5 ── 서산 진씨가 말했다. "욕심이 마음을 어지럽히면 놓쳐버리게 되고, 이익이 유혹하면 놓쳐버리게 된다." 욕망이 어지럽히고 이익이 유혹하는 것은 다른 의미가 있는 것이 아니다. 또 윗글에서 인용한 주자의 설명 몇 조목은 모두 "마음을 놓쳐버린 것은 마음이 달아난 것만 아니라, 마음이 혼미하여 눈이 흐려지는 것 역시 곧 놓쳐버린 것이다"[254]라고 말한 것이니, 이 뜻을 마땅히 첨가하여 수정해야 한다.

254 놓쳐버린 마음은 …… 놓쳐버린 것임 : 『심경부주』 23-9-1에는 주자가 제자 임각(林恪)에게 다음과 같이 말한 내용이 나온다. "마음을 놓쳐버리는 것은 마음이 달아난 것만을 놓쳐버렸다고 하는 것이 아니고, 마음이 혼미하여 잠드는 것도 곧 놓쳐버린 것이다.〔放心, 不獨是走作喚做放, 纔昏睡去, 也卽是放.〕" 여기서 "마음이 혼미하여 잠드는 것〔纔昏睡去〕"이라는 문구가 『심경질서』에는 "마음이 혼미하여 눈이 흐려지는 것〔纔昏眊去〕"으로 인용되고 있다.

20 지금 무명지가 있다

『심경』24 ___ 맹자가 말하였다. "지금 무명지가 굽어 펴지지 않는다면, 그것이 통증이 있거나 일에 해가 되는 것은 아니지만, 이것을 펼 수 있는 사람이 있다면 진나라나 초나라의 길을 멀다하지 않고 찾아간다. 손가락이 다른 사람과 같지 않기 때문이다. 손가락이 다른 사람과 같지 않으면 그것을 싫어할 줄 아는데, 마음이 다른 사람과 같지 않으면 그것을 싫어할 줄 모르니, 이것을 '유추[255]할 줄 알지 못한다.'고 하는 것이다."[256]

『부주』24-1 ___ 정자가 말하였다. "사람들이 외물에 대해서는 몸을 봉양하는 것에 일마다 좋은 것을 요구하지만, 자신의 한 몸과 마음에 있어서는 도리어 좋은 것을 요구하지 않는다. 좋은 외물을 얻었을 때는 도리어 자신의 몸과 마음이 저절로 좋지 않게 된다는 것을 알지 못한다."

『부주』24-2 ___ 영가 정씨가 말하였다. "거울을 보아 얼굴에 더러운 것이 있으면 반드시 씻어내고, 옷을 털면서 옷깃과 소매에 때가 있으면 반드시 세탁하고, 방에 거처하면서 의자와 책상 그리고 창과 벽에 먼지가 있으면 반드시 털어낸다. 이와 같이 하지 않으면 마음이 편치 못하다. 방촌(方寸) 가운데 신명(神明)의 집에 더러운 것과 때와 먼지가 날마다 쌓이는데도 씻어내고 털어낼 줄 몰라, 작은 것을 살피면서도

---

255 유추:『심경』원주에서 주희가 유추로 해석하였기에 이를 따라 번역하였다. "'부지류'란 유(類)로써 미루는 것[推]을 알지 못한다는 말이다.〔'不知類, 言其不知以類而推之.'〕"
256 지금 무명지가 …… 하는 것이다 :『孟子』,「告子上」에 나온다.

큰 것을 빠뜨리고 밖을 살피면서도 안을 버려두는 데 이르면, 그 유(類)를 확충하지 못함이 또한 심하지 않은가?"

『부주』24-1-1 __ 서산 진씨가 말했다. "정자(程子)와 영가 정씨(永嘉鄭氏)의 말씀은 모두 배우는 사람을 경계시키에 충분하다. 그러므로 거기에 덧붙여 보이기로 한다."

『질서』20-1 __ 부주(附註)는 바로 정민정(程敏政)이 첨가한 것인데, 여기에 있는 서산 진씨의 자주(自註)에 "덧붙여 보이기로 한다."는 말이 있으니 의심스럽다.[257]

---

[257] 부주(附註)는 바로 …… 있으니 의심스럽다 : 『심경석의(心經釋疑)』에서는 "'서산 진씨왈(西山眞氏曰)' 다섯 글자는 황돈 정민정이 붙인 것인데 '서산 진씨'라고 하였으니, 이 다섯 글자를 '안(按)'이라는 글자로 고쳤으면 한다."고 하였다.

21 사람이 몸에 대해 겸해서 아끼는 바가 있다

『**심경**』25 ── 맹자가 말하였다. "사람이 몸에 대해서 겸하여 아끼는 것이 있으니, 겸하여 아끼는 것이 있으면 겸하여 기르는 것이 있어야 한다. 한 자나 한 치의 살을 아끼지 않음이 없다면, 한 자나 한 치의 살을 기르지 않음이 없을 것이다. 잘 기르고 잘못 기르는 것을 살펴보는 것이 어찌 다른 방법이 있겠는가? 자신에게서 취하면 그뿐이다. 몸에는 귀하고 천한 것이 있고, 작고 큰 것이 있으니, 작은 것으로 큰 것을 해치지 말며, 천한 것으로 귀한 것을 해치지 말아야 한다. 작은 것을 기르는 사람은 소인(小人)이 되고 큰 것을 기르는 사람은 대인(大人)이 된다. 지금 여기에 원예사가 있는데, 오동나무를 버려두고 가시나무를 기른다면, 그는 천한 원예사가 되고 만다. 한 개의 손가락만 기르면서 어깨와 등을 잃는데도 그것을 알지 못한다면, 그는 정신이 나간 사람〔狼疾人〕이 된다. 음식을 밝히는 사람을 사람들은 천하게 여기는데, 이는 그들이 작은 것〔口腹〕을 기르고 큰 것〔心志〕을 잃어버렸기 때문이다. 음식을 밝히는 사람이 잃음이 없다면 구복이 어찌 딱 한 자나 한 치의 살만 되겠는가?"[258]

『**부주**』25-1 ── 장자〔張載〕가 말하였다. "'담일(湛一)'은 기(氣)의 근본이요, '공취(攻取)'는 기의 욕구이다. 입과 배는 음식에 대해서 그리고 코와 입은 냄새와 맛에 대해서 모두 공취의 본성을 지닌다. 덕을 아는 사람은 족함에 이르면 그쳐서 기호와 욕망이 마음에 누를 끼치게 하지

---

258 사람이 몸에 …… 살만 되겠는가? : 『孟子』, 「告子上」에 나온다.

는 않는다. 이것이 작은 것으로 큰 것을 해치거나 말단으로 근본을 상하게 하지 않는 것이다."

『부주』25-1-1 __ 주자가 말하였다. "'담일'은 사물에 감촉하지 않았을 때의 맑고 순일한 상태로 이것이 기의 근본이다. '공취'는 눈이 색을 욕구하고 귀가 소리를 욕구하는 것과 같은 것이니 곧 기의 욕구이다."

『질서』21-1 __ 기(氣)의 근본은 맑고 전일한데, 무엇 때문에 이러한 물욕이 있게 되었을까? 몸이 있으면 저절로 인심(人心)이 있게 된다. 무릇 입과 배가 마실 것과 먹을 것에 대해서, 그리고 코와 입이 냄새와 맛에 대해서 지향하는 것은 모두 인심의 고유한 것이기에 원래는 의(義)를 해치지 않는다. 그러나 분한(分限)을 넘게 해서도 안 되니 맹자가 말한 "거기에 정해진 명이 있다.〔有命焉〕"[259]는 것이 그것이다. 배고프면 먹고자 하는 부류에 어찌 공취의 근심이 있겠는가? 공취의 근심이 있다고 하더라도 내가 맑고 전일하면 진실로 자약(自若)할 테니, 이것이 "족함에 이른다〔屬饜〕"는 것이다. 이미 인심이 있는데 도(道)를 가지고 재단(裁斷)하지 못하면, 이 때 그 마음이 흘러 사악(邪惡)하게 되니, 이것이 "말단으로 근본을 상하게 한다〔以末喪本〕"는 것이다. 이는 모두 형신(形身)이 감촉하는 데에서 이루어지는 것이니, 저 맑고 전일한 기가 곧 이리저리 동요되기 때문에 '공취'라고 말한 것이다. 만일 마실 것과 먹을

---

[259] 거기에 정해진 명이 있다〔有命焉〕 : 『孟子』, 「盡心下」에 나오는 구절이다. "입이 맛에 대해서, 눈이 색에 대해서, 귀가 소리에 대해서, 코가 냄새에 대해서, 사지가 안일에 대해서 갖는 것이 본성이지만, 거기에는 정해진 명이 있으니 군자는 본성이라고 여기지 않는다.〔口之於味也, 目之於色也, 耳之於聲也, 鼻之於臭也, 四肢之於安佚也, 性也, 有命焉, 君子不謂性也.〕"

것, 냄새와 맛을 모두 공취로 돌린다면, 이는 장자(張子)의 본의(本義)가
아니다. 성인으로 말한다면, 어찌 공취(攻取)를 근심함이 있을 수 있겠
는가? 그러나 배고프면 먹으려 하고 목마르면 마시려 하는 마음은 그대
로 있음을 알 수가 있다. 『부주』 가운데 주자가 말한 한 조목도 역시
이러한 뜻으로 보아야 한다.

『부주』25-2 ___ 무이 호씨〔胡安國〕가 말했다. "마음을 다스리고 몸을
닦음에 음식과 남녀를 절실하고 긴요한 곳으로 삼는다. 옛날부터 성현
들은 여기로부터 공부해나가셨으니, 소홀히 해서야 되겠는가?"

『질서』21-2 ___ 『예기』에서는 "음식과 남녀는 사람들의 큰 욕망이 있
는 곳이고, 죽음과 가난은 사람들의 큰 싫어함이 있는 곳이다. 그러므로
욕망하는 것과 싫어하는 것은 마음의 큰 단서(端緖)이다."[260]라고 하였
다. 호안국의 이 말은 곧 자기를 이겨내는 공부의 요체이다.

『부주』25-4 ___ 남헌 장씨(南軒 張氏 : 張栻)가 말했다. "무엇이 크고도
귀한 것인가? 사람의 마음이다. 작고도 천한 것은 혈기이다. 혈기 역시
하늘로부터 품부받은 것으로 천하게 여길만한 것은 아니다. 그러나 마
음은 그것을 주재하는 것이니, 마음이 혈기를 주재하지 못하면 천도(天
道)를 배반하고 인정(人情)을 어기게 되어 흘러가 일물(一物)이 되는데,
이렇게 되고 나서야 천하게 여길 만한 것이 되고 만다. 사람들이 천리
를 보존할 줄 모르기 때문에 아무것도 모른 채 입과 배를 기르는 것만
을 일삼으니, 농부(農夫)·장인(匠人)·행상인(行商人)·좌상인(坐商人)

---

260 음식과 남녀는 …… 큰 단서(端緖)이다 : 『예기』, 「예운」에 나온다.

들이 이익을 다투는 데에서부터 공(公)·경(卿)·대부(大夫)·사(士)가 녹봉과 벼슬을 다투는 데에 이르기까지 모두가 그렇다. 양심(良心)은 날로 상실되고 인도(人道)는 거의 사라지는 데도 스스로 그것을 알지 못하니, 이것이 어찌 원예사가 오동나무를 버려두고 가시나무를 기르는데 종사하며, 병을 치료하는 자가 손가락 하나만을 기르고 어깨와 등을 잃어버리는 것과 유사하지 않겠는가? 그러나 그 큰 것을 잃어버릴 경우에는 혈기에 부림을 당하여 인욕이 되고 말지만, 먼저 그 큰 것을 세울 경우에는 천명에 근본하여 모든 것이 지극한 이치가 될 것이다. 한 번 마시고 한 번 먹는 사이에도 역시 법칙이 있으니, 이것이 사람이 몸을 이루어 천지에 통할 수 있게 되는 이유이다. 그렇다면 그 근원을 삼가지 않아서야 되겠는가?"

『질서』21-3 ＿ 『장자』에 '둔천멸정(遁天滅情)'[261]이라는 말이 있는데, '멸정(滅情)'이란 글자는 여기에 타당하지 않기 때문에 남헌 장씨가 '배천둔정(倍天遁情)'이라고 고친 것이다.

---

[261] 둔천멸정(遁天滅情) : 『莊子』, 「養生主」에 관련 내용이 나온다. (秦失이 老聃을 문상하면서 말했다.) "처음에 나는 선생을 지인(至人)이라고 생각했으나 이제는 생각이 달라졌다. 좀 전에 내가 방에 들어가 조상(弔喪)을 하면서 보니, 노인들은 마치 자신의 자식이 죽은 것처럼 곡을 하였고, 젊은이들은 마치 자신의 어머니가 죽은 것처럼 곡을 하고 있더구나. 저들이 모여든 것도 필시 초상이 났음을 알려주기를 구하지 않았는데도 알려진 것일 테고, 필시 곡해주기를 구하지 않았는데도 곡해주고 있는 것이겠지. 이는 천리를 등지고 인정을 저버린 것〔遯天倍情〕으로 하늘에서 받은 본분을 잊어버린 것이니, 옛날 사람들은 이것을 '천리를 등진 형벌〔遁天之刑〕'이라고 하였다. 선생께서 태어나신 것도 태어날 때가 되었기 때문이고, 선생께서 떠나가신 것도 떠나야 할 때가 되었기 때문이다." 『장자』에는 '둔천멸정'이란 단어는 나오지 않고 '둔천배정'만 검색된다.

22 똑같은 사람이다

『**심경**』26 ── 공도자가 물었다. "똑같은 사람인데 어떤 사람은 대인이 되고, 어떤 사람은 소인이 됩니다. 어째서입니까?" 맹자께서 답하셨다. "대체를 따르는 사람은 대인이 되고, 소체를 따르는 사람은 소인이 된다." 공도자가 물었다. "똑같은 사람인데, 어떤 사람은 대체를 따르고, 어떤 사람은 소체를 따릅니다. 어째서입니까?" 맹자께서 답하셨다. "귀와 눈이라는 기관은 생각하지 못하여 외물에 의해 가려지니, 외물이 귀와 눈과 만나면 외물이 귀와 눈을 끌고 가기 마련이다. 그러나 마음의 기관은 생각할 수 있으니, 생각하면 얻고 생각하지 못하면 얻지 못한다. 이것은 둘 다 하늘이 우리에게 부여해주신 것이지만, 먼저 그 큰 것을 기르면 그 작은 것이 큰 것을 빼앗지 못할 것이다. 이것이 대인이 되는 이유이다."[262]

『**부주**』26-5 ── 주자께서 또 말씀하셨다. "맹자께서 '먼저 그 큰 것을 세우라'고 하셨는데, 이 말씀이 매우 힘이 있다. 우선 맹자께서 말씀하신 한 개의 '입(立)'자를 보아라. 옛날 어떤 사람이 초 선생(譙先生 : 譙定)[263]께 학문하는 방법을 묻자, 초 선생께서 '나는 단지 먼저 그 큰 것을 세울 뿐이다'라고 하셨으니, 그의 학문 역시 스스로 요점이 있었던 것이다. 우뚝하게 자신의 마음을 일으켜 세우는 것이 바로 입(立)이니,

---

[262] 똑같은 사람인데 …… 되는 이유이다 : 『孟子』, 「告子上」에 나온다.
[263] 초선생(譙先生, 譙定) : 초선생은 송나라 사람으로 이름이 定이고 자는 天授이다. 초정의 문인 가운데 한 사람이 바로 南軒 張栻의 아버지이다. 130여 세에 경서를 손에 들고 역리를 가르쳤다고 한다. 『宋元學案』에 나온다.

이른바 '경이직내(敬以直內)'라는 것이다."

『질서』22-1 ___ 무너지고 쓰러져 일어나지 못하면 선 것이 아니고, 기울고 흔들려 안정되지 못하면 선 것이 아니다. 마음을 세우는 것은 모름지기 이 두 가지 의미를 겸해서 보아야 한다.

23 닭이 울면 일어나

『심경』29 __ 맹자께서 말씀하셨다. "닭이 울면 일어나 부지런히 선(善)을 실천하는 자는 순(舜)임금의 무리요, 닭이 울면 일어나 부지런히 이익을 추구하는 자는 도척(盜跖)의 무리이니, 순임금과 도척의 갈림길을 알고자 한다면, 다른 것은 없고 이익과 선(善) 사이이다."[264]

『부주』29-1 __ 정자께서 말씀하셨다. "동중서가 '의리를 바르게 하고 이익을 도모하지 않으며, 도(道)를 밝히고 공(功)을 따지지 않는다.'고 하였는데, 이 부분이 동중서가 여러 선생들보다 탁월한 이유이다."

『질서』23-1 __ 의(義)를 바르게 하였음에도 도(道)가 밝혀지지 않는 경우가 있고, 리(利)를 도모하지 않았음에도 공(功)을 따지게 되는 경우가 있다. 사람들이 일에 대해서 절절하게 옳음을 구하지만 도의 대체(大體)에 대해서 분명치 않은 경우가 있고, 자기에 대해서 리(利)를 구하지 않았지만 공(功)의 성패에 대해서 인색함에 얽매이는 것을 면하지 못하는 경우가 있다.

『부주』29-3 __ 물었다. "리(利)와 선(善)의 차이는 무엇입니까?" 주자께서 말씀하셨다. "냉수가 아니면 곧 열탕이니, 그 중간에 뜨뜻미지근한 곳은 없다."

---

[264] 닭이 울면 …… 선(善) 사이이다 : 『孟子』, 「盡心上」에 나온다.

『질서』23-2 ── '뜨뜻미지근하다'는 것은 아마도 당시의 속어(俗語)인 듯하니, 차지도 않고 뜨겁지도 않은 것을 지칭한 것이다. 살펴보건대, 『주자어류』에는 이 구절이 문답하는 말이 아니니, 마땅히 다시 상고해봐야 한다.[265]

『부주』29-7 ── (사량좌謝良佐가) 또 말했다. "세간에서는 의리에 밝은 사람은 군자가 되고 이익에 밝은 사람은 곧 소인인데, 근년에 일어난 일종의 의론(議論)은 바로 두 가지 사이에서 맴돌고자 하는 것이다. 그들은 이리저리 왜곡하여 심기(心機)를 모두 허비하고 있으니, 끝내는 군자가 되지 못할 것이고 소인이 된 사람 역시 소인의 본성을 다하지 못할 것이니,[266] 마음을 잘못 썼다고 말할 만하다."

『질서』23-3 ── '색(素)'은 '색제(素祭)'[267]의 색으로 '다한다.'는 뜻이고, '성(性)'은 '소리·색깔·냄새·맛' 등의 성이니, 사람이 물욕(物欲)에 대해 성을 다하고 따르면서 주저함이 없는 것을 '색성'이라고 말한다.

---

[265] 『주자어류』에는 이 …… 상고해봐야 한다 : 『주자어류』 60:124에 나온다. "利與善之間, 不是冷水, 便是熱湯, 無那中間溫呑煖處也."
[266] 다하지 못할 것이니 : 색(素)은 '찾는다'는 뜻과 '다하다'는 뜻이 있는데, 전자는 정현 등의 일반적 해석[각주 6번 참고]이고, 후자는 성호의 독특한 해석인 것 같다.
[267] 색제(素祭) : 『예기(禮記)』, 「교특생(郊特牲)」에 나오는, "신령을 찾아 축관이 팽에서 제사 드린다[素祭祝于祊]"는 구절에 대해 정현은 "색은 신령을 찾는다는 뜻이다. 종묘의 문을 팽이라고 한다. 팽(祊)을 역제(繹祭)의 명칭으로 삼는다.[素, 求神也. 廟門曰祊, 謂之祊者, 以於繹祭名也.]"라고 하였다. 역제는 천자와 제후가 제사를 지낸 다음 날 또 제사를 지내면서 시동을 접대하는[儐尸] 예를 행하는데, 이것을 '역(繹)'이라고 부른다. 제사에서 시동이 방 안에 있는 것을 '정제(正祭)'라고 한다. 정제가 끝나고 시동이 당(堂)에 있으면 빈례(賓禮)로 시동을 대접하는데 이것을 '빈시(儐尸)'라고 한다.

『부주』29-8 ___ 남헌 장씨가 말했다. "배우는 사람이 공자와 맹자의 가르침에 마음을 푹 담그려면, 반드시 그 문호를 찾아 들어가야 한다. 이를 위해서 나는 의(義)와 리(利)의 분별을 명확하게 하는 것보다 먼저인 것은 없다고 생각한다. 대개 성인과 현인은 의도가 없이 그렇게 하신다. '의도가 없이 그렇게 하신다.'는 것은 천명이 그치지 않고, 본성이 편벽되지 않고, 가르침이 무궁하기 때문이다. 무릇 '의도가 있어 그렇게 한다.'는 것은 모두 인욕의 사사로움으로 천리가 보존되어 있는 것이 아니니, 이것이 의와 리가 구별되는 지점이다. 성찰할 줄 모르는 사람의 입장에서 말하자면, 하루를 마감하는 사이에 리(利)를 위하지 않는 경우가 드무니, 비단 명예와 재화를 추구한 뒤에만 이익이 되는 것이 아니다. 의(意)가 향하는 곳에 조금이라도 의도가 있다고 한다면, 비록 얕고 깊은 차이는 있겠지만 그것이 자기의 사사로움을 따른다는 측면에서는 마찬가지일 뿐이다. 이러한 마음이 날로 불어나면 선한 마음의 단서는 막히게 된다. 이러고도 성현의 문과 담장[268]에 가까이 가서 자득을 구하려 한다면, 어찌 뒷걸음을 치면서 앞사람에게 도달하기를 바라는 것이 아니겠는가? 배우는 사람은 뜻을 세우는 것〔立志〕을 급선무로 생각하고, 경을 유지하는 것〔持敬〕을 근본으로 삼아야 한다. 움직이거나 가만히 있는 사이에서 정밀히 살펴 털끝만한 차이에서 천양지차가 남을 알 수 있다면, 자신의 힘을 제대로 쓸 수

---

268 성현의 문과 담장 : 『논어(論語)』, 「자장(子張)」 23장에 관련 내용이 나온다. "숙손무숙(叔孫武叔)이 조정에서 대부들에게 말하기를 '자공(子貢)이 중니(仲尼)보다 현명하다.'고 하였다. 자복경백(子服景伯)이 이 말을 자공에게 알려주자, 자공이 말하였다. '궁궐의 담장에 비유하자면 나의 담장은 어깨에 미칠 정도여서 집안의 좋은 것들을 들여다 볼 수는 있지만, 선생님의 담장은 여러 길이 되어서 그 문을 열고 들어가지 못하면 종묘의 아름다움과 백관의 풍부함을 볼 수가 없을 정도이다."

있을 것이다. 공자께서 '옛날에 배우는 사람들은 자신을 위해서 하였는데, 오늘날에 배우는 사람들은 남에게 보이기 위해서 한다.'[269]고 하셨으니, 남에게 보이기 위해서 하는 사람은 가는 곳마다 이익 아님이 없고, 자기를 위해서 하는 사람은 가는 곳마다 의리 아님이 없다. 이익이라고 말하면, 그것이 비록 나에게 있는 일이라고 할지라도 모두 남에게 보이기 위해서 한 것이고, 의리라고 말하면, 그것이 다른 사람에게 시행된 것이라고 하더라도 역시 나를 위한 것 아님이 없는 것이다. 아, 의(義)와 리(利)의 구분이 큰 것이니, 어찌 배우는 사람이 자신을 다스리는 것만을 급선무로 여겨야 하겠는가? 천하국가에 시행함에도 마찬가지인 것이다."

『질서』23-4 ___ 군자가 세상을 다스림도 또한 본분 안의 것 아님이 없으니, 자신을 위해 마땅히 해야 하는 것일 뿐이다. 다른 사람에게 시행하는 것도 진실로 자신을 위하는 것 아님이 없다. 만약 이익이 자기에게 있는 것이어서 귀와 눈이 소리와 색깔을 좋아하고, 사지가 안일(安逸)을 좋아하는 부류라면, 어떻게 다른 사람을 위하는 것에 관계되는 것이겠는가? 대개 남헌이 가리킨 말은 의미하는 바가 있다. 이는 모두 '의도한 바가 있다.'는 것을 이어 설명한 것이니, 비록 자기에게 있어 마땅히 행해야 할 일이라고 하더라도, 만약 이치의 자연스러움을 따르지 않고 따지고 비교하는 마음이 있게 된다면, 이는 옳지 않은 것이다. 예컨대 사람이 단정히 앉아 독서하는 것이 본래 바른 이치인데, 마음속으로 이와 같이 하면 명예를 얻을 수 있겠지라고 생각한다면, 이것이 바로 따지고

---

[269] 옛날에 배우는 …… 위해서 한다 : 『논어』, 「헌문(憲問)」에 나온다.

비교하여 다른 사람에게 보이기 위한 것이다. 이것은 대개 배우는 사람이 마음을 다잡는 기미처(幾微處)에서 변석(辨析)한 것이다. 여색을 탐하고 소리를 기뻐하여 오직 편리만을 따르는 사람은 곧 앞에서 말했던 '색성소인(索性小人)'이지 남헌이 가리킨 바가 아니다.

번역 **전성건**

24 양심(養心)

『심경』30 ___ 맹자(孟子)가 말했다. "마음을 기름에 욕심을 적게 하는 것보다 좋은 것은 없다. 그 사람됨이 욕심이 적으면 비록 보존하지 못함이 있다 해도 적을 것이며, 그 사람됨이 욕심이 많으면 비록 보존함이 있다 해도 적을 것이다."[270]

『부주』30-2 ___ 장자(張子:張載)가 말했다. "'인(仁)을 이루기 어려운 것이 오래되었다. 사람들이 그 좋아할 바를 잃어서이다.'[271] 대개 사람들이 이익을 추구하는 마음이 있으면 배움과 정반대로 치달린다. 그러므로 배우는 자는 욕심을 적게 해야 한다."[272]

『질서』24-1 ___ 「표기(表記)」의 말은 당기기만 하고 발사하지는 않은 것이다.[273] 선(善)을 좋아하고 악(惡)을 싫어하는 것은 병이(秉彛, 가진 이륜)[274]의 당연한 것이다. 그러나 간혹 그렇지 않은 것은 물욕(物欲)이 그

---

270 마음을 기름에 …… 적을 것이다:『孟子』,「盡心下」에 나온다.
271 인(仁)을 이루기 …… 바를 잃어서이다:『禮記』,「表記」. 子曰: "仁之難成久矣. 人人失其所好, 故仁者之過易辭也."
272 인(仁)을 이루기 …… 해야 한다:『張子全書』권6. 仁之難成久矣. 人人失其所好, 盖人人有利欲之心, 與學正相背馳, 故學者要寡欲. 孔子曰: "棖也慾, 焉得剛."『近思錄』권5,『西山讀書記』권4 등에도 인용되어 있다.
273 당기기만 하고 …… 않은 것이다:『孟子』,「盡心上」에 "君子引而不發, 躍如也, 中道而立, 能者從之."라고 하였다. '引而不發'에 대해 朱子는 "君子教人, 但授以學之之法, 而不告以得之之妙, 如射者之引弓而不發矢."라고 했다. 가르치는 자는 원칙과 방법을 제시할 뿐 그 내용이나 결과를 자세하게 부연하여 설명하지는 않는다는 말이다.
274 병이(秉彛):'秉彛'는『詩』,「大雅·蒸民」에 "天生蒸民, 有物有則. 民之秉彛, 好是懿德."이라고 했다. '彛'는『毛傳』에 '常'이라고 했다. '秉'은 '執'과 같다. 우리가 타고난 불변의

것을 해치기 때문이다. 그 욕심을 제거하고 그 (본성의) 좋아하는 바를 얻는다면 천리(天理)가 드러난다. 욕심을 제거하는 것은 자기를 이기는 것[克己]이다. 자기를 이기면 예(禮)로 돌아가며, 예로 돌아가면 인(仁)이 된다.275 까닭에 장자(張子)는 욕심을 적게 하는 것을 요체로 삼은 것이다.

『부주』30-6 ___ 어떤 이가 사씨(謝氏 : 謝良佐)에게 물었다. "이(利)에 대해서는 어떠하십니까?" 대답했다. "이 관문을 통과한지 십 여 년이다. 처음에는 대단하게 공부하여 버리기 어려운 것을 택해서 버렸더니 뒤에는 점점 가벼워졌다. 오늘에 이르러서는 기물(器物)의 유(類)에 그것을 두는 것은 다만 사용하기 위해서일 뿐이고 다시 부러워하는 마음이 없다."276

『부주』30-7 ___ 물었다. "외부(외물)에 대해서는 모든 것을 놓아버려야 하는 것입니까?" 대답하였다. "실제로 그 위에 나아가 공부를 하는 것이다. 모든 일에는 반드시 뿌리가 있으니, 집의 기둥은 뿌리가 없어서 꺾으면 곧 넘어지지만 심겨진 나무에는 뿌리가 있어서 비록 잘라도 큰 가지와 작은 가지가 차례로 또한 나온다. 만약 사람이 부귀하고자 한

것으로서, 善을 좋아하는 성향 혹은 본성을 의미한다.
275 욕심을 제거하는 …… 인(仁)이 된다 : 『論語』, 「顏淵」에 "顏淵問仁, 子曰: '克己復禮爲仁, 一日克己復禮, 天下歸仁焉. 爲仁由己, 而由人乎哉?'"이라 했고, 그에 대한 朱子의 주석에 "爲仁者, 所以全其心之德也. 蓋心之全德, 莫非天理, 而亦不能不壞於人欲. 故爲仁者必有以勝私欲而復於禮, 則事皆天理, 而本心之德, 復全於我矣."라고 하였다.
276 어떤 이가 …… 마음이 없다 : 『上蔡語錄』 권1. 又問: "於勢利如何?" 曰: "打透此關十餘年矣. 當初大故做工夫, 揀難捨底棄却, 後來漸漸輕, 至今日, 於器物之類, 置之, 只爲合要, 却並無健羨底心." 『西山讀書記』 권4 등에도 인용되어 있다.

다면, 그것(부귀)을 구해서 무엇을 하려는 것인가? 반드시 쓸 곳이 있는 것이니, 그 쓰고자 하는 곳의 병근(病根)을 찾아 가져와서 베어내면 곧 아무 일이 없을 것이다."²⁷⁷

『부주』30-7-1 ___ 서산(西山) 진씨(眞氏 : 眞德秀)가 말했다. "상채(上蔡 : 謝良佐)의 위 두 단락의 말²⁷⁸은 인욕(人欲)을 제거하고 천리(天理)를 보존하는 절실한 공부이다."

『질서』24-2 ___ "가져와서 베어낸다"고 하였는데, 그 방법은 어디에 있는가? 욕심을 적게 하는 데〔寡慾〕에 있을 뿐이다. 병근(病根)을 찾아보면 다만 스스로 편하고자〔自便〕 함에 있을 뿐이다. 이 마음이 제거되지 않는다면 비록 베어내고자 해도 그럴 수 없다. 만약 먹고 마심에 맞난 맛을 박하게 하고, 옷을 입는데 검소한 것을 높이며, 거마(車馬)와 궁실(宮室)과 처첩(妻妾)의 봉양을 절제하여 덜어내지 않음이 없고 그것을 즐기고 좋아하는〔嗜好〕 바가 없다면, 부귀(富貴)를 구해도 장차 쓸 곳이 없게 될 것이다. 그런 다음에 바야흐로 부귀(富貴)를 부운(浮雲)처럼²⁷⁹

---

277 물었다 외부(외물)에 …… 없을 것이다 : 『上蔡語錄』 권1. 游子問謝子曰: "公於外物一切放得下否?" 謝子謂胡子曰: "可謂切問矣." 胡子曰: "何以答之?" 謝子曰: "實向他道, 就上面做工夫來." 胡子曰: "如何做工夫?" 謝子曰: "凡事須有根, 屋柱無根, 折却便倒. 樹木有根, 雖翦枝條相次又發. 如人要富貴, 要他做甚? 必須有用處, 尋討要用處病根, 將來斬斷, 便沒事." 역시 『西山讀書記』 권4에 위의 인용에 이어 인용되어 있다. 인용 방식과 내용에서 볼 때, 『附註』는 『西山讀書記』의 인용을 재인용한 것으로 보인다. 『西山讀書記』에는 이 두 인용에 이어 "按上蔡後二段語, 乃去人欲存天理切實工夫, 故附此."라고 했다. 이는 바로 다음에 이어지는 내용에서 알 수 있듯이 『附註』에 그대로 인용되어 있다.
278 상채(上蔡)의 위 …… 단락의 말 : 위의 주 276)과 277)를 참조.
279 부귀(富貴)를 부운(浮雲)처럼 : 『論語』, 「述而」에서 공자는 "불의한데 부귀를 누리는 것은 나에게 뜬구름과 같다.〔不義而富且貴, 於我如浮雲.〕"고 말한다.

볼 수 있게 된다.

『부주』30-8 ― 물었다. "마음을 기름에 욕심을 적게 하는 것보다 좋은 것은 없다.'라고 했습니다. 마음을 기르는 것은 또한 다만 마음을 비우는 것입니까?" 주자(朱子)가 말했다. "진실로 그러하다. 만약 눈앞의 일마다 구하려 한다면 이 마음은 곧 한가지로 밖으로 나간다. 그래서 이천(伊川 : 程頤)은 사람들을 가르침에 다만 결코 그들이 다른 곳에 그 마음을 쓰지 못하도록 하였다. 사람들로 하여금 글씨 쓰는 것을 배우지 못하게 하였으며, 사람들로 하여금 시문(詩文) 짓는 것을 배우지 못하게 하였다. 이것은 편벽된 것이 아니라 도리가 본래 그와 같은 것이다.

사람은 다만 하나의 마음을 가지고 있으니 어떻게 나누어 여러 가지를 할 수 있겠는가? 만약 다만 한가한 곳에 나아가 마음을 쓴다면 마땅히 써야 할 곳에 이르러서는 이 본래의 것에서 전혀 힘을 얻지 못할 것이다. 욕심을 적게 하려 함에는 이 마음을 보존하는 것이 가장 어려운 것이니, 탕(湯) 임금과 무왕(武王)과 같은 성인에 대해서도 맹자는 오히려 "탕 임금과 무왕은 돌이킨 것이다."[280]라고 했다. "소리〔聲〕나 여색〔色〕을 가까이 하지 않고, 재화와 이익을 불리지 않는다."[281]라고 한 것 같은 것도 다만 이 마음을 회복하고자 한 것이다. 『서경』의 「여오(旅獒)」편을 보니, 개 한 마리를 받는다고 해서 무슨 큰일이 있는 것

---

280 탕 임금과 …… 돌이킨 것이다 : 『孟子』, 「盡心下」. 孟子曰: "堯、舜, 性者也; 湯、武, 反之也."
281 소리〔聲〕나 여색〔色〕을 …… 불리지 않는다 : 『書』, 「商書·仲虺之誥」. 惟王, 不邇聲色, 不殖貨利, 德懋懋官, 功懋懋賞, 用人惟己, 改過不吝, 克寬克仁, 彰信兆民.

이 아니지만 반복하여 간절하게 간(諫)하고 있다.[282] 여기에서, 욕심이 두려워 할 만하여 크고 작음의 차이가 없이 모두 소홀히 할 수 없다는 것을 알 수 있다."[283]

『질서』24-3 ＿ 비록 그 마음을 쓰는 것을 허용한다고 해도 한가한 곳에 쓰는 것을 허용하지는 않는다는 것이다. 마음을 쓰는 것을 허용하는 것은 마땅히 써야할 곳에 마음을 쓰는 경우이다. 마음을 쓰는 것은 쓸모가 있기를 기약하는 것이니 이른바 '본래의 것'이라는 것이 그것이다. 『주자어류』를 보면, '시문(詩文)'은 '문장(文章)'으로 되어 있다.[284]

『질서』24-4 ＿ '욕심을 적게 함은 이 마음을 보존하는 것이다.'라고 한 것은, 욕심을 적게 하여 마음을 기른다는 의미이다. 까닭에 "소리와 여색을 가까이 하지 않고, 재화와 이익을 불리지 않는 것은 다만 이 마음을 회복하고자 한 것이다."라고 말한 것이다.

---

282 『서경』의 「여오(旅獒)」편을 …… 간(諫)하고 있다 : 『書』, 「周書·旅獒」참조.
283 물었다 마음을 …… 알 수 있다 : 『朱子語類』61:70. 敬之問: "'養心莫善於寡欲', 養心也只是中虛." 曰: "固是. 若眼前事事要時, 這心便一齊走出了. 未是說無, 只減少, 便可漸存得此心. 若事事貪, 要這箇, 又要那箇, 未必便說到邪僻不好底物事, 只是眼前底事, 才多欲, 便將本心都紛雜了. 且如秀才要讀書, 要讀這一件, 又要讀那一件, 又要學寫字, 又要學作詩, 這心一齊都出外去. 所以伊川教人, 直是都不去他處用其心, 也不要人學寫字, 也不要人學作文章. 這不是僻, 道理是合如此. 人只有一箇心, 如何分做許多去! 若只管去閑處用了心, 到得合用處, 於這本來底都不得力. 且看從古作爲文章之士, 可以傳之不朽者, 今看來那箇喚做知道? 也是此初心下只趣向那邊, 都是做外去了. 只是要得寡欲, 存這心最是難. 以湯武聖人, 孟子猶說湯·武反之也'. 反, 復也, 反復得這本心. 如不邇聲色, 不殖貨利', 只爲要存此心. 觀《旅獒》之書, 一箇獒, 受了有甚大事, 而反覆切諫. 以此見欲之可畏, 無小大, 皆不可忽."
284 『주자어류』를 보면 …… 되어 있다 : 위의 주 283) 참조.

『부주』30-9 ___ (朱子가) 또 말했다. "사람이 가장 알기 어렵다. 어떤 사람은 몸을 받듦이 매우 검소하고 인색하여, '그 지조를 채우려면 위로는 마른 흙을 먹고 아래로는 흙탕물을 마셔야'[285]할 것이지만 도리어 다만 관직을 사랑하고, 어떤 사람은 몸을 지킴은 맑고 고되나 여색(女色)을 좋아한다. 그들은 다만 사욕(私欲)을 극복하지 못하였기 때문에 일에 임하여 다만 이것들의 중함이 보였을 뿐이다." 어떤 이가 이르기를 "이러한 사람들은 이하의 사람들보다 분수(分數)가 나은 듯합니다."라고 하니, 대답하기를 "그와 같이 말할 수 없다. 병이 있기만 하면 곧 좋지 않은 것이니, 다시 분수(分數)로 논할 수 없다. 그가 다만 관직을 사랑한다면 곧 아버지와 군주를 죽이는 것이라도 감히 할 것이다."라고 하였다.[286]

『질서』24-5 ___ "已下"는 "以下"와 같으니, 이런 등급 이하라는 말이다.

『부주』30-10 ___ 면재(勉齋) 황씨(黃氏 : 黃榦)가 말했다. "맹자는 일찍이 '놓여진 마음을 구할 것'[287]을 말했고, 또한 '마음을 보존할 것'[288]을

---

285 그 지조를 …… 흙탕물을 마셔야 : 『孟子』, 「滕文公下」. 孟子曰: "於齊國之士, 吾必以仲子爲巨擘焉. 雖然, 仲子惡能廉? 充仲子之操, 則蚓而後可者也. 夫蚓, 上食槁壤, 下飮黃泉. 仲子所居之室, 伯夷之所築與? 抑亦盜跖之所築與? 所食之粟, 伯夷之所樹與? 抑亦盜跖之所樹與? 是未可知也."
286 또 말했다 …… 할 것이다 : 『朱子語類』 13:104. 人最不可曉. 有人奉身儉嗇之甚, 充其操 '上食槁壤, 下飮黃泉'底, 卻只愛官職; 有人奉身淸苦而好色. 他只緣私欲不能克, 臨事只見這箇重, 都不見別箇了. 或云: "似此等人, 分數勝已下底." 曰: "不得如此說. 才有病, 便不好, 更不可以分數論. 他只愛官職, 便弑父與君也敢!"
287 놓여진 마음을 구할 것 : 『孟子』, 「告子上」. 學問之道無他, 求其放心而已矣.
288 마음을 보존할 것 : 『孟子』, 「盡心上」. 存其心, 養其性, 所以事天也.

말했다. '잡으면 보존되고 놓아두면 잃어버린다.'[289]고 하여, 마음의 존망(存亡)이 잡음과 놓아둠에서 결정된다고 하였다. 그런데 또한 말하기를 '(마음을 기름에) 욕심을 적게 하는 것보다 더 좋은 것은 없다.'라고 한 것은 어째서인가? 잡아서 보존하는 것은 본래 학자가 먼저 힘써야 할 것이다. 그러나 사람에게 오직 한 마음이 있는데 그것을 공격하는 것은 많아서, 소리와 색깔과 냄새와 맛이 바깥에서 교접하고 영예와 욕됨과 이익과 해악이 안에서 동요시켜, 자극에 따라 반응하는 것이 그침이 없다. 그런즉 또한 청명(清明)하고 순일(純一)한 본체를 어찌 능히 항상 보존하여 놓지 않으리라 보장할 수 있겠는가?

'문을 나서면 손님을 맞이하는 듯이 하고, 일을 받듦에는 제사를 지내듯이 하라'[290]는 것은 부자(夫子: 孔子)가 중궁(仲弓)에게 말씀한 것으로, '잡아 보존하는 것'을 말한 것이다. '예(禮)가 아니면, 보고 듣고 말하고 행동하지 말라'[291]고 한 것은 부자(夫子)가 안연(顏淵)에게 말씀한 것으로, '욕심을 적게 하는 것'을 말한 것이다. 두 사람이 인(仁)을 물은 것은 같았으나 부자(夫子)가 다르게 말씀한 것은 아마도 그 둘이 도달한 바에 본래 깊고 얕음이 있어서였을 것이다. 성(城)을 높이 쌓고 못을 깊게 파며, 문을 겹겹이 하고 목탁을 두들겨 경계를 한다면 본래 넉넉히 자신을 지킬 수 있다. 그러나 안에는 간사한 자가 있고 밖에는

---

289 잡으면 보존되고 놓아두면 잃어버린다 : 『孟子』, 「告子上」. 孔子曰: "操則存, 舍則亡. 出入無時, 莫知其鄉." 惟心之謂與?
290 문을 나서면 …… 지내듯이 하라 : 『論語』, 「顏淵」. 仲弓問仁. 子曰: "出門如見大賓, 使民如承大祭. 己所不欲, 勿施於人. 在邦無怨, 在家無怨." 仲弓曰: "雍雖不敏, 請事斯語矣."
291 예(禮)가 아니면 …… 행동하지 말라 : 『論語』, 「顏淵」. 顏淵問仁. 子曰: "克己復禮爲仁. 一日克己復禮, 天下歸仁焉. 爲仁由己, 而由人乎哉?" 顏淵曰: "請問其目." 子曰: "非禮勿視, 非禮勿聽, 非禮勿言, 非禮勿動." 顏淵曰: "回雖不敏, 請事斯語矣."

도적이 있어 틈을 엿보고 기회를 엿봄에 한번 조금이라도 해이해 지는 바가 있으면 그를 틈타는 자가 이른다. 좋은 장수와 굳센 병졸들이 갑옷을 견고히 하고 무기를 날카롭게 하여 요사스러운 기운을 쓸어 제거하면 하늘은 맑고 땅은 평탄해 진다. 이것이 맹자가 '잡아 보존하는' 설을 천명하여 밝히고 나서 또한 '욕심을 적게 하는 것보다 좋은 것은 없다.'라고 한 까닭이다. 비록 그러하나 '욕심을 적게 하는 것이 본래 좋은 것이지만 천리(天理)와 인욕(人欲)의 구분을 참되게 알지 못하면 무엇으로 그 이겨 다스리는 공부를 시행할 수 있겠는가! 그러므로 사물에 나아가 지식을 확장하는 것이 욕심을 적게 하는 것의 요체가 되는 것이다. 이것은 배우는 자가 마땅히 살펴야 할 바이다."292

『**질서**』24-6 ── '문을 나서면 손님을 대하듯 하고, 일을 받듦에는 제사를 지내듯이 한다.'293고 한 것은 구계(臼季)가 진문공(晉文公)에게 말한

---

292 면재(勉齋) 황씨(黃氏)가 …… 할 바이다: 『勉齋集』 권2. 【孟子曰: "養心莫善於寡欲" 一章】 "孟子嘗言'求放心'矣, 又言'存其心'矣. '操之則存, 舍之則亡', 心之存亡, 決於操舍, 而又曰'莫善於寡欲', 何也? 操存固學者之先務. 然人惟一心, 攻之者衆, 聲色臭味交乎外, 榮辱利害動乎內, 隨感而應, 無有窮已, 則淸明純一之體, 又安能保其常存而不放哉? 夫心之所以易放而難操者, 以其有欲也. 塵去則鏡明, 風靜則水止. 凡天下之可喜可嗜者, 擧不足以爲吾之慮, 則心之虛靈, 淡然泊然, 有不待操而自存矣. 出門如賓, 承事如祭, 夫子之告仲弓, 操存之謂也. 非禮勿視, 非禮勿聽, 非禮勿言, 非禮勿動, 夫子之告顔淵, 寡欲之謂也. 二子之問仁則同, 而夫子告之之異者, 豈其所到固有淺深歟! 高城深池, 重門擊柝, 固足以自守矣. 內姦外宄, 投隙伺便, 一有少懈, 而乘之者至矣. 良將勁卒, 堅甲利兵, 掃除妖氛, 而乾淸坤夷矣. 此孟子發明操存之說, 而又以爲'莫善於寡欲'也. 雖然, 寡欲固善矣, 然非眞知夫天理人欲之分, 則何以施其克治之功哉? 故格物致知, 又所以爲寡欲之要, 此又學者之所當察也. 聖賢諄諄之誨, 無非爲人心慮也. 學者讀此書, 而不知養其心, 謂之非愚, 可乎?" 굵은 글씨로 표시된 것은 생략된 부분이다.
293 문을 나서면 …… 지내듯이 한다: 『春秋左氏傳』 僖公33年. 臼季가 晉文公에게 한 말의 全文은 "敬, 德之聚也. 能敬必有德. 德以治民, 君請用之! 臣聞之, 出門如賓, 承事如祭,

것이다. 여기에서는 마땅히 '백성을 부림에 제사를 지내듯이 한다.'라고 해야 한다. 이것은 (원문을) 제대로 확인하지 않은 것이다.

『질서』24-7 ▯ 종전의 여러 학자들은 마음을 기르는 것을 마음을 보존하는 것으로 보았다. 그래서 욕심을 적게 하는 것을 벽초(劈初, 처음 따개고 들어가는) 공부로 여겼다. 면재(勉齋 : 黃榦)에 이르러, 잡아 보존하는 것을 중궁(仲弓)에 속하게 하고 자기를 이기는 것을 안연(顔淵)에 속하게 하며, 얕고 깊음이 있다고 하여 그들을 성을 높게 쌓고 못을 깊이 파는 것과 요사스러운 기운을 쓸어 제거하는 것에 비견하였으니, 잡아 보존하는 것이 욕심을 적게 하는 것의 앞에 있어야 한다는 것이다. 그런데 일찍이 생각건대, 욕심은 비록 이겨 다스릴 수 있으나 만약 먼저 잡아 보존하는 공부가 없으면 외부의 유혹의 침범이 천 갈래 만 갈래여서 장차 다 이겨낼 수 없다. 잡아 보존하는 것은 놓아 잃어버리는 것과 서로 대립되는 것이니 반드시 먼저 놓아 잃어버리는 병통을 제거해야 비로소 욕심을 적게 하는 공부를 할 수 있게 된다. 그것을 적게 하고 더욱 적게 함에 마음이 여기에서 그 기름을 얻게 된다. 그러므로 잡아 보존하는 공부는 처음과 끝을 통하여 관통한다. 이것이 면재(勉齋)의 뜻이다. 또 생각건대, 공자는 "자기를 이길 것"을 말했는데, '자기'라는 것은 몸이니, 이길 수는 있지만 제거할 수는 없다. 맹자는 "욕심을 적게 할 것"을 말했는데, '욕심'이란 것은 귀와 눈과 입과 코와 사지(四肢)의 욕구이니, 적게 할 수는 있지만 멸하여 종식시킬 수는 없다. 면재는 그것을 도적과 요사스러운 기운에 비유하여 소탕할 것을 기약하였다. 이

仁之則也."이다.

것은 거의, 뿌리를 멸하고 티끌까지 갈아서 공적(空寂)하게 되는 석씨(釋氏, 불교)의 가르침에 가깝다. 말과 뜻 사이에 자세히 살피지 않을 수 없는 것이다. 마땅히 아래 장의 섭씨(葉氏)의 설[294]과 통하여 봐야 한다.

---

[294] 아래 장의 섭씨(葉氏)의 설:『心經附註』31-3. 어떤 이가 물었다. "孟子와 周子의 말에 다름이 있습니까?" 葉氏(葉采)가 말했다. "맹자가 욕심이라고 한 것은 耳目口鼻와 四肢의 욕구로서 사람에게 없을 수 없는 것이다. 그러나 많고 절제가 없으면 마음에 해가 된다. 周子의 경우는 마음이 욕망에 흘러간 것을 가리킨 것이니, 이것은 있어서는 안 된다. 가리킨 바에 얕고 깊음의 다름이 있는 것이다. 그러나 맹자의 '욕심을 적게 함〔寡欲〕'으로 말미암아 周子의 '욕심을 없게 함〔無欲〕'을 다 실현할 수 있을 것이다."

25 「양심설(養心說)」

『심경』31 ___ 주자(周子: 周敦頤, 濂溪)의 「양심설(養心說)」에 이르기를 "맹자는 '마음을 기름에 욕심을 적게 하는 것보다 좋은 것은 없다. 그 사람됨이 욕심이 적으면 비록 보존하지 못함이 있다 해도 적을 것이며, 그 사람됨이 욕심이 많으면 비록 보존함이 있다 해도 적을 것이다.'라고 했다. 나는 마음을 기름은 욕심을 적게 하여 보존함에 그치는 것이 아니라고 생각한다. 대개 적게 해서 없는 데에 이르는 것이니, 없으면 성(誠)이 서고 명(明)이 통한다. 성(誠)이 서면 현(賢)이고, 명(明)이 통하면 성(聖)이다. 성(聖)과 현(賢)은 본성으로 타고나는 것〔性生〕이 아니라 반드시 마음을 길러서 그것에 이르는 것이다. 마음을 기름의 좋은 것이 큼이 있는 것이 이와 같으니, 그 사람에게 달려 있을 따름이다."[295]라고 하였다.

---

295 맹자는 마음을 …… 있을 따름이다:『周敦頤集』권3「養心亭說」. 孟子曰: "養心莫善於寡欲. 其爲人也寡欲, 雖有不存焉者, 寡矣; 其爲人也多欲, 雖有存焉者, 寡矣." 予謂養心不止於寡焉而存耳. 蓋寡焉以至於無, 無則誠立明通. 誠立, 賢也; 明通, 聖也. 是聖賢非性生, 必養心而至之. 養心之善有大焉如此, 存乎其人而已.
『中庸章句』제21장에 "自誠明, 謂之性; 自明誠, 謂之教. 誠則明矣, 明則誠矣."라 하였고, 그 注에 "德無不實而明無不照者, 聖人之德. 所性而有者也, 天道也; 先明乎善, 而後能實其善者, 賢人之學. 由教而入者也, 人道也. 誠則無不明矣, 明則可以至於誠矣."라고 했다. 주렴계의 이 장에서의 誠明論은『中庸』원문에 기초한 것이라고 할 수 있으며, 朱子의 注는 주렴계의 생각을 이해하는 데 도움이 될 수 있을 것이다. 다만 聖人과 賢人의 차이에 대한 이해 등 그 구체적인 내용에서는 다양한 견해가 있을 수 있다.『心經講錄』에 의하면 誠은 '實理가 마음에 있는 것'이다. 즉, 진실하고 성실한 것을 의미한다. 인간됨의 기본 바탕에 충실한 것으로, 忠恕로 말하면 忠이라고 할 수 있고, 文質로 말한다면 '質'에 해당하는 것이라고 할 수 있다. 明은 '비추지 않음이 없다'라고 했다. 이는 곧 지적 탁월성을 의미한다. 그를 통해 자신의 충실성을 확대하여 타자들에게로 전파하여 갈 수 있다는 점에서 그것은 恕의 능력이요, 文에 해당하는 것이라고 할 수 있다.

『부주』31-1 ─ 주자가 말했다. "주자(周子)가 '욕심을 적게 해서 없는 데 이른다.'라고 말한 것은, 대개 사람들이 욕심을 적게 하면 곧 다 되었다고 여길까 염려해서이다. 까닭에 적게 하는데 그치지 않고 반드시 없는데 이른 후에야 좋다라고 말한 것이다. 그러나 무(無)의 공부는 욕심을 적게 할 수 있는데서 말미암으니, 욕심이 없는데 이르는 것은 성인(聖人)이 아니면 가능하지 않다."²⁹⁶

『부주』31-2 ─ (주자가) 또 말했다. "'성(誠)이 선다.'는 것은 실체(實體)가 편안하고 확고함[安固]을 의미하며, '명(明)이 통한다.'는 것은 실용(實用)이 유행(流行)함을 의미한다."²⁹⁷

『질서』25 ─ 실다운 체(體)가 편안하고 확고하게 된 이후에 실다운 용(用)이 유행된다. 성인(聖人)은 그것들을 겸(兼)하니, 안에서 뜻이 성(誠)하여²⁹⁸ 밖으로 명(明)이 통하는 것이다.

---

296 주자가 말했다 …… 가능하지 않다 : 『朱子語類』 94:221. "濂溪言'寡欲以至於無', 蓋恐人以寡欲爲便得了, 故言不止於寡欲而已, 必至於無而後可耳. 然無底工夫, 則由於能寡欲. 到無欲, 非聖人不能也." 曰: "然則'欲'字如何?" 曰: "不同. 此寡欲, 則是合不當如此者, 如私欲之類. 若是飢而欲食, 渴而欲飮, 則此欲亦豈能無? 但亦是合當如此者."
297 또 말했다 …… 유행(流行)되는 것이다 : 『近思錄集解』 권5 「克治類」. 注(遺文). 朱子曰: "'誠立'謂實體安固, '明通'則實用流行. '立'如三十而立之立. '通'則不惑知命而鄕乎耳順矣.
298 뜻이 성(誠)하여 : 내용 상 '誠이 서서(誠立)'일 수 있지만 대본들에 따라 그대로 해석하였다.

26 『통서(通書)』

『심경』32 ___ 주자(周子 : 周敦頤, 濂溪)의 『통서(通書)』에 이르기를, "'성인(聖人)은 배워서 될 수 있습니까?'하니, '그렇다.'라고 말했다. '요체가 있습니까?'하니, '있다.'라고 말했다. '묻습니다.'하니, '일(一)이 요체이니, 일(一)이라는 것은 욕심이 없는 것이다. 욕심이 없으면, 정(靜)할 때는 허(虛)하고 동(動)할 때는 직(直)하다. 정(靜)할 때 허(虛)하면 명(明)하고, 명(明)하면 통(通)한다. 동(動)할 때 직(直)하면 공(公)하고, 공(公)하면 보(溥, 두루 미침)한다. 명(明)하여 통(通)하고 공(公)하여 보(溥)하면 거의 될 것이다!'라고 말했다."[299]라고 하였다.

---

[299] 성인(聖人)은 배워서 …… 라고 말했다 : 『周敦頤集』 권2「通書·聖學」第二十. "聖可學乎?" 曰: "可." 曰: "有要乎?" 曰: "有." "請聞焉." 曰: "一爲要, 一者無欲也. 無欲靜虛動直, 靜虛則明, 明則通; 動直則公, 公則溥. 明通公溥, 庶矣乎!"
  '一'이란 마음이 여러 갈래로 흩어지지 않는 것을 의미한다. 즉, 단일성을 유지한다는 것으로서, 욕심이 없을 때 靜과 動을 관통하여 그렇게 될 수 있다는 것이다. 靜과 動은 모두 마음의 어떤 상태를 가리키는 말이다. 靜은 아직 外物과 접하기 이전 고요하고 텅 빈 상태로 있는 것을 의미한다. 그것을 虛라고 하였다. 즉, 靜의 이상적 상태는 미리 어떠한 생각도 자리 잡고 있지 않은 순수한 상태이다. 거울이 사물을 비추기 전 티끌 없이 맑아 밝게 빛나고 있는 상태라고 할 수 있다. 動은 마음이 외부 사물과 접촉하여 운동하는 상태로서, 그것의 이상적인 상태를 直이라고 했다. 거울이 사물을 있는 그대로 왜곡 없이 비추는 상태라고 할 수 있다. 마음이 靜할 때 虛하면 明하고 明하면 通한다고 한 것은 거울이 맑아 밝게 비추어 낼 수 있다는 것으로, 마음의 인식적 능력을 지적한 말이고, 마음이 動할 때 直하면 公하고 公하면 溥하다고 하는 것은 그러한 내적인 인식적 능력에 기초하여 타자들과 공정한 관계를 맺을 수 있으며 그를 통해 널리 두루 미칠 수 있다는 것으로 마음의 실천적(도덕적, 정치적) 능력과 활동을 지적한 말이라고 할 수 있다. 마음의 인식적이고 실천적 능력을 온전히 발휘하는 이가 곧 聖人이다. 周濂溪는 마음이 이러한 인식적이고 실천적인 능력을 제대로 발휘하기 위해서는, 곧 聖人이 되기 위해서는, 분산되지 않는 단일성을 유지하는 것이 핵심이며, 그를 위해서는 욕심을 없애야 한다고 주장하는 것이다.

『질서』26-1 ___ 명(明)하면 용(用)에 통(通)하고, 공(公)하면 중(衆)에 보(溥)한다.[300]

『부주』32-1 ___ 주자(朱子)가 말했다. "'일(一)이라는 것은 욕심이 없는 것이다.' 지금 시험 삼아 보건대 욕심이 없을 때 마음이 어찌 하나가 아니겠는가? 사람들은 다만 욕심을 가지기 때문에 이 마음이 곧 천 갈래 만 갈래가 되는 것이다."[301]

『부주』32-2 ___ 또 말했다. "주(周) 선생은 '일(一)이라는 것은 욕심이 없는 것이다.'라고 하였다. 그러나 이 화두(話頭)는 고원(高遠)하여 갑자기 급하게 도달하기가 어려우니, 일반인들이 어찌 곧 욕심을 없앨 수 있겠는가? 그러므로 이천(伊川)은 다만 경(敬) 자를 말하였다. 사람들로 하여금 다만 경(敬) 자 위에 나아가 밀고 나가게 하면 거의 안정을 얻어 착수할 곳을 가지게 된다. 설혹 그렇게 하지 못해도 또한 잘못에 이르지는 않는다. 요컨대 모두 다만 사람들이 이 마음에서 분명하게 볼 수 있기만 하다면 자연히 얻는 것이 있다는 것이다. 그러나 지금

---

[300] 명(明)하면 용(用)에 …… 중(衆)에 보(溥)한다 : '用'은 實用으로서, 우리의 삶을 바꿀 수 있는 실제적인 정치 사회 경제적 제도와 실생활의 향상에 도움을 주는 器用과 기술 등을 포괄적으로 지칭하는 것으로, 지적 명철성을 가지고 있으면 그러한 데 통달할 수 있다는 것이다. '衆'은 뭇 사람을 의미하는 것으로서, 公的인 정당성을 확보하면 國과 天下의 모든 사람에게 영향을 미칠 수 있다는 것이다.
[301] 주자(朱子)가 말했다 …… 되는 것이다 : 『朱子語類』94:190. 問: "伊川云'爲士必志於聖人', 周子乃云'一爲要, 一者, 無欲也', 何如?" 曰: "若注釋古聖賢之書, 恐認當時聖賢之意不親切, 或有誤處. 此書乃周子自著, 不應有差. '一者, 無欲, 一便是無欲. 今試看無欲之時, 心豈不一?" 又問: "比主一之敬如何?" 曰: "無欲之與敬, 二字分明. 要之, 持敬頗似費力, 不如無欲撒脫. 人只爲有欲, 此心便千頭萬緖. 此章之言, 甚爲緊切, 學者不可不知."

경(敬)을 말하는 사람들은 곧 모두 바깥일에 신경을 쓸 뿐 직접적으로 마음에서 공부할 줄은 알지 못한다. 드디어 위로 얽매이고 아래로 떨어지려 하여[302] 쾌활하지 못하게 되니, 당장 놓여 진 마음을 구하는 데서 공부를 하면 훨씬 힘이 덜 드는 것만 같지 못하다."[303]

『질서』26-2 ── 마음에 공력을 들이지 않으므로 위로 얽매이고 아래로 떨어진다. 그래서 쾌활하지 못하다는 것이다.

『질서』26-3 ── 경(敬)을 말하는 것은 잠시 제쳐두고 먼저 놓여 진 마음을 구하는 데 공력을 들여, 구하여 보존하면, 경(敬)은 또한 순조롭게 실현할 수 있다. 그래서 힘이 덜 드는 것이다.

---

302 위로 얽매이고 아래로 떨어지려 하여 : '累墜'에 대해 『心經講錄』에서는 "'累'者, 爲所繫累, '墜'者, 如物懸係欲墜之狀, 皆心病也."라고 하였다. 『心經釋義』에서는 '累', 累卵之類, '墜'者, 如物懸繫欲墜之狀, 皆言其不安也. 라고 했다. '累'에는 '묶다'라는 뜻과 '포개다'는 뜻이 있는데, 『心經講錄』은 전자를, 『心經釋義』는 후자의 뜻을 취한 것이다. 대체로 위태롭고 편안하지 못한 모습을 가리킨다.
303 또 말했다 …… 같지 못하다 : 『朱子語類』 12:79. 今說此話, 卻似險, 難說. 故周先生只說 "一者, 無欲也". 然這話頭高, 卒急難湊泊. 尋常人如何便得無欲! 故伊川只說箇"敬"字, 教人只就這"敬"字上捱去, 庶幾執捉得定, 有箇下手處. 縱不得, 亦不至失. 要之, 皆只要人於此心上見得分明, 自然有得爾. 然今之言敬者, 乃皆裝點外事, 不知直截於心上求功, 遂覺累墜不快活. 不若眼下於求放心處有功, 則尤省力也. 但此事甚易, 只如此提醒, 莫令昏昧, 一二日便可見效, 且易而省力. 只在念不念之間耳, 何難而不爲!

27 사물(四勿)

『심경』33 ____ 정자(程子, 伊川)가 말했다. "안연(顔淵)이 자기를 이겨 예(禮)로 돌아가는 것의 조목(條目)을 물으니 공자께서 말했다. '예(禮)가 아니면 보지 말고, 예가 아니면 듣지 말고, 예가 아니면 말하지 말고, 예가 아니면 움직이지 말라.' 이 네 가지는 몸〔身〕의 용(用)이다. 속(마음)으로 말미암아 바깥(사물)에 응하는 것이니, 바깥을 제어하는 것은 그 속을 기르는 방법이다. 안연이 이 말을 일삼은 것이 성인(聖人)에로 나아간 방법이었으니, 배우는 자는 가슴에 새겨 잃지 않아야 한다. 인(因)하여 잠(箴)을 지어 스스로 경계한다.

그 「시잠(視箴)」에서 말했다. '마음이란 본래 허(虛)하여 외물(外物)에 대응함에 자취가 없다. 그것을 잡는 데는 요체가 있으니, 보는 것이 그 준칙이 된다. (외물이) 덮어 가림이 (눈) 앞에서 번갈아 일어나면 그 속(마음)은 옮겨 가니, 바깥에서 제어하여 그 안을 편안하게 하는 것이다. 자기를 극복하여 예로 돌아가면 오랜 시간이 흐른 후 성(誠)하게 된다.'

그 「청잠(聽箴)」에서 말했다. '사람에게 병이(秉彝, 가진 彝倫) 있으니 천성(天性)에 근본 한 것이다. 지각이 외물에 유혹돼 변화하여, 드디어 그 바름을 잃는다. 탁월한 저 선각자는 머무를 곳을 알아 정(定)함이 있다.[304] 사(邪)를 막고 성(誠)을 보존하여 예(禮)가 아니면 듣지 말지니라.'

그 「언잠(言箴)」에서 말했다. '사람의 마음의 움직임은 말에 의해 펼

---

304 머무를 곳을 …… 정(定)함이 있다 : 『大學』에 "知止而后有定, 定而后能靜, 靜而后能安, 安而后能慮, 慮而后能得."이라고 한 것에 기초한 것이다. 이에 대해 주자는 "止者, 所當止之地, 卽至善之所在也. 知之, 則志有定向."이라고 주석하였다.

쳐진다. (말을) 발함에 성급함과 망령됨을 금하면 안은 이에 고요하고 전일해 진다. 하물며 그것은 추기(樞機)로서, 전쟁을 일으키기도 하고 우호(友好)를 낳기도 한다. 길(吉)함과 흉(凶)함과 영예〔榮〕와 욕됨〔辱〕은 오직 그것이 불러 오는 것이다. 지나치게 쉽게 하면 허탄하게 되고, 지나치게 번쇄하면 지리(支離)하다. 내가 멋대로 하면 상대는 거스르고, 나가는 것이 어그러지면 들어오는 것이 어긋난다. 법언(法言)이 아니면 말하지 말지니, 훈계의 말을 공경히 하라!'

그 「동잠(動箴)」에서 말했다. '명철한 사람〔哲人〕은 기미〔幾〕를 아니, 생각함에서 성(誠)하게 한다. 뜻있는 선비〔志士〕는 행동을 엄격하게 하니, 행위에서 지킨다. 이(理)에 순응하면 넉넉하고 욕심을 따르면 오직 위태롭다. 급박한 순간에도 잘 생각하고, 두려워하고 조심하여 스스로를 지켜야 한다. 습관이 본성과 더불어 이루어지면〔習與性成〕 성현(聖賢)과 함께 돌아가리라.'"[305]

『부주』33-2 ___ 물었다. "「시잠(視箴)」은 어째서 특히 마음〔心〕을 말하고, 「청잠(聽箴)」은 어째서 특히 성(性)을 말한 것입니까?" 대답했다. "서로 바꾸어 말해도 또한 된다. 그러나 속담에 이르기를 '눈을 뜨면 곧 잘못한다.'고 하였다. 그래서 보는 것에 대해서는 마음에 나아가 말한 것이다. '사람에게 가진 이륜(彝倫)〔秉彝〕이 있어 천성(天性)에 근본한다.'라고 하였으니 도(道)는 본래 스스로 여기에 있지만 바깥의 언어가 섞여 들어옴에 인하여 그것에 유혹된다. 그래서 듣는 것에 대해서는 성(性)에 나아가 말한 것이다."[306]

---

[305] 안연(顔淵)이 자기를 …… 함께 돌아가리라 : 『二程文集』 권9, 「四箴幷序」.
[306] 물었다. "「시잠(視箴)」은 …… 말한 것이다 : 『朱子語類』 41:73. 問: "由乎中而應乎外,

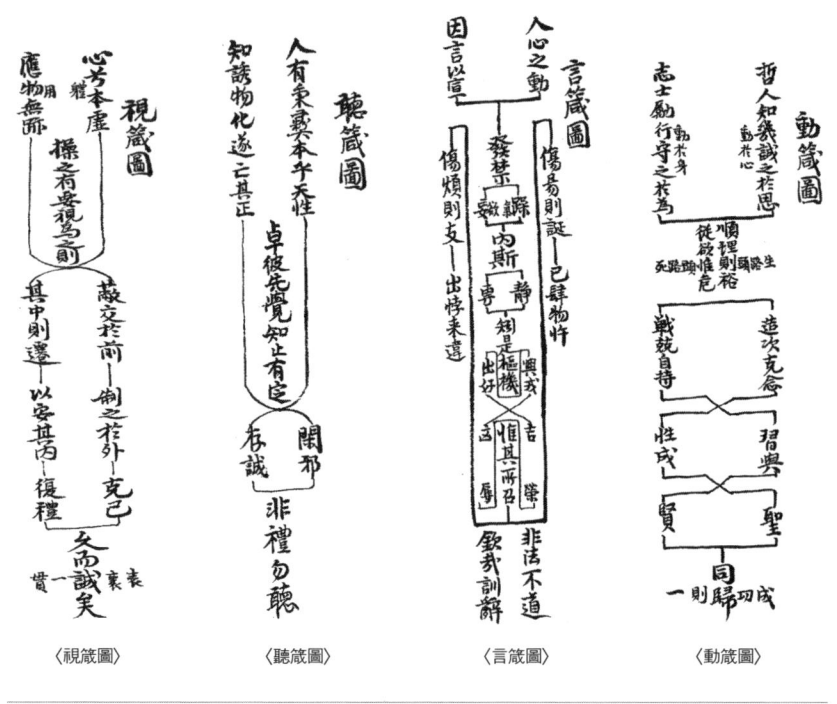

〈視箴圖〉　〈聽箴圖〉　〈言箴圖〉　〈動箴圖〉

『질서』27-1 __ 마음은 기(氣)에 속하고, 성(性)은 이(理)에 속하며, 이(理)는 무위(無爲)이고 기(氣)는 유위(有爲)이다. 까닭에 무릇 발(發)하는 곳에서는 모두 마음을 주로 한다. 보는 것은 내가 가서 사물을 보는 것이니, 이것은 기(氣)가 주(主)가 된다. 까닭에 마음으로 말한 것이다. 듣는 것은 사물이 와서 내가 받아들이는 것이니, 다만 영각(靈覺)이 응하

制於外所以養其中.' 克己工夫從內面做去, 反說'制於外', 如何?" 曰: "制卻在內." 又問: "《視箴》何以特說心? 聽箴何以特說性?" 曰: "互換說, 也得. 然諺云: '開眼便錯.' 視所以就心上說. '人有秉彝, 本乎天性.' 道理本自好在這裏, 卻因雜得外面言語來誘化, 聽所以就理上說."

는 것이고 마음은 아직 발한 적이 없다.[307] 까닭에 이(理)를 주로 하여 본성으로 말한 것이다.

『**질서**』**27-2** ── (내가) 말하면 다른 사람이 듣고, (내가) 움직이면 다른 사람이 보니, 이것이 네 가지가 짝으로 비교되는 이유이다. 인하여 그림을 그려두고 보면서 성찰하고자 한다.

---

307 다만 영각(靈覺)이 …… 적이 없다 : 星湖는 心의 靈覺 곧 知覺과 思慮를 구분한다. 靈覺은 대체로 외물과 접촉하는 가운데 우리의 주관적 판단이 개입하기 전에 일어나는 인지적 작용 혹은 그 내용 곧 感覺 혹은 知覺의 수준의 認知를 가리키는 것이라고 한다면, 思慮는 그에 대한 好惡라고 하는 감성적─맹자 이래 유교에서 감성 혹은 감정은 인간적 실천이요 일종의 판단이었다─이거나 지적인 判斷을 가리킨다. 이러한 구분은 마음의 작용에 대해 이론적으로 규명하고자 하는 이론적 관심이 배제된 것은 아니지만 그보다는 주로 修養的 실천의 영역을 분별해내고자 하는 수양론적, 실천론적 관심에 의해 주도된 것이라고 할 수 있다.

28 「심잠(心箴)」

『심경』34 ___ 범씨(范氏)[308]의 「심잠(心箴)」에서 말했다. "아득하고 아득한 감여(堪輿)는 굽어보고 우러러봄에 끝이 없는데, 사람이 그 사이에서 조그만 몸을 가진다. 이 몸의 미미함은 큰 창고의 낱알과 같으나, (天地 造化에) 참여하여 삼재(三才)가 됨은 오직 마음 때문이다. 옛날부터 지금까지 누군들 마음이 없었겠는가? 마음이 형체(形體)의 부림을 당하여 곧 금수와 같이 되는 것이다. 오직 입과 귀와 눈이 손과 발이 동(動)하고 정(靜)하는 사이, (마음의) 틈새를 파고들어 그 마음의 병이 된다. 미약한 한 마음을 뭇 욕심들이 공격하니, 그 남은 것이 아아, 거의 없다! 군자(君子)가 성(誠)을 보존하여 잘 생각하고 잘 공경하면, 천군(天君, 마음)이 태연(泰然)하여 백체(百體)가 명령에 따르리라."[309]

『질서』28-1 ___ "감여(堪輿)"는 천지(天地)를 말한다. 해석자들이 '굽어보고 우러러 본다'는 말을 붙여서 천(天)을 겸한 것으로 해석하지만[310] 반드시 그런 것은 아니다. 【살피건대[311], 『춘추(春秋)』 애공(哀公) 13년, 『공양

---

308 범씨(范氏): 范浚(1102~1151). 南宋 婺州 蘭溪 사람. 字는 茂明이고, 號는 香溪다. 저서에 『香溪集』이 있다. 「心箴」은 거기에 실려 있다.
309 아득하고 아득한 …… 명령을 따르리라: 『孟子』, 「告子上」의 朱子注에 인용되어 있으며 退溪의 『古鏡重磨方』에도 실려 있다.
310 해석자들이 굽어보고 …… 것으로 해석하지만: 『心經講錄』과 『心經釋義』에 모두 '天地'로 해석하였다. 즉, 堪輿의 본래 의미는 地이지만 여기에서는 '俯仰'이라는 말과 함께 쓰였으므로 '天地'로 해석할 수 있다는 것이다. 그에 대해 성호는 감여라는 말 자체가 이미 '천지'의 의미를 지니고 있다고 주장하는 것이다.
311 살피건대 춘추 …… 것 같다: 이 按은 뒤에 필사자 혹은 성호의 제자 누군가에 의해 부가된 것일 수도 있다.

전(公羊傳)』자(字)『소(疏)』³¹²에 이르기를, "『감여(堪輿)』에서 '9월에 해[日]의 체(體)가 대화(大火)에 있었다.'라고 하였다."라고 하였고, 아래에서 또한 "『감여(堪輿)』(에 나오고), 『성경(星經)』에서도 그렇게 말했다."라고 했으니³¹³, 아마도 (감여는) 천지(天地)를 가리켜 말한 것 같다.】³¹⁴

『질서』28-2 __ "기여(其與)"는 피재(彼哉)"라고 하는 것과 같으니, 보존한 것을 가리킨다. 먼저 "기여(其與)"라고 말한 것은 그 보존하기 어려움을 찬탄한 것이다.【"기여"두 글자는 『주어(周語)』에 나온다. 소공(召公)이, "만약 그들의 입을 막으려 한다면 그것이 얼마나 가능하겠는가?"라고 하였는데³¹⁵, 그 주(註)에 "'여(與)'는 어사(語辭)다."라고 하였다.】³¹⁶

『부주』34-1 __ 물었다. "(『맹자집주』에) 실어 놓으신 범씨(范氏)의 잠(箴)은, 모르겠습니다만 범씨가 누구를 좇아 배웠습니까?" 주자가 말했다. "일찍이 다른 사람을 좇은 것이 아니다. 다만 그 스스로 깨우쳐 알

---

312 『공양전(公羊傳)』자(字)『소(疏)』: 『春秋公羊傳』을 지은 것은 戰國시대의 公羊高, 전한 것은 漢의 公羊壽로 알려져 있다. 何休가 그에 대한 解詁를 썼으며, 疎를 쓴 것은 唐의 徐彦이다.
313 『공양전(公羊傳)』자(字)『소(疏)』에 …… 라고 했으니 : 『春秋公羊傳』哀公13年. (經) 冬, 十有一月, 有星孛于東方. (傳) 孛者何? 彗星也. 其言于東方何? 見于旦也. 何以書, 記異也. 라고 한 부분의 注에 周十一月, 夏九月, 日在房心. 라고 한 부분에 대한 徐彦의 疏에 다음과 같은 내용이 있다. 解云: "《堪輿》云'九月日體在大火', 故曰'日在房心'也. 云'房心, 天子明堂布政之庭', 出《堪輿》,《星經》亦云也."
314 "감여(堪輿)"는 천지(天地)를 …… 말한 것 같다 : 이 조목은 전서본에 이 장의 세번째로 나오지만 국중본에 따라 순서를 바로잡았다. 국중본을 기준으로 『심경질서』 28장의 조목 순서를 삼을 경우, 전서본은 3조목→4조목→1조목→2조목 순으로 배치되어 있다.
315 소공이 만약 …… 라고 하였는데 : 『國語』,「周語上」. 邵公曰: " …… 夫民慮之於心, 而宣之於口, 成而行之, 胡可壅也? 若壅其口, 其與能幾何?"
316 "기여" 두 글자는 …… 라고 하였다 : 국중본에는 이 細註가 없다.

아 이러한 사실을 이처럼 훌륭하게 말한 것이다. 전에 여백공(呂伯恭, 呂祖謙)을 만났는데 이것을 매우 소홀히 여겼다." 물었다. "그러한 말은 다른 사람들도 또한 많이 말한 듯한데, 모름지기 그의 말을 취한 것은 무엇 때문입니까?" 말했다. "바로 이와 같이 말할 수 있는 사람을 드물게 보았기 때문이다." 이 뜻이 대개 이유가 있는 것이다.[317]

『**질서**』28-3 ─ "물었다. 그러한 말은 …… 듯하다."라고 한 것은 백공(伯恭)이 물은 것이고, "말했다. 바로 …… 때문이다."라고 한 것은 주자가 백공에게 답한 것이다. 주자가 전에 문답한 것을 자신의 문인들에게 전해서 말한 것이다. "이 뜻이 대개 이유가 있는 것이다."라고 한 것은 그것으로 백공을 경계시키고자 한 말이다. 이미 문답의 말을 진술하고 나서 또 그 이유를 말한 것이니 대개 백공이 여기에서 미치지 못한 바가 있었기 때문에 그 말이 이와 같았던 것이다.[318]

---

317 물었다 (『맹자집주』에) 실어 …… 있는 것이다 : 이것은 『心經講錄』과 『心經釋義』의 해석에 따라 표점을 붙이고 해석한 것이다.
318 물었다 그러한 …… 같았던 것이다 : 星湖의 해석은 현재 통행되고 있는 中華書局 理學叢書本 『朱子語類』의 표점과 대체로 일치 한다. 그것은 다음과 같다. 『朱子語類』 59: 174. 問:《集注》所載范浚《心銘》, 不知曾從誰學?" 曰:"不曾從人, 但他自見得到, 說得此件物事如此好. 向見呂伯恭甚忽之, 問'須取他銘則甚?' 曰: '但見他說得好, 故取之.' 曰: '似恁說話, 人也多說得到.' 曰: '正爲少見有人能說得如此者. 此意蓋有在也.'" 다만 성호의 해석에 따르면 끝부분은 曰: '正爲少見有人能說得如此者.' 此意蓋有在也."라고 표점해야 할 듯하다. 寒州 李震相도 성호와 기본적으로 같은 해석을 하였다. (『心經箚啓』 해당 부분 참조) 성호의 해석에 따르면 본문의 문제 부분은 다음과 같이 번역할 수 있을 듯하다.
물었다. "(『맹자집주』에) 실어 놓으신 범씨(范氏)의 잠(箴)은, 모르겠습니다만 범씨가 누구를 좇아 배웠습니까?" 주자가 말했다. "일찍이 다른 사람을 좇은 것이 아니다. 다만 그 스스로 깨우쳐 알아 이러한 사실을 이처럼 훌륭하게 말한 것이다. 전에 여백공(呂伯恭, 呂祖謙)을 만났는데 이것을 매우 소홀히 여겨 묻기를 '그러한 말 같은 것을 다른

『부주』34-2 ― 어떤 이가 물었다. "불교에는 관심(觀心, 마음을 본다)의 설이 있는데 그렇습니까?" 대답했다. "마음[心]은 사람이 그것으로 몸의 주인이 되는 바의 것으로, 하나이고 둘이 아닌 것이고, 주인이고 손님이 아닌 것이고, 외물에 명령하되 외물의 명령을 받지 않는 것이다. 까닭에 마음으로 외물을 보면 외물의 이치를 얻는다. 지금 다시 어떤 것을 가져서 그것으로 돌이켜 마음을 본다면 이 마음의 바깥에 다시 하나의 마음을 가져서 이 마음을 주관할 수 있다는 것이다. 그렇다면 이른바 마음이라고 하는 것은 하나인가? 둘인가? 주인인가? 손님인가? 외물에 명령하는 것인가? 외물의 명령을 받는 것인가? 여기에서 또한 헤아려 따짐을 기다리지 않고도 그 말의 오류를 자세히 알 수 있는 것이다."

어떤 이가 말했다. "당신의 말과 같다면 성현(聖賢)이 말씀하신 '정일(精一, 정밀하게 살피고 한결같이 지킴)'과 '조존(操存, 잡아 보존함)'이라고 하는 것은 모두 무엇을 하는 것입니까?" 응답하여 말한다. "이것들은 말은 서로 비슷하지만 같지 않으니, 바로 벼[苗]와 가리지[莠], 붉은색[朱]와 자주색[紫] 사이에 해당하는 것으로서, 배우는 자가 마땅히 분변해야 할 것이다. 무릇 '인심(人心)의 위태로운 것'이라고 한 것은 인욕(人欲)의 맹아이며, '도심(道心)의 은미한 것'이라고 한 것은 천리(天理)의 오묘함이다. 마음은 하나이지만, 바른 것과 바르지 않은 것이 있기에 그 명칭이 달라진 것이다.

'오직 정밀하게 살피고 한결같이 지키는 것'은 그 바른 것에 거처하

사람들도 또한 많이 말하였는데, 모름지기 그의 말을 취한 것은 무엇 때문입니까?'라고 하였다. 나는 대답하기를 '바로 이와 같이 말할 수 있는 사람을 드물게 보았기 때문입니다.'라고 하였다. 이 뜻은 대개 이유가 있는 것이다.

여 그 차이를 살피는 것이요, 그 다른 것은 쫓아내고 그 같은 것에로 돌아가는 것이다. 이와 같이 할 수 있으면 진실로 그 중(中)을 잡아 과불급(過不及)의 치우침이 없게 될 것이다. 도심을 한 마음으로 삼고 인심을 한 마음으로 삼으면서, 또 한 마음을 두어 그것으로 그것들을 정밀하게 살피고 한결같이 지킨다는 것이 아니다.

무릇 '잡아서 보존한다.'라고 한 것은 저것이 이것을 잡아 보존한다는 것이 아니며, '버려서 잃어버린다.'라고 한 것은 저것으로 이것을 버려서 잃어버린다는 것이 아니다. 마음이 스스로를 잡으면 잃어버린 것을 보존하게 되고, 버려서 잡지 않으면 보존한 것을 잃어버리는 것이다. 그러나 그것을 잡음은 또한 '아침부터 낮까지 행한 바로 하여금 그 인의(仁義)의 양심(良心)을 억눌러 없어지게 하지 않는다.'[319]는 것을 말할 따름이고, 흙덩어리처럼 우뚝이 앉아서 그 밝으나 사용하지 않는 지각을 지키고 있으면서 그것을 '잡는다.'고 하는 것이 아니다.

저 성인(聖人)의 학문은 마음에 근본을 두면서 이치를 궁구하며, 이치에 순응함으로써 외물에 응하니, 마치 몸이 팔뚝을 부리고 팔뚝이 손가락을 부리는 것과 같아서, 그 도(道)는 평탄하고 통해 있으며, 그 거처는 넓고 편안하며, 그 이치는 실(實)하고 그 행동거지는 자연스럽다. 석씨(釋氏)의 학문은 마음으로 마음을 구하며, 마음으로 마음을 부리니, 마치 입으로 입을 깨물고 눈으로 눈을 보는 것과 같아서, 그 기틀이 위태롭고 급박하며, 그 길은 험하고 막혔으며, 그 이치는 허(虛)하고, 그 세(勢)는 이치를 거스른다. 대개 그 말에 비록 유사한 점이

---

319 아침부터 낮까지 …… 하지 않는다 : 『孟子』, 「告子上」. 雖存乎人者, 豈無仁義之心哉? 其所以放其良心者, 亦猶斧斤之於木也, 旦旦而伐之, 可以爲美乎? 其日夜之所息, 平旦之氣, 其好惡與人相近也者幾希, 則其旦晝之所爲, 有梏亡之矣.

있지만 그 실제 내용은 같지 않음이 대개 이와 같다. 그러나 저 깊이 생각하고 밝게 분변하는 군자(君子)가 아니라면, 또한 누가 능히 이것에 미혹됨이 없을 수 있겠는가?"

『질서』28-4 ― 인심(人心)을 인욕(人欲)으로 삼는 것은 마땅히 초년설(初年說)이다.[320]

번역 문석윤

---

[320] 인심(人心)을 인욕(人欲)으로 삼는 것은 마땅히 초년설(初年說)이다: 전서본에는 이 조목이 이 장에서 두 번째로 나오지만 국중본에 따라 순서를 바로잡았다. 星湖는 이 책의 첫 번째 장에서 人心과 人欲의 관계 문제에 대해서 논의한 바 있다.

20 「경재잠(敬齋箴)」

『**심경**』35 ─ 주자의 「경재잠」[321]에서 말했다. "의관을 바르게 하고 시선을 공경히 하여, 잠심해서 거처함에 상제를 대하듯 하라. 발의 동작은 반드시 중후하고 손의 모양 반드시 공손히 하여, 땅을 가려 밟음에 개밋둑〔蟻封〕 사이를 꺾어 돌 듯 하라.[322] 문을 나서면 손님 대하듯 일을 받들면 제사를 모시듯, 조심조심 경계하여 혹시라도 감히 소홀함이 없어야 한다. 입단속은 병을 막듯, 경계함은 성(城)을 지키듯, 신중하고 삼가 하여 혹시라도 감히 경솔함이 없어야 한다. 동(東)으로 함에 서(西)로 하지 않고, 남(南)으로 함에 북(北)으로 하지 않아, 일을 맞아서는 마음을 견지하여 그 가는 곳 달리함이 없어야 한다. 두 가지라고

---

321 경재잠(敬齋箴) : 주자의 「名堂室記」에 따르면, 43세인 1172년 10월경에 覃溪에 紫陽書堂을 열고, 『주역』의 "敬으로 안을 곧게 하고, 義로 밖을 방정하게 한다.〔敬以直內, 義以方外〕"는 구절에서 취하여, 서당 東齋를 '敬齋', 西齋를 '義齋'라고 각각 편액을 달았다. 「敬齋箴」은 그 '敬齋'의 취지를 밝힌 글이다. 「敬齋箴」 서문에 따르면, 주자는 張栻의 「主一箴」을 읽고 미진하다고 생각된 부분을 모아 글로 엮어서, 서재 벽에 붙여 놓고 자신을 경계하는 뜻에서 이 「敬齋箴」을 지었다고 한다.

322 개밋둑〔蟻封〕 사이를 …… 듯 하라 : 원문의 '折旋'은 각이 지게 꺾어서 방향을 전환하는 동작으로, 儀禮에서 둥글게 원을 그리면서 방향을 전환하는 '周旋'과 함께 짝을 이룬다. '蟻封'은 개미가 구멍을 팔 때 지면에 언덕처럼 흙을 쌓아 놓은 것을 뜻한다. 『주자어류』 권 105 「敬齋箴」 부분에 다음과 같은 설명이 나온다. "의봉(蟻封)은 개밋둑이다. 북쪽 지역에서는 '의루(蟻樓)'라고 부르는데, 작은 산 모양 같은 것으로, 개미가 땅에 구멍을 파면 그 흙이 둑처럼 솟아오른 것이 작은 언덕과 같고, 중간의 굴곡진 것이 마치 작은 골목길과 같다. 옛말에 '말을 타고 개밋둑 사이에서 꺾어 돈다.'고 하였는데, 개밋둑 사이의 길이 구불구불하고 좁은데도 말을 타고 그 사이에서 꺾어 돌면서 말 모는 절도를 잃지 않는 것이 어렵다는 말이다.〔蟻垤也. 北方謂之'蟻樓', 如小山子, 乃蟻穴地, 其泥墳起如丘垤, 中間屈曲如小巷道. 古語云'乘馬折旋於蟻封之間', 言蟻封之間巷路屈曲狹小, 而能乘馬折旋於其間, 不失其馳驟之節, 所以爲難也.〕"

마음을 둘로 하지 않고 세 가지라고 마음을 셋으로 하지 않아, 오직 마음을 오직 한가지로 하여 만 가지 변화를 살펴야 한다. 이 일에 종사하는 것, 이것을 '경을 견지한다.'고 하니 동시(動時)나 정시(靜時)나 어기지 않고 안과 밖으로 서로 바르게 해야 한다. 잠시라도 틈이 있으면 사욕이 만 가지로 싹트니, 불이 아니어도 뜨겁고 얼음이 아니어도 차갑다. 털 끝 만큼 차이가 있어도 하늘과 땅 자리가 뒤바뀌니, 삼강이 이미 혼란해지고 구법(九法)도 무너진다. 아, 젊은이여, 생각하고 공경할지어다. 글로 써서 경계를 삼아 감히 영대(靈臺, 마음)에 고한다."323

『질서』29-1 ___ "惟心"이 『주자대전』에는 "惟精"으로 되어 있다. 다시 살펴보아야 한다.

『부주』35-2 ___ 물었다. "「경재잠」 뒷부분은 여유를 가지고 박절(迫切)하지 않게 하는 뜻이 조금 부족하니 선생님께서 몇 마디 첨가해주셨으면 합니다." 주자가 대답하였다. "어찌 박절하다고 생각하는가? 이제 아직 착수도 해보지 않고, 문득 여유를 가지고 박절하지 않으려 하니, 결코 그런 이치는 없다. 다만 그 사람이 공부하기를 대단히 박절하게 하면, 그런 뒤에 그에게 박절하게 하지 말라고 권유하는 것이다. 예컨대, 사람이 서로 싸울 때, 칼끝을 서로 부딪쳐보지도 않았는데 곧 물러나라고 하는 것과 같다. 이제 공부는 해보지도 않고 뒷문을 열어놓으려 하는데, 또한 공부함이 박절하다고 생각되지 않는다. 단지 공부를 해보지도 않은 것이다. 공부를 할 때, 박절함이 걱정되는 것이 아니다. 나로서는 다만 관대하고 여유 있는 의사가 많음을 항상 느끼고 있다."324

---

323 의관을 바르게 …… 영대(靈臺, 마음)에 고한다 : 『晦庵集』 권85, 「敬齋箴」.

『질서』29-2 ___ "여하해박절(如何解迫切, 어떻게 박절하다고 생각하는가)"은 '어떻게 단지 그 박절하다고만 아는가'라는 뜻이다. "역불해박절(亦不解迫切, 또한 박절하다고 생각하지 않는다)"은 이「경재잠」또한 그것이 박절함을 알지 못하겠다고 말한 것이다.

『부주』35-2 ___ 임천 오씨는 말하였다. "「경재잠」은 모두 10장이고 장(章)마다 네 구절로 되어 있다. 1장은 정(靜)할 때 어김이 없음을 말하고, 2장은 동(動)할 때 어김이 없음을 말하고, 3장은 겉에서 올바름을 말하고, 4장은 속에서 올바름을 말하고, 5장은 마음에서 바르게 되어 일에 미침을 말하고, 6장은 일에서 전일함이 마음에 근본을 둠을 말하고, 7장은 앞의 여섯 장을 총괄하고, 8장은 마음이 다른 곳으로 가지 않을 수 없는 병폐를 말하고, 9장은 일에서 하나에 전일하지 못하는 병폐를 말하고, 10장은 한 편을 총괄하여 결론지었다. 경을 견지하는 공부를 말한 것이 주밀하면서도 상세하다."[325]

『질서』29-3 ___ 노재(魯齋)[326]의 그림과 임천(臨川)[327]의 해석은 부합되

---

324 「경재잠」뒷부분은 …… 느끼고 있다 : 이 부분은 『주자어류』105:52 「朱子二·論自注書·敬齋箴」에 나온다.
325 「경재잠」은 모두 …… 주밀하면서도 상세하다 : 이 말은 『吳文正集』 권59, 「題朱文公敬齋箴後」에 나온다.
326 노재(魯齋) : 왕백(王栢, 1197~1274)을 가리킨다. 남송 말기 婺州 金華 출신. 자는 會之 또는 伯會, 호는 魯齋 또는 長嘯, 시호는 文憲이다. 黃幹의 문인 何基에게 수학하였다. 何基, 金履祥, 許謙과 함께 '金華四先生' 또는 '北山四先生'으로 일컬어진다. 저서로 『詩疑』, 『書疑』, 『讀易記』, 『讀書記』, 『詩辨說』, 『涵古易說』, 『五經章句』, 『硏幾圖』, 『朱子指要』, 『天官考』, 『地理考』 등이 있다.
327 임천(臨川) : 臨川 吳氏로 불려지는 吳鎰을 가리킨다. 吳鎰은 宋나라 사람으로, 자가 仲權이고, 호가 雲巖이다. 저술로 『雲巖集』이 있다. 『심경주해총람』(하) 1177쪽에서 재

지 않는 점이 많은 듯하다. 따라서 별도로 그림과 해설을 만들어 놓는다.

『질서』29-4 ＿ 주자는 경(敬)을 논하면서 정자(程子), 사상채(謝上蔡), 윤화정(尹和靖)의 설을 지극한 것으로 여겨, 비유하기를 방에 사방이 있어 한 방면으로부터 들어와 여기에 이르면, 세 방면으로부터 들어오는 곳이 모두 그 속에 있는 것이라고 하였다.[328] 그 하나는 곧 "주일무적(主一無適, 마음을 전일하게 하여 다른 곳으로 감이 없게 함)"이니 이것은 총체적으로 논하여 모두를 포괄하는 말이다. 그 하나는 "단정하고 엄숙하면 마음은 자연히 전일해진다."[329]는 말이 그것이다. 이것은 밖에서의 일로 주자가 이른바 "의관을 바르게 하고 시선을 공경히 한다."는 말과, "발의 동작은 중후하고 손의 모양을 공손히 한다."는 말이 그것이다. 이것은 정자의 설이다.

또한 사상채가 이른바 "항상 마음을 깨어 있게 하는 법"과 윤화정이 이른바 "그 마음을 거두어 모아, 하나의 외물도 허용하지 않는다."는 말은 각기 한 방면의 공부를 차지하고 있어서 요컨대 한쪽도 빠뜨릴 수 없다. 만일 경(敬)의 뜻을 두루 해당시켜 말하려면 세 선생의 말을 모두 한 자리에 배열해 놓아야 그 뜻을 볼 수 있다. 이제 주자의 「경재잠」이

인용함.
328 주자는 경(敬)을 논하면서 …… 것이라고 하였다 : 관련 내용은 『주자어류』 12:82에 보인다. "이어서 『或問』 가운데 程子, 謝良佐, 尹焞이 敬을 설명한 부분에 대하여 질문하였다. 주자가 대답하였다. '비유하면, 이 집이 사방에서 모두 들어올 수 있는데, 한 방면에서 들어와 여기에 이르면, 저 세 방면에서 들어오는 곳이 모두 여기에 있는 것과 같다.'"
329 단정하고 엄숙하면 …… 자연히 전일해진다 : 이 말은 『二程遺書』 권15에 나온다. "閑邪則固【一有主字】一矣. 然【一作能】主一, 則不消言閑邪. 有以一爲難見, 不可下工夫. 如何【一作行】一者, 無他, 只是整齊【一作莊整】嚴肅, 則心便一, 一則自是無非僻之奸. 此意但涵養久, 則天理自然明."

그것이다.

내 뜻으로 생각해보면, 사상채와 윤화정의 두 조목은 모두 안에서의 일로 정자의 "단정하고 엄숙함"과 대비되는 짝을 이루는데, "수렴(收斂, 거두어 모음)"은 정(靜)에 주안점이 있고, "성성(惺惺, 깨어 있음)"은 동(動)과 정(靜)을 겸하고 있다. 다만 "성성(惺惺)"의 공부는 동처(動處)에서 더욱 드러나므로 주자가 일찍이 이 점을 논해서 "옛사람은 경계하고 가르쳐 항상 그렇게 하지 않음이 없었다. 저(악관과 사관)들이 떠들어 볶아댄 뒤에 자연히 안주할 수 없는 것이다."330라고 하였다. 또 이르기를 "우리 유자가 각성시켜 깨어있게 하는 것은 여러 도리를 조관(照管)하게 하려는 것이지만, 불교는 그저 깨어있는 것이 여기에 있고, 행하는 바가 없다."331라고 하였다. 이 말은 대개 동(動)을 위주로 삼은 것이다.

네 가지의 선후를 논할 경우엔, 주자는 또한 "단정하고 엄숙함"을 처음에 시작하는 공부로 삼지 않은 적이 없는데, 거기에도 동과 정의 구별이 있다. 그러므로 「경재잠」 가운데 처음의 여덟 구는 바로 이것을 말하였는데 그 "바르게 함", "공경히 함", "중후함", "공경함" 등의 말이 부합

---

330 옛사람은 경계하고 …… 없는 것이다 : 이 말은 『주자어류』 12-15에 나온다. "옛 사람들이 樂官과 史官을 시켜 『詩』를 읽게 한 부류는 규계하고 일깨워주려는 의도로서 항상 그렇게 하지 않음이 없었다. 곧 저들이 그렇게 볶아대게 하여 자연 사람으로 하여금 안주하지 못하게 한 것이다. 대저 학문은 모름지기 경계하고 살펴야 한다. 또한 瑞巖和尙같은 이는 매일같이 항상 '주인옹은 깨어 있으신가?'라고 자신에게 묻고, 또 스스로 '깨어 있습니다.'라고 답하였다. 오늘날 배우는 자들은 도리어 이와 같이 하지 않는다. 〔古人瞽史誦《詩》之類, 是規戒警誨之意, 無時不然. 便被他恁地炒, 自是使人住不著. 大抵學問須是警省. 且如瑞巖和尙每日間常自問: "主人翁惺惺否?" 又自答曰: "惺惺." 今時學者卻不如此.〕"
331 우리 유자가 …… 바가 없다 : 이 말은 『주자어류』 17:16에 나온다. 或問: "謝氏常惺惺之說, 佛氏亦有此語." 曰: "其喚醒此心則同, 而其爲道則異. 吾儒喚醒此心, 欲他照管許多道理; 佛氏則空喚醒在此, 無所作爲, 其異處在此.

하여 하자가 없으니, 이것은 밖에서 동과 정이 있는 것이다. 이로부터 미루어가서, "문을 나서면"과 "일을 받들면" 한 구절은 안에서의 동(動)이 되고, "입단속"과 "생각을 경계함" 한 구절은 안에서 정(靜)이 되어 사상채, 윤화정의 설과 서로 유사하다. 이것이 안에서 동과 정이 있는 것이다.

계속 이어서 서(西)로써 동(東)을 하지 않고, 둘로 하지 않고 셋으로 하지 않음을 말하였으니 이것은 주일무적(主一無適)을 총괄한 것으로 안과 밖을 서로 바르게 하는 것이다. 주자는 「장남헌(張南軒)에게 답하는 편지」에서 "공이 이른바 '동(動)할 때 정(靜)이 보존되어 있음을 보고, 정(靜)할 때 동(動)의 근본을 함양하여 동과 정이 서로 의지하고 체와 용이 떨어져 있지 않은 뒤에 물샐 틈이 없게 됨을 살펴야 한다'라고 하신 이 몇 마디 말씀은 탁월하여, 말과 뜻이 함께 이루어져 있으니 응당 곁에 써놓고 출입할 때마다 살펴보아야 하겠다."라고 하였다. 이것은 장남헌의 말인데 주자가 인정한 것이 그와 같다.

「경재잠」은 본래 장남헌의 「주일잠(主一箴)」을 보고 그 미진한 뜻을 엮어서 만든 것이다. "살펴본다."라는 것은 의당 이 두 구절에서 미루어 궁구해야 한다. 그러므로 "(서로) 동을 하지 않는다."와 "(북으로) 남을 하지 않는다."는 한 구절은 곧 동(動)일 때 정(靜)이 보존되어 있음을 보아서 체(體)가 용(用)과 떨어지지 않는 것이요, "둘로 하지 않는다."와 "셋으로 하지 않는다."는 한 구절은 곧 정(靜)일 때 동(動)이 근원하는 바를 함양하여 용(用)이 체(體)와 떨어지지 않는다는 것이다. 그런 뒤에 "일에 종사한다."는 이하의 네 구절로 합하여 맺음을 하였으니, 무릇 경(敬)의 설이 되는 것이 여기에서 다 된 것이다.

"잠시라도 틈이 있다."는 한 구절은 정(靜)할 때 어긋남이 있어 안에서 바름을 잃은 것이요, "털 끝 만큼 차이가 있다."는 한 구절은 곧 동

(動)할 때 어긋남이 있어 밖에서 바름을 잃은 것이다. 이것은 어긋나 잃어서 공경하지 못하는 단서를 다시 말하여 끝맺은 것으로, 「경재잠」의 위와 아래로 함께 징험하면서 "안과 밖", "동과 정" 몇 단어가 모두 드러내고 있다. 그 문장이 마치 쇠사슬이 고리로 연결됨에 정면과 모서리가 모두 하자가 없는 것과 같다. 아, 존경스럽다.

30 「구방심재명(求放心齋銘)」

『심경』36 ___ 「구방심재명(求放心齋銘)」[332]에서 말하였다. "천지가 변화함에 그 마음 크게 어질다. 그것을 이룸이 나에게 있어 몸에서 주재한다. 그 주재함 어떠한가, 신명하여 헤아릴 수 없다. 만 가지 변화를 발휘하여 이 인극(人極, 사람의 기준)을 세웠다. 잠시라도 그것을 놓아버리면 천리(千里)를 달아난다. 성(誠)이 아니면 어떻게 가질 수 있으며, 경(敬)이 아니면 어떻게 보존할 수 있겠는가? 누가 놓아버리고 누가 찾는가? 누가 잃어버리고 누가 가지고 있는가? 굽히고 펴는 것은 팔에 있고, 엎고 뒤집는 것은 오직 손이다. 은미함에 방비하고 홀로임에 삼가니 이를 지키는 상도(常道)이다. 절실하게 묻고 가까이에서 생각하여, 오직 그렇게 서로 함께 한다."[333]

『질서』30-1 ___ "굽히고 폄"은 적연함과 감응함을 가지고 말한 것이요, "엎고 뒤집음"은 나가고 들어옴을 가지고 말한 것이다.

『질서』30-2 ___ "상(相)"은 서로의 뜻으로 "절실히 묻고 가까이에서 생각하는 것"과 "은미함에 방비하고 홀로 임에 삼가는 것"을 함께 힘을 기울여 행하는 것이다.

---

[332] 「구방심재명(求放心齋銘)」: 그 서문에 의하면, 婺源 출신의 제자 程端蒙(1143~1191)이 「求放心齋」를 완성하자, 汪子卿, 祝汝玉 등이 기념하는 齋銘을 지었다. 그 뒤 주자가 두 사람의 銘에서 미진하게 남은 뜻을 엮어 다시 지은 것이 이 글이다. 지은 시기는 불분명하다.
[333] 천지가 변화함에 …… 함께 한다 : 『晦庵集』 권85, 「求放心齋銘」.

31 「존덕성재명(尊德性齋銘)」

『심경』37 ___ 「존덕성재명(尊德性齋銘)」[334]에서 말하였다. "오직 위대한 상제께서 이 백성들을 낳으심에, 무엇을 부여하였던가, 의(義)와 인(仁)이다. 오직 의(義)와 인(仁)이 상제(上帝)의 준칙이니, 이를 공경하고 이를 받들음에 잘하지 못할까 두려워한다. 누가 혼매(昏昧)하고 광망(狂妄)하여 천박하고 비루하며, 흘겨보고 삐딱하게 들어 사지(四肢)를 태만하게 하는가? 하늘의 밝은 명(命)을 설만하게 여기고 사람의 강기(綱紀)를 업신여기며, 이 하류(下流)의 삶을 달게 여겨 온갖 악행이 쌓여진다. 내가 이를 거울삼아 그 마음을 공경하고 두려워한다. 그 방 어두워도 그 내려 봄은 밝다. 옥을 잡고 가득 찬 것을 받드는 듯, 잠시라도 그리고 위급할 때라도 놓지 않는다. 맡음이 무겁고 길이 먼데 감히 혹시라도 태만하겠는가?"[335]

『부주』37-8-1 ___【정민정의 안설】주자가 중년에 학자들이 상호간에 닦는 공부가 미흡하여 더러 부진한 데 이르고, 또 선함을 택하는 것이 정밀하지 못하여 더러 이단의 공허한 데로 흐르는 것을 염려하였다. 그러므로 도문학(道問學, 묻고 배우는 공부)에 비중을 두었다. 이제 모두 10조목을 뽑아서 부가한다.

---

334 「존덕성재명(尊德性齋銘)」: 주자가 1176년, 表弟 程洵을 위해 지어준 글이다. 서문에 따르면, 처음에 程洵은 齋의 이름을 '道問學'으로 하려고 하였으나, 주자가 '尊德性'으로 바꿀 것을 제의하자, 이름을 바꾸고 銘을 주자에게 부탁해옴에 따라 지어진 것이다. 程洵은 문집으로 『尊德性齋集』을 남겼다.
335 오직 위대한 …… 혹시라도 태만하겠는가? : 『晦庵集』 권85, 「尊德性齋銘」.

『부주』37-14 __ 「유공도(劉公度)³³⁶에게 답한 편지」에서 말하였다. "천하 사물의 이치와 서책에 있는 성현의 말씀은 모두 자세히 반복하여 끝까지 연구해야 한다. 마음을 잡아 지킴에 이르러서는 도리어 허다한 일이 없다. 만약 합당치 않음을 느끼게 되면, 단지 묵묵히 공부를 더하여 힘써 앞으로 나아가면 된다. 이제 듣건대, 책을 덮고 강론하지 아니하고 도리어 마음을 지키는 일을 강설의 바탕으로 삼으려 한다고 하니, 이것은 곧 양쪽으로 다 그 합당함을 잃은 것이다. 결국 끝맺음이 없게 되고, 단지 억지로 끌어다 붙이고 날조하는 것이 될 뿐이다."³³⁷

『질서』31-1 __ "끝맺음이 없게 된다."는 "억지로 끌어다 붙이는 것이 된다."와 대응하는 짝을 이룬다. "하게 된다〔弄得〕"는 안일하게 허송하다 여기에 이르렀다는 뜻인 듯하다. "끝맺음〔收殺〕"은 '아주 근심스럽다〔愁殺〕', '매우 우습다〔笑殺〕'는 말과 같으니, '쇄(殺)'는 심하다는 뜻과 같다. 완전히 수습함을 "끝맺음〔收殺〕"이라고 한다.

『부주』37-15 __ 「범문숙(答范文叔)³³⁸에게 답하는 편지」에서 말하였다. "윤화정의 문인이 스승을 기려서 말하기를 '성현의 위대한 유모(猷謨)는 육경(六經)에 있으니, 귀에 순하고 마음에 얻어 자신의 말을 외듯 하였네.'라고 하였다. 모름지기 이런 수준에 이르러야 비로소 독서인이다."³³⁹

---

336 유공도(劉公度) : 이름은 孟容으로, 隆興府 사람이다.
337 천하 사물의 …… 할 뿐이다 : 이 말은 『晦庵集』 권53 「答劉公度」에 나온다.
338 범문숙(范文叔) : 이름은 仲黼, 成都 출신으로 范祖禹의 후손이며 張栻의 門人이다. 月舟 선생이라고 불리었으며, 만년에 蜀 二江 지역에서 강론하여 張栻의 학문을 蜀 지역에 크게 유행시켰다. 慶元黨禁 때 僞學黨 59명 중에 주자와 함께 포함되었다.

『질서』31-2 ___ 육경에 있는 성현의 유모(猷謨)가 아니면, 윤화정이라 하더라도 이와 같이 할 수 없고, 또한 육경에 있는 성현의 가르침이라 하더라도, 윤화정이 아니면 이와 같이 할 수 없다. 이것은 배우는 이들을 위해 면려한 것일 뿐 아니라, 또한 글을 짓는 이들을 위해 경계한 것이다.

『부주』37-16 ___ 「유정부(劉定夫)[340]에게 답하는 편지」에서 말하였다: "배우는 이는 여러 광망한 생각을 멈추고 여러 잡다한 한담을 물리치고 독서를 착실히 하는 것이 필요하다. 처음에는 우선 문자 상에서 읽지만, 한참 되면 자연히 이해하는 것이 생긴다. 제일 염려되는 것은 사람들이 공부가 책에 있지 않다고 하면서 문자 상에 힘쓰지 않고 입으로 외고 귀로 듣는 것을 열심히 하지 않아, 결국 장황하게 말하지만 전혀 결론 맺는 것이 없고 그저 한 바탕 심히 공허한 놀음을 하는 것이니, 그야말로 가증스럽다."[341]

『질서』31-3 ___ "장황하게 말한다."는 것은 불교 이단의 큰 말과 같은 것이다. "부전(不專)"은 글자가 온당치 않은 듯한데, 혹 완전히 폐지한다는 뜻일 수 있다. 다시 살펴보아야 한다.

『부주』37-11 ___ 또 말하였다. "내가 감히 스스로 어둡지 않은 것은 실

---

339 윤화정의 문인이 …… 비로소 독서인이다 : 이 말은 『晦庵集』 권38 「答范文叔」에 나온다.
340 유정부(劉定夫) : 陸九淵의 문인이다. 陸九淵은 「書劉定夫詩軸」에서 "인생이 다시 건널 수 없으니, 어떻게 험난함을 알겠는가? 그대의 큰 시축을 보니, 廬山을 백번 오른 것만이 아니네.〔人生不更涉, 何由知險艱, 觀君一巨軸, 奚啻百廬山.〕"라고 하였다.
341 배우는 이는 …… 그야말로 가증스럽다 : 이 말은 『晦庵集』 권55 「答劉定夫」에 나온다.

로 한 치 한마디씩 축적하여 얻은 것이다."³⁴²

『질서』31-4 ___ '도문학(道問學)' 관련 10조목 가운데 제4조목 "한 치 한마디씩 축적한다.〔銖累寸積〕"는 것과 제8조목 윤화정을 기리는 말은 단지 강송(講誦)에 힘쓰는 것을 말하였을 뿐으로 도문학 한쪽에 중점을 두는 의도는 보이지 않는다.

『부주』37-20-2 ___ 물었다 : "독서할 때 반드시 함양(涵養, 젖어서 서서히 길러냄)해야 하고 반드시 협흡(浹洽, 충분히 젖어듦)해야 한다고 가르쳐 주심을 전에 받았습니다. 가르쳐 주신 것을 계기로 읽어보니, 『맹자』의 온갖 말이 단지 심(心)을 논하는 것이었습니다. 『맹자』 전체를 이와 같이 읽으면, 함양공부가 아니겠습니까?" 주자가 말하였다. "내가 그 때문에 사람들의 독서가 아무 쓸모없게 됨을 본다. 그래서 독서할 때 모름지기 함양해야 한다고 말한 것이니, (자세히 이해하여) 가슴 속에 얻는 바가 있게 하는 것이다. 그대의 말대로 하면, 다시 (마음을 논하는 것이라는) 한 가지 뜻을 덧대어 기어이 꿰맞추는 것이니, 책을 보는 것이 어찌 이와 같겠는가?"

또 한 사우(士友)가 말하였다. "선생님께서 말씀하신 함영(涵泳, 푹 빠져서 젖어들음)의 설은 곧 두원개(杜元凱)의 '넉넉하고 부드럽게 한다.'³⁴³는 뜻이군요." 주자가 말하였다. "또한 이와 같이 풀어서 말할

---

342 내가 감히 …… 얻었기 때문이다 : 『朱子語類』 권104 「朱子一・自論爲學工夫」에 다음과 같이 나온다. "내가 14, 5세부터 이것이 좋은 것이라고 느껴지면 마음이 곧 좋아했다. 내가 감히 스스로 어둡지 않은 것은 실로 한 치 한마디씩 축적해서 얻은 것이다.〔某自十四五歲時, 便覺得這物事是好底物事, 心便愛了. 某不敢自昧, 實以銖累寸積而得之.〕"
343 두원개(杜元凱)의 '넉넉하고 부드럽게 한다' : 杜元凱는 西晉 시기 정치가이자 학자였던

필요가 없다. 이른바 함영(涵泳)은 자세하게 책을 읽는 것에 대한 다른 명칭이다. 대체로 다른 사람과 함께 이야기 하는 것이 어렵다. 나는 그저 한 개 함영(涵泳)을 말하였는데, 한 사람은 한사코 (다른 것을 가져다) 꿰맞추고, 한 사람은 기어이 풀어서 설명한다. 이것은 말만 보고 해석을 내는 것으로 번쇄하고 늘어져서 금세 다른 데로 전전하며 말을 더하면 더할수록 본뜻과는 더 멀어진다. 이와 같이 독서하는 것은 스스로 공부하는 것이 전연 아니어서 근거를 전혀 갖지 못한다. 남을 시켜 공부를 말하게 함이 헛된 논의임을 알 수 있다."[344]

『질서』31-5 ㅡ "자세히 독서한다〔仔細讀書〕"는 것은 차분하게 자세히 살피면서 경전의 가르침이 마음 안에 잠겨 있게 하고 잊어버리거나 소홀해서는 안 됨을 말한다. "꿰맞춘다〔差排〕"는 것은 택하여 정해서 안배함을 말한다. "풀어서 설명한다〔解說〕"는 것은 풀어헤쳐놓고 설명을 하는 것이다. 곧 『예기(禮記)』에서 이른바 "활시위를 늦추어 풀어놓고 팽팽하게 하지 않는다."[345]고 한 뜻이다.

杜預(222~285)의 字로,『春秋左氏傳集解』30권을 저술하였다. 인용한 말은『春秋左氏傳・序』에 나오며, 孔穎達이 편찬한『春秋左氏傳注疏』에 수록되어 있다.
[344] 또한 이와 …… 알 수 있다 : 이 말은『朱子語類』권116「朱子十三・訓門人四」에 나온다. 중간에 "(자세히 이해하여)"라고 한 부분은『심경부주』에서 생략한『주자어류』원문의 "只要仔細尋繹" 부분을 보충하여 해석해서 넣은 것이다.
[345] 활시위를 늦추어 …… 하지 않는다 :『禮記』,「雜記下」에 나온다. "활시위를 팽팽하게만 해놓고 늦추어 풀어놓지 않으면, 文王과 武王도 다스릴 수 없다. 활시위를 늦추어 풀어놓고 팽팽하게 하지 않는 것을 문왕과 무왕은 하지 않는다. 한 번은 팽팽하게 하고 한 번은 늦추어 풀어놓는 것이 문왕과 무왕의 법도이다.〔張而不弛, 文、武弗能也. 弛而不張, 文、武弗爲也. 一張一弛, 文武之道也.〕"

『부주』37-21-1 ___ 또 말하였다. "지금 내 문하에서 배우는 자가 이치를 살핌에 있어 정밀하고 타당하지 않은 것은 아니어서 설명하는 데는 물샐 틈이 없다. 그러나 실제로 하는 것은 도리어 전도되고 어긋나서 자신이 알고 있는 것과 전혀 딴판이다. 사람들은 내가 그들을 이끌어 주어서는 안되는 것이었는데, 지금처럼 그들에 의해 누를 입는다고 말한다. 그러나 사람들은 그들이 실제로 이해하고 있어 내가 어떻게 그들에게 말해주지 않겠는가 하는 것은 모르고 있다. 그러나 행하는 바가 상반되는 것은 한 번도 원두(源頭)에서 힘쓰지 않고 한갓 알고 있기만 하기 때문이다."[346]

『질서』31-6 ___ "지금 내 문하에서 배우는 자〔今有學者〕" 이 한 조목은 말하는 뜻이 어렵고 깊다. 대개 사람들은 모두 내가 이런 사람들을 인도하여 이끌어서는 안 되는 것이었는데 이제 거꾸로 그들에 의해 누를 입는다고 말하지만, 그러나 그들이 이해하고 있는데 내가 어떻게 그들에게 말해주지 않겠는가 하는 것은 도리어 모르고 있다. 그러나 이른바 "상반되는" 것은 잘못이 그들에게 있지 내가 그들에게 설명해준 것에 있지 않다.

『부주』37-24 ___ 「임택지(林擇之)[347]에게 답한 편지」에서 말하였다. "함양(涵養) 한 절목은 옛 사람이 바로 소학(小學)에서부터 함양하여 성취

---

[346] 지금 내 ······ 하기 때문이다 : 『朱子語類』 권114 「朱子十一 · 訓門人二」
[347] 임택지(林擇之) : 이름은 用中, 자는 擇之 또는 敬仲, 호는 東屛으로 古田 城東 사람이다. 주희의 高弟로, 주자가 육상산과 鵝湖寺에서 만나 논쟁할 때 참석하였으며, 주자가 만년에 僞學으로 몰릴 때 자신이 머무는 古田으로 모셔와 강학을 계속할 수 있게 하였다. 저서에 『東屛集』, 『草堂集』 등이 있었으나 모두 산실되었다.

하였을 것으로 생각된다. 그래서 『대학』의 도는 단지 격물로부터 시작하게 된 것이다. 지금 사람들은 종전에 이러한 공부가 없이 다만 『대학』에서 격물을 앞세우는 것을 보고 바로 단지 사려와 지식으로 그것을 구하고자 할 뿐, 잡아 보존하는 곳에서는 다시 힘을 쏟지 않으니, 설사 살펴보고 헤아리는 것이 충분할지라도 또한 의거할 만한 실제 근거가 없게 된다. 대저 경(敬)은 위와 아래로 관통하는 뜻이요, 격물치지(格物致知)는 곧 그 가운데 절차에 따라 진보하는 곳이다."[348]

『부주』37-29 ___ 「황직경(黃直卿)에게 답한 편지」에서 말하였다. "공부할 때는 그야말로 먼저 근본을 세워야 한다. 글의 뜻에 대해서는 도리어 본의를 말해주어서 마음에 여유를 가지고 완미하게 함이 좋고, 차이를 살펴 따지게 하고 미세한 것을 연구하게 해서는 안 된다. 그 생각이 급박해져 장족의 발전을 얻기 어려울까 염려되기 때문이다. 장차 대의를 알면 한 두 절목을 대략 들어서 점진적으로 이해해가도 대개 늦지 않다. 이것은 이전에 근본 상에서 잘못되었던 점인데 이제 다행히 알았으니 오히려 용감하게 고쳐야 하지, 기롱하고 비웃는 것을 구태여 피하다 도리어 남을 그르쳐서는 안 된다."[349]

『질서』31-7 ___ '정본지오(定本之誤)'가 『주자대전(朱子大全)』에는 '차오(差誤)'라고 되어 있다. 【이 편에서 인용한 부분은 또한 『퇴계집(退溪集)』에도 보이는데, '차오(差誤)'가 '정본(定本)'으로 되어 있다.】

---

[348] 함양(涵養) 한 …… 진보하는 곳이다 : 『晦庵集』 권43 「答林擇之」.
[349] 공부할 때는 …… 그르쳐서는 안 된다 : 『晦庵集』 권46 「答黃直卿」.

『부주』37-29-1 ＿ 북계(北溪) 진씨(陳氏)³⁵⁰가 말하였다. "노선생께서 평소 남을 가르칠 때 가장 중시한 곳이었던 존덕성(尊德性)과 도문학(道問學) 두 가지 공부는 본래 한 쪽에 치우쳐 다른 한 쪽을 폐하지 않았지만, 주요하게 힘을 기울인 곳은 도리어 도문학 쪽에 많다. 강서(江西) 일파에서는 그러나 번잡함을 싫증내고 간이(簡易)함을 추구하여 존덕성 쪽에 치우쳐 있어서, 선생께서는 대개 그 점을 심히 병통으로 여겼다."³⁵¹

『부주』37-29-2 ＿ 【정민정의 안설】 주자가 만년에 항평보(項平父)³⁵², 임택지(林擇之), 유자징(劉子澄)³⁵³, 하숙경(何叔京), 정윤부(程允夫)³⁵⁴, 황직경(黃直卿) 등에게 답한 편지에서 그 말한 내용이 이와 같다. 주자

---

350 북계(北溪) 진씨(陳氏) : 주자의 제자 陳淳(1159~1223)을 가리킨다. 자는 安卿이고, 北溪先生으로 불리었다. 漳州 龍溪 출신이며, 주희 만년의 高弟이다. 저서로 『北溪字義』, 『北溪全集』이 전한다.
351 노선생께서 평소 …… 병통으로 여겼다 : 이 말은 『北溪大全集』 권23 「答李郞中貫之」에 나온다.
352 항평보(項平父) : 이름은 安世이고, 平父는 字이다. 1175년(淳熙 2) 進士가 되어, 秘書省正字, 通判池州, 戶部員外郞, 湖廣總領, 太府卿 등을 역임하고, 1208년(嘉定 1) 별세하였다. 慶元 년간 江陵에 유배된 적이 있고, 스스로 자신의 학문을 程頤의 『易傳』에 기반을 두었다고 밝힌 바 있으며, 『春秋左氏傳』, 『周易』 등 여러 경전에 조예가 깊었다고 한다. 저서로 『周易玩辭』 16권, 『項氏家說』, 『平庵悔稿』 등이 전한다. 평생 행적은 『宋史』 등에 보인다.
353 유자징(劉子澄) : 1220년(嘉定 13) 進士가 되고, 豐陽縣尉, 知棗陽, 除軍器監簿兼淮西安撫司參議官 등을 지냈다. 1234년(端平 1) 唐州의 패배로 인해 封州에 유배되었다가, 1246년(淳祐 6) 廬山에 은거하였다. 저서로 『玉淵吟藁』가 있었으나 전하지 않고, 『江湖後集』에 그의 시 1권이 전한다.
354 정윤부(程允夫) : 이름은 洵이고 允夫는 그의 자이다. 주자의 表弟로 婺源에서 활동하였으며, 주자와 張載의 학문을 널리 宣揚하였다고 한다. 저서에 『克齋集』이 있다. 주자는 程洵을 위해 「尊德性齋銘」을 지어주었다.

가 별세한 뒤에 북계(北溪) 진씨(陳氏)의 말이 저와 같았으니, 주자의 학문이 참으로 한 두 세대를 전하지도 않아서 참모습을 잃음을 면치 못한 것이다. 의당 임천(臨川) 오씨(吳氏)가 북계 진씨에게 만족할 수 없었던 점이 있음도 대개 이런 종류였을 것이다.

『**부주**』37-30 __ 면재(勉齋) 황씨(黃氏)가 「이경자(李敬子)에게 답하는 편지」에서 말하였다. "옛 성현들이 학문을 말할 때는 몸과 마음에 나아가 공부를 하는 것이 아님이 없었다. '인심과 도심', '안을 곧게 하고 밖을 바르게 하는 것'이 모두 강학(講學)과 근사한 것은 아직 말하지 않았다. 공자는 그 식견이 쉽게 어긋남을 염려하여 이에 박문(博文, 글을 널리 익힘)과 약례(約禮, 예로서 수렴함)로 짝을 지어 말하였으니, 박문이 먼저이고 약례가 뒤이며 박문이 쉽고 약례가 어렵다.

후대에 배우는 이들이 그 쉬운 바에 오로지 힘쓰고 그 어려운 바는 항상 꺼려하였으니, 이것이 도(道)가 전해지지 않은 이유이다. 반드시 『중용(中庸)』의 취지대로 계구(戒懼)와 근독(謹獨)을 평생의 사업으로 삼아 잠시도 폐해서는 안 된다. 강학과 궁리는 그 밝고 바르기를 구하는 것이니, 만일 단지 배우는 것만 힘쓰고 몸과 마음에 뜻을 두지 않으면 염려컨대 전연 학문을 이루지 못할 것이다.

사람이 마음을 안에 감추고 있으면 헤아릴 수 없으니, 한결같이 궁구(窮究)하고자 한다면 예(禮)를 버려두고 무엇을 가지고 하겠는가? 말하는 태도며 용모와 동작 사이에서 그리고 사물에 응접하는 사이에서, 이치에 맞는지 맞지 않는지를 살피면, 열에 일곱 여덟은 파악된다. 이로서 규율하면 거의 말단에 빠져 건성으로 학문을 하는 데에는 이르지 않을 것이다. 일찍이 명도(明道) 선생이 사상채(謝上蔡)에게 한 말을 보았는데, '여러 공들은 여기 와서 단지 내가 하는 말만 배운다.'라고 하였다. 사상채가 더 말씀해주기를 청하자 명도 선생은 '일단 정좌(靜坐)하라.'라고 하였다.

정자(程子)의 문하에서 상채 같은 이는 실질에 힘쓰고 위기(爲己)의 학문을 한 사람이라고 말할 수 있다. 명도 선생은 오히려 이것으로 경계시켰으니, 그에게 오늘날 학자들을 보게 한다면 어찌 심히 그런 점 때문에 크게 탄식하지 않겠는가? 늙었으니 달리 세상에 바랄 것은 없고 단지 선사(先師)의 학문이 전해지기를 바랄 뿐이다. 그러므로 스스로 분수에 넘치는 짓임을 돌아보지 않고 여기에까지 언급하게 되었다."[355]

『질서』31-8 ___ '존덕성(尊德性)'과 '도문학(道問學)'은 정자(程子)과 주자(朱子)가 본시 모두 그 공부를 병행하여 힘썼음은 의론할 것이 없지만, 두 선생 문파의 법도를 보면 기상이 자연 같지 않다. 정자를 합당한 것으로 여기면 주자는 또한 도문학 한쪽으로 조금 더 치우친 것으로 여겨지고, 주자를 합당한 것으로 여기면 정자는 의당 존덕성 한쪽으로 조금 더 치우친 것 같다. 그 득실에 대해서는 후학이 엿보고 헤아릴 수 있는 바가 아님이 있지만, 같지 않은 점만은 분명하다.

정자의 제자들 가운데 불교와 도교에 연루된 이들이 많은 것을 보면, 도문학(道問學) 한 쪽에 혹 조금 소홀한 점이 있다고 의심되고, 주자의 제자들 가운데 글의 뜻에 얽매인 폐단이 있는 것을 보면, 존덕성 한 쪽에 혹 조금 소홀한 점이 있다고 의심된다. 양쪽으로 서로 그 심천(深淺)과 고하(高下)를 비교해보면, 끝내 황직경(黃直卿)과 채계통(蔡季通) 여러 공들이 사상채(謝上蔡), 양귀산(楊龜山)의 수준 보다 한 수 못 미친

---

355 옛 성현들이 …… 언급하게 되었다 : 『勉齋集』 권5 「與李敬子司直書」.

다. 왜 그런가? 이것은 반드시 변별해서 말할 수 있는 것이 있다. 요컨대, 비록 조금 편중됨이 있다고 해도, 그것은 결국 성인(聖人)의 경지에 미처 이르지 못한 부분이지, 마땅히 취하고 버릴 바가 있는 부분은 아니다.

북계 진씨의 설은 그 흠을 감출 수 없으니, 정황돈이 들어서 지척한 것은 옳지 않은 것이 아니다. 12조목으로 마치면서 덕성에 중점을 두는 것으로 정론(定論)을 삼은 것에 이르면, 은연중에 가만히 육씨(陸氏)의 뜻을 부가하여 『도일편(道一編)』의 실마리가 되고 있다. 이것 역시 한편에 치우친 것이다. 무엇으로 그러함을 밝히는가?

이제 12조목의 설을 보면, 그 안에 단지 덕성(德性)을 응당 높여야 한다고만 말한 것은 그 의도가 다른 날 도문학 공부로 면려한 것과 같다. 곧 사람의 깊고 얕은 정도에 따라 증상에 맞추어 처방한 것으로, 그전의 방식을 뉘우쳐 고치고 돌아가는 뜻이 있음을 발견하지 못하겠다. 정황돈이 반드시 채록하여 증거로 삼은 것은 사의(私意)에 빠져 모나지 않고 온전하게 볼 수 없었던 것이다. 그 「항평보(項平甫)에 답한 편지」 등에 실제로 후회하고 방법을 바꾼다는 말이 있다. 그러나 이것 또한 전에 후학을 접해 인도하면서 잘못이 없을 수 없었던 것을 깨달은 것이다. 이치로 말하면, 그 잘못이 있고 없음은 주자 자신과 관계된 것이니 학문하는 것의 보편적인 법도와 과연 무슨 상관이 있단 말인가?

마지막에 주자가 황직경(黃直卿)에게 답한 편지로 끝맺음을 삼고, 황직경의 논의로 이어받았으니, 이것은 답안으로 확정해놓고 유문(儒門)의 종법에 그 사례가 있다고 말하는 것이다. 그 편지에 "세밀한 것을 연구하게 해서는 안 된다. 장족의 발전을 하기 어렵게 할까 염려되기 때문이다." 라고 하였고, 또 "한 두 절목을 대략 들어서 점진적으로 이해해간다"라고 하였다. 그렇다면 선후와 완급의 구별을 둘 뿐만 아니라 도문학에 대해서는 전혀 생각하거나 논하지 않는 것이어서 일체 강서(江西) 맥락과 같게 되고, 주자가 평생 고심해서 계획한 것이 모두 수포로 돌아가고, 육상산 일파에 대하여 힘써 배격하고 물리쳤던 것은 도리어 허튼 소리로 떠들고 말도 안 되게 꾸짖은 것이 되어버린다. 아 이것이 어찌 그렇겠는가?

『주자대전(朱子大全)』으로 살펴보면, 이 편지는 어린 학생을 가르쳐 인도하는 교육과정의 법식이 된다. 그 위에 "자춘(子春)이 서로 들린다." 등 몇 구절이 있다. 대개 후생 가운데 자춘(子春)이라는 자가 있어 황직경(黃直卿)에게 배운 것이다. 그러므로 이렇게 말한 것이다. 대저 소학(小學)으로 말하면, 역행(力行, 힘써 실천함)이 먼저 하는 것이 되어 대학(大學)과 다르다. 만일 갓 시작하는 때에 차이를 고찰하고 미세한 것을 연구하여 전념해서 사색한다면 급박하여 진보하기 어려운 근심이 생김을 면치 못한다. 이것이 주자가 그리 말한 이유이다.

이제 증험하여 이룬 경지에 모호하게 서둘러 들어가고, 시종 근거 없는 말을 지어 독자에게 일단 규모(規模)를 이루게 하여서, 어느덧 육상산을 위하여 법을 변호하니 어찌 잘못이 아니겠는가? 대개 함양을 먼저 하고 격물치지를 나중에 하는 것은 그 「임택지에게 답하는 편지」에서 평론한 것을 바꿀 수 없다. 함양 한 부분은 본시 소학의 때에 이미 포함되어 있어, 그 때문에 『대학』에서 격물치지로부터 설명하기 시작하는 것이다.

만일 나이가 이미 지나서, 여기에 종사할 수 없었다면, 모름지기 수렴(收斂)과 존양(存養), 성찰(省察)을 먼저 행하여 기본으로 삼은 뒤에 여러 궁리(窮理)와 격물(格物) 공부가 비로소 근거할 바를 가질 것이다. 그러나 이것 또한 발을 붙여서 도를 향하는 이를 두고 말하는 것이다. 일반화해서 논한다면, 지(知)가 어떻게 행(行)보다 앞서지 않겠는가? 요컨대 정좌(靜坐, 정숙히 앉아 있음)하고 있다면, 이것은 앉으면 응당 정숙해야 함을 알고 있는 것이요, 요컨대 수심(收心, 마음을 수렴함)하고 있다면, 이것은 마음은 응당 수렴해야 하는 것임을 알고 있는 것이다.

게다가 몽매한 선비가 아는 바가 없는 경우엔 또한 먼저 아는 사람이 인도하여 힘을 쓰게 함이 있는 것이니, 그에게 이런 것도 없게 하면 또한 몽매하게 평생을 지낼 뿐이다. 그러므로 공부를 시작하는 길목에서 맥락에 의거할 때는 치지(致知)를 먼저 하고, 확립해서 힘을 쓸 때 함양하는 것임을 모름지기 잘 이해해야 한다.

번역 이봉규

부록

『심경질서(心經疾書)』 원문 | 참고문헌 | 찾아보기

星湖

『심경질서(心經疾書)』[1] 원문

星湖李先生 瀷 著[2]
邵南尹先生東奎較[3]

序

『心經附註』, 何以讀? 因時之貴之也. 時何以貴之? 爲其裒聚洛、建言語也. 然彼程氏者, 以其人則當[4]題而黷利也, 以其學則外朱而內陸也, 以其書則去就無章也, 雖不讀, 可也. 昔者, 退溪首喜此書, 與『四子』、『近思錄』比, 當時門人, 無不講誦. 流于今成俗, 上之進奏於九重, 下之家戶傳習, 句句箋解, 細大莫遺, 殆聖經不如也. 夫如是, 奚以不讀? 西山本經, 只收經傳及宋賢所自作篇文, 至其書牘語錄之類不及也. 惟取簡要, 問目不繁, 程氏乃別立科條, 博採類彙, 是附經非附註[5]也.

---

1 心經疾書: 전서본에는 '心經附註疾書'로 되어 있다.
2 星湖李先生 瀷 著: 국중본에는 '星湖李先生 瀷 著'가 빠져 있다.
3 邵南尹先生東奎較: 국중본에는 '尹邵南較'로 되어 있다.
4 當: 『明史』 卷286 「程敏政列傳」에는 '鬻'으로 되어 있다. 『星湖全集』(慕濂堂本)에 실려 있는 「心經附註疾書序」에도 '鬻'으로 되어 있다.
5 非附註: 전서본에는 "非經附註" 되어 있으나 국중본과 『星湖全集』(慕濂堂本)에 실려 있

人心人欲, 朱子前後之異說, 而無用黑白; 本敬本靜, 朱、張互爭之辨, 而不憚並收. 是務廣, 非專精也. 其佗自註, 都無見解, 只抄輯書籍, 附尾而顯者乎? 今若舍置規模, 但習節[6]句, 不害爲多識前言之助. 故繙閱之暇, 隨見輒錄並爲序.

1 『心經・禹謨』

『心經』1 ── 帝曰: "人心惟危, 道心惟微, 惟精惟一, 允執厥中."

『附註』1-2 ── 問: "人心道心, 伊川說天理人欲, 便是?" 曰: "固是. 但此不是有兩物. 只是一人之心, 合道理底, 是天理, 徇情欲底, 是人欲, 正當於其分界處, 理會. 五峯云'天理人欲, 同行異情', 說得最好."

『疾書』1-1 ── 人有形氣, 這形氣上生者卽人心, 知寒覺飢之類, 是也. 人無有無此心者也. 知寒則便欲暖[7], 覺飢則便欲飽. 欲者, 卽七情之一而聖愚亦同有也. 若暖飽而不害於義, 則烏可以不欲哉? 惟其從人欲而生者, 故謂之"人欲".
　程子曰"道心人心, 天理人欲便是", 朱子曰"人欲只是飢欲食寒欲衣之心", 其說本自無憾. 然知寒覺飢, 心也. 欲暖欲飽, 心也. 而只是知寒覺飢之時, 下欲字不得, 故謂人欲曰人心, 則可; 若曰人欲之外更無所謂人心, 則不可. 欲暖欲飽之前, 只有知寒覺飢之心, 未及有所謂欲者[8]也. 此又二者所以有不同也. 夫有知覺於飢寒, 便自有暖飽之欲, 而或不暇擇義, 故危而易墮. 然君子守正, 知非義之不可求. 雖知飢寒, 而無暖飽之欲者亦有之. 此其分界不可亂, 而一欲字爲之機括. 是以朱子又曰"人心不可謂之人欲", 蓋謂不可以混淪, 非謂人欲乃危險旣墮之目, 而專歸於邪惡也. 故朱子又曰: "人欲未便是不好." 斯之信矣.

는 「心經附註疾書序」에 따랐다.
6 節: 전서본에는 "絶"로 되어 있으나 국중본에 따라 바로잡는다.
7 暖: 전서본에는 '煖'으로 되어 있으나 국중본에 따라 바로잡는다.
8 者: 국중본에는 '者'가 빠져 있다.

然則以人欲爲利欲者, 非耶[9]? 此蓋有由然, 欲之與理[10]別也, 如利之與義別也. 『易』曰: "利者, 義之和也". 順理爲利, 利亦初非不善, 惟其循此而行, 不以義節之, 爲不善而已, 故轉爲不善之名目. 人欲亦然, 惟其形氣之私, 不以天理宰之, 爲惡底而已, 故亦轉爲不善底名目. 其義同也, 故曰[11]"罕言利", 曰"寡欲". 若但是邪惡之目, 則決去而不言, 可矣, 何必曰罕與寡而已耶? 此雖然矣, 而後旣爲邪惡之目, 則雖曰人心人欲有善惡之分, 可也. 如王魯齋圖說之類, 正指此也.

『附註』1-5 ___ 問: "危是危動難安否?" 曰: "不止是危動難安. 大凡徇人欲, 自是危險. 其心忽然在彼, 又忽然在四方萬里之外. 莊子所謂'其熱焦火, 其寒凝冰'. 凡苟免者, 皆幸也. 動不動, 便是墮坑落塹, 危孰甚焉?"

『疾書』1-2 ___ 『附註』第五條, 最爲明切. 人心之欲, 雖非專[12]不好, 而循之則危險, 有墮坑落塹之患. 若曰人欲專是邪惡, 則必不曰危險而已也.

『附註』1-9 ___ 魯齋 王氏曰: "朱子謂人心道心不同, 以其或生於形氣之私, 或原於性命之正. 旣曰'私', 卽人欲矣, 又曰'人心不可謂之人欲', 何也? 蓋'原'字, 自外推入, 知其本有, 故曰'微'. '生'字, 感物而動, 知其本

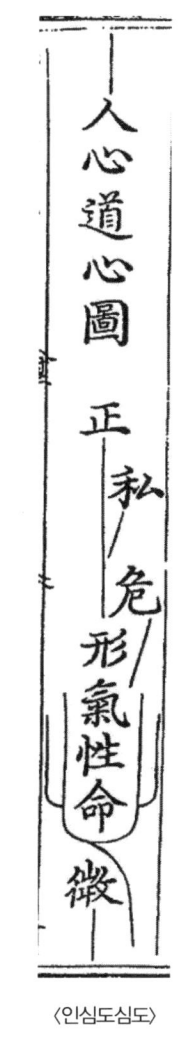

〈인심도심도〉

---
9 耶: 전서본에는 '邪'로 되어 있으나 국중본에 따라 바로잡는다.
10 理: 전서본에는 '利'로 되어 있으나 국중본에 따라 바로잡는다.
11 曰: 전서본에는 '曰'이 없으나 국중본에 따랐다.
12 專: 국중본에는 '余'로 되어 있다. '全'의 誤記일 가능성이 있다.

無, 故曰'危'. 正字、私字, 皆見于外者, 故人心不可謂之人欲. 人心若便是人欲, 聖人必不曰'危'. 危者謂易流於人欲也. 因手畫成圖."

『疾書』1-3 　　魯齋圖說多未明. 危非本無之故, 而正字、私字, 又何以爲見于外者? 性命本正, 形氣本私. 正而難見, 故曰"微"; 私而易墮, 故曰"危". 如是言之, 足矣. 若不見外, 則性命非正, 形氣非私耶? 至於圖, 却以形氣性命同歸, 而但以私[13]歸之於邪, 若然私只是邪私之私, 而君子所無也. 然吾之形氣, 非與於他人, 而飢寒痛痒, 聖愚同有, 烏可謂無私?

2 『抑』詩

『心經』3 　　『詩』曰: "視爾友君子, 輯柔爾顔, 不遐有愆. 相在爾室, 尙不愧于屋漏, 無曰不顯, 莫予云覯. 神之格思, 不可度思, 矧可射思."

『附註』3-1 　　朱子曰: "衛 武公學問之功甚不苟. 年九十五歲, 猶命羣臣, 使進規諫. 至如『抑』詩, 是他自警之詩, 後人不知, 遂以爲戒厲王. 畢竟周之卿士, 去聖人近, 氣象自是不同."

『附註』3-2 　　西山 眞氏曰: "此武公自警之詩也. 人之常情, 祇敬於羣居者易, 兢畏於獨處者難. 子思作『中庸』, 推明其說, 曰: '微之顯, 誠之不可揜也.' 嗚呼! 武公其聖賢之徒與."

『疾書』2-1 　　按『史記』, 衛 武公襲殺兄[14]共伯而立. 此事曖然千載難明. 今曰: "相在爾室, 尙不愧于屋漏, 無曰不顯, 莫予云覯." 苟其平生有極惡大慝, 必將於口吻無此說話, 此足以暴於後矣. 是以君子貴學.

---

13 私 : 국중본에는 '邪'로 되어 있다.
14 兄 : 국중본에는 '兄'자가 빠져 있다.

3   『乾』九二

『心經』4   『易‧乾』之九二: "子曰: '庸言之信, 庸行之謹, 閑邪存其誠'."

『附註』4-1   程子曰: "閑邪更着甚工夫? 惟是動容貌、整思慮, 則自然生敬. 敬只是主一. 主一則旣不之東, 又不之西, 如此則只是中. 旣不之此, 又不之彼, 如此則只是內, 存此則天理自然明. 學者須是將敬以直內, 涵養此意, 直內是本."

『附註』4-2   又曰: "閑邪則誠自存. 如人有室, 垣牆不修, 不能防寇, 寇從東來, 逐之則復有自西入, 逐得一人, 一人復至. 不如修其垣牆則寇自不至. 故欲閑邪也."

『附註』4-3   又曰: "敬是閑邪之道. 閑邪、存其誠, 雖是兩事, 然亦只是一事. 閑邪則誠自存矣. 天下有一箇善一箇惡, 去善卽是惡, 去惡卽是善. 譬如門不出便入."

『疾書』3-1   物至而能閑者, 非敬不能, 敬則誠.

『疾書』3-2   『動箴』云"哲人知幾, 誠之於思", 不動於心也. "志[15]士勵行, 守之於爲", 不動於身也. 言動則二者擧之矣. 若但曰身之勿動, 固有邪思妄念雜於方寸, 而誠不得存.

『疾書』3-3   "中"以事言, "內"以身言. 動則不東不西而專於事, 靜則不此不彼而存於身, 皆所以主一也. "中"者事之中也, 旣無東西之走作, 則中而已.

---

15 志: 국중본‧전서본에는 '智'로 되어 있으나 『動箴』에 따라 바로잡는다.

『附註』4-4 ___ 朱子曰: "常言旣信, 常行旣謹, 但用閑邪, 怕他入來, 此正是無射亦保之意. 無射亦保, 雖無厭斁, 亦當保也, 保者持守之意."

『附註』4-5 ___ 臨川 吳氏曰: "程子謂'思無邪者, 誠也.' 此邪字指私欲惡念而言. 有理無欲, 有善無惡, 是爲無邪, 無邪斯不妄, 不妄之謂誠, 以『大學』之目則誠意之事也. 『易·文言傳』曰: '閑邪存其誠.' 此邪字非私欲惡念之謂. 誠者, 聖人無妄眞實之心也, 物接乎外, 閑之而不干乎內, 內心不二不雜, 而誠自存, 以『大學』之目則正心之事也. 凡人昧然於理欲善惡之分者, 從欲作惡, 如病狂之人, 蹈水入火, 安然不以爲非, 蚩蚩蠢蠢, 冥頑不靈, 殆與禽獸無異. 其次頗知此之爲理爲善, 彼之爲欲爲惡, 而志不勝氣, 閑居獨處之際, 邪思興焉. 一有邪思, 卽遏制之, 乃不自欺之誠也. 夫旣無邪思, 則所思皆理皆善矣. 然一念才起, 而一念復萌, 一念未息, 而諸念相續, 是二也是雜也, 匪欲匪惡, 亦謂之邪, 此『易·傳』所謂閑邪之邪, 非『論語』無邪之邪也. 蓋必先能屛絶私欲惡念之邪, 而後可與治療二而且雜之邪. 誠意而正心, 其等豈可躐哉!"

『疾書』3-4 ___ 吳氏之說, 與程子『四勿』之訓不同. 非禮處, 便是私欲惡念. 『易』只言"閑邪", 何以知與"思無邪"不同? 吳氏之意, 蓋謂旣曰"庸言之信, 庸行之謹", 繼之曰"閑邪", 其上面信言謹行, 已是邪惡之閑矣, 故疑其爲正心之功. 然朱子旣謂"無射亦保"之意, "無射"屬之信謹, "亦保"屬之閑邪, 而義無不該.

『疾書』3-5 ___ 吳氏論三品人, 猶有未備. 朱子曰: "固有意已[16]誠而心不正者, 亦有意未誠而心不正者." 如鑄私錢, 假官會, 是也. 其昧於善惡之分者, 卽無責矣; 或旣知其非, 而猶肯恣爲, 此朱子所謂無狀小人, 而與自欺不同. 須添此段, 而方爲完備.

---

16 已: 국중본에는 '有'로 되어 있다.

4　『坤』六二

『心經』5　　『易·坤』之六二曰: "君子敬以直內, 義以方外, 敬義立而德不孤. '直方大不, 習無不利', 則不疑其所行也."

『原註』5-1　　伊川先生曰: "敬立而內直, 義形而外方. 義形於外, 非在外也."

『原註』5-2　　又曰: "主一之謂敬, 直內乃是主一之義. 至於不敢欺不敢慢, 尙不愧于屋漏, 皆是敬之事也. 但存此涵養久之, 自然天理明."

『附註』5-1　　程子曰: "學者不必遠求, 近取諸身, 只明人理, 敬而已矣, 便是約處. 『易』之『乾卦』言聖人之學, 坤卦言賢人之學. 惟言'敬以直內, 義以方外, 敬義立而德不孤', 至于聖人, 亦止如是, 更無別途. 穿鑿繫累, 自非道理. 故有道有理, 天人一也, 更不分別. 浩然之氣, 乃吾氣也, 養而不害, 則塞乎天地, 一爲私心所蔽, 則欿然而餒, 知其小也. '思無邪'、'無不敬', 只此二句, 循而行之, 安得有差? 有差者, 皆由不敬不正也."

『疾書』4-1　　敬義是體用. 然敬是主一, 主一則通貫動靜. 故如不敢欺謾、不愧屋漏之類, 已兼方外說, 而總之謂敬之事也. 靜而存天理, 動而遏人欲, 卽涵養節度. 苟不格致而明夫天理之實, 存亦非得, 遏亦非眞. 此其就上面, 更有親切下功處. 然所謂"自然天理明"者, 何也? 亦曰知行兩進, 故敬義都屬之行, 而與知相須者也. 雖欲格而致之, 非敬亦無所用力, 故必以敬爲基本, 從此而致其知, 則得尺得寸,[17] 方爲吾有, 天理之明, 可以馴致, 非謂冗守一敬字, 而衆理自明也. 程子曰: "涵養須用敬, 進學則在致知." 此可以破的.

『疾書』4-2　　要有敬須先明人理, 要明人理須先近取諸身.

17　得尺得寸: 국중본에는 '得寸得尺'으로 되어 있다.

『附註』5-2 ___ 又曰: "敬義夾持, 直上達天德自此."

『附註』5-2-1 ___ 問夾持之意, 朱子曰: "最下得此兩字好, 敬主乎中, 義防於外, 二者相夾持, 要放下霎然不得, 只得直上去, 故便達天德."

『附註』5-2-2 ___ 又曰: "表裏夾持, 更無東西走作去處, 上面只有箇天德."

『附註』5-2-3 ___ 又曰: "敬義內外交相養, 夾定在這裏, 莫敎一箇有些走失, 如此則下不染於物欲, 只得上達天德也."

『疾書』4-3 ___ 敬義夾持, 則德聚而不孤, 不孤則成大, 如人聚則成大衆, 水聚則成大海也. 大之極則天德而已.

『疾書』4-4 ___ 德曰天德, 氣曰浩氣, 有是氣然後方有是德, 有是德然後方有是氣.

『附註』5-3 ___ 問: "『丹書』: '敬勝怠者吉, 怠勝敬者滅; 義勝欲者從, 欲勝義者凶.'" 朱子曰: "敬便堅立, 怠便放倒, 以理從事是義, 不以理從事是欲. 這敬義是體用, 與『坤卦』說同."

『疾書』4-5 ___ 敬義內修也, 怠欲外侮也. 『易』文得『丹書』而後, 治己之功備矣.

『附註』5-7 ___ (程子)又曰: "'敬以直內', 有主於內則虛, 自然無非僻之心. '必有事焉', 須把敬來做件事著. 此道最是簡最是易, 又省工夫. 爲此語雖近似常人, 然持之久, 必別."

『附註』5-8 ___ 有言: "未感時, 知如[18]何所寓?" 曰: "操則存, 舍則亡, 出入

---

18 如: 『二程遺書』에 '心'으로 되어 있다. 번역은 『이정유서』를 따랐다.

無時, 莫知其鄕, 更怎生尋所寓? 只是操而已, 操之道, 敬以直內也."

『疾書』4-6 ___ "敬以直內", 則心在腔子, 是心之所寓也. "莫知其鄕"[19], 是衆人不敬之病.

『疾書』4-7 ___ 養心[20], 不越於操存而內虛. 不操則亡, 不虛則留, 敬而直內, 盡之矣.

『附註』5-10 ___ 程子曰: "主一之謂敬, 無適之謂一."

『疾書』4-8 ___ 問: "'不貳不參'·'不南不北', 如何分別?" 朱子曰: "上面說箇心不二三, 下面說箇心不走作." 『論語集註』云: "敬者, 主一無適之謂", 因而解之曰: "其身在是, 則其心在是, 無一息之離; 其事在是, 則其心在是, 無一念之雜." 陳北溪云: "無事時, 心常在這裡[21], 不走作, 固是主一; 有事時, 心應這事, 更不張[22]第二第三事來挿, 也是主一." 又云: "主一, 是心只在此, 不二不三; 無適, 是心只在此, 不東不西. 主一無適, 只展轉相解釋要分明, 非主一外又別有無適之功也."

吳氏曰: "凡事主於一而不二乎彼, 凡念無所適專在乎此." 張氏曰: "主一之謂敬, 無適之謂一. 夫所謂'一'者, 豈有可玩而執者哉? 無適乃一也, 盖不越乎此而已." 愚按, "主一無適", 有未可深曉者, 姑以先儒諸說參攷, 庶可以有得矣.

『附註』5-11 ___ 程子曰: "整齊嚴肅, 則心自一, 一則無非僻之干矣." 又曰: "嚴威儼恪, 非敬之道, 但致敬, 須從此入."

『附註』5-11-2 ___ 又曰: "比因朋友講論, 深究學者之病, 只是合下欠却持

---

19 鄕: 국중본에는 '嚮'으로 되어 있다.
20 心: 국중본에는 '止'로 되어 있다.
21 裡: 국중본에는 '裏'로 되어 있다.
22 張: 『北溪字義』에는 '將'으로 되어 있다.

敬工夫, 所以事事滅裂. 其言敬者, 又只說能存此心, 自然中理, 至於容貌詞氣, 往往全不加功. 設使眞能如此存得, 亦與<u>釋</u>、<u>老</u>何異? 又況心慮荒忽, 未必眞能如此存得邪? <u>程子</u>言敬, 必以整齊嚴肅、正衣冠、尊瞻視爲先, 又言未有箕踞而心不慢者, 如此乃是至論. 而先聖說克己復禮, 尋常講說, 於禮字每不快意, 必訓作理字然後已, 今乃知其精微縝密, 非常情所能及耳."

『疾書』4-9 ___ "克己復禮爲仁"與"整齊嚴肅心自一", 語意相類. <u>朱子</u>尋常講說不快意者, 以其禮爲節文, 不足當爲仁之功, 乃今以程子諸說參驗, 知其爲縝密云爾.

『附註』5-12 ___ <u>上蔡 謝氏</u>曰: "敬是常惺惺法."

『附註』5-13 ___ <u>和靖 尹氏</u>曰: "敬者, 其心收斂, 不容一物之謂."

『附註』5-14 ___ <u>朱子</u>曰: "敬者, 聖學之所以成始成終者也. 觀<u>程子</u>、<u>謝氏</u>、<u>尹氏</u>數說, 足以知其用力之方矣." 或問三先生言敬之異. 曰: "譬如此室四方皆入得, 若從一方入至此, 則三方入處, 皆在其中矣."

『疾書』4-10 ___ <u>朱子</u>四方之喩, 見『大學或問』. 初無"嚴威儼恪"一條, 以其與"整齊嚴肅"意義一般, 故<u>程子</u>採以附之. "整齊嚴肅", <u>盧氏</u>以正衣冠、尊瞻視, 足容重、手容恭之類爲解, 而有動靜之別, 則其說良是矣. 今『敬齋箴』上頭, 兩條皆帖在一句上. <u>謝</u>、<u>尹</u>兩說亦互資之功, 雖欲惺惺, 而無收斂不容之功, 則難以致力; 雖收斂不容[23], 而無惺惺之法, 則亦不濟事. 『敬齋箴』所謂如賓如祭、守口防意, 卽收斂不容一物之謂也; 戰戰兢兢、洞洞屬屬, 卽常惺惺之謂也, 這都是主一無適. 故『敬齋箴』有東西二三之別, 兩相較勘, 其意尤明. 要之『箴』是論

---

23 不容: 국중본에는 '不容' 뒤에 '物'자가 있다.

敬之全體, 則於此數者, 必不闕一故也.

『疾書』4-11 ___ 敬義是內外夾持之功, 程、朱之論亦備矣. 恐不謂直內則便方外也. 以功夫到處言, 則內外合一, 故內旣直外自方. 若以學者事言, 須加夾持之功.

5 『損』、『益』

『心經』6 ___ 『損』之『象』曰: "山下有澤, 損. 君子以, 懲忿窒慾."

『疾書』5-1 ___ 山、澤、風、雷亦許多, 惟此兩卦言懲窒遷改, 則當云窒慾如塡山下之澤, 懲忿如摧澤上之山, 遷善如遇雷之風, 改過如遇風之雷.

『附註』6-6 ___ 又曰: "向見呂伯恭, 說少時性氣粗暴, 嫌飮食不如意, 便打破家事. 後日久病, 只將一冊『論語』, 早晚閑看, 至'躬自厚而薄責於人', 忽然覺得, 意思一時平了, 遂終身無暴怒. 此可爲變化氣質法."

『疾書』5-2 ___ 東萊之言, 不但爲懲窒之要, 亦是遷改之大法. 意者, 病久不與物接, 靜而讀書思量, 其工夫到頭, 故能發機之速如此.

『心經』7 ___ 『益』之『象』曰: "風雷益, 君子以, 見善則遷, 有過則改."

『附註』7-2 ___ 予年十六七時, 好田獵. 旣而自謂已無此好, 周茂叔曰: "何言之易也? 但此心潛隱未發, 一日萌動, 復如初矣." 後十二年, 暮歸在田野間, 見田獵者, 不覺有喜心, 方知果未也.

『疾書』5-3 ___ 暮歸喜獵有二義. 本自蠱心觸物便動, 一也. 比如薪乾火燃, 雖使撲滅, 薪本引火之物, 遇火輒燃也. 前旣種下滯匿復發, 二也. 比如旣留餘爐, 引火尤速也. 以明道三十來歲, 尙有此過, 在凡人知所懼矣.

『附註』7-3 ___ 伊川先生曰: "罪己責躬, 不可無, 然亦不當長留在心胸爲悔."

『疾書』5-4 ___ 自謂無好[24], 制伏得力, 後知果未, 患生所忽, 非明道用力[25]或退也. 旣謂已[26]無, 堤[27]防稍緩也, 更也, 人皆仰之, 復何留在[28]之有? 不然一悔二悔[29], 積成私意, 心體爲之繫累矣.

『附註』7-4 ___ 上蔡 謝氏與伊川先生別一年, 往見之. 先生曰: "做得甚工夫?", 謝曰: "只去得箇矜字." 曰: "何故?", 曰: "子細點檢來, 病痛盡在這裏. 若按伏得這箇罪過, 方有向進處." 先生點頭語在坐曰: "此人爲學, 切問近思者也."

『疾書』5-5 ___ 何謂"點檢"? 如人將遷善, 其心下自謂已善, 將改過自謂無過, 這都是矜字之罪過. 又如將懲忿窒慾, 便自謂吾之所以忿與慾實當, 這又是矜字之罪過. 學安能進? 欲免此, 須是謙. 謙者, 矜之反也. "謙, 德之柄", 進善亦盡在這裏.

『附註』7-7 ___ 勉齋 黃氏曰: "『損』、『益』之義大矣, 聖人獨有取於懲忿窒慾、遷善改過, 何哉? 正心、脩身者, 學問之大端, 而齊家、治國、平天下之本也. 古之學者, 無一念不在身心之中; 後之學者, 無一念不在身心之外. 此賢愚所由分, 而聖人之所以爲深戒也."

『疾書』5-6 ___ "懲窒"屬心, "遷改"屬身.

---

24 好: 전서본에는 '妨'으로 되어 있으나 국중본에 따라 바로잡는다.
25 力: 국중본에는 '功'으로 되어 있다.
26 已: 국중본에는 '己'로 되어 있다.
27 堤: 국중본에는 '陡'로 되어 있다.
28 在: 국중본에는 '在'자가 빠져 있다.
29 悔: "一悔二悔"의 '悔'가 전서본에는 '誨'로 되어 있으나 국중본에 따라 바로잡는다.

6 『復』初

『心經』8 　　『復』之初九曰: "不遠復, 無祗悔, 元吉", 子曰: "顔氏之子, 其殆庶幾乎! 有不善, 未嘗不知, 知之, 未嘗復行也."

『附註』8-1 　　程子曰: "如顔子地位, 豈有不善? 所謂不善者, 只是微有差失, 才差失便能知之, 知之便更不萌作. 顔子大率與聖人皆同, 只這便有分別. 若無, 則便是聖人. 曾子三省, 只是繁約束."

『疾書』6-1 　　顔氏"庶幾", 用功已覺歇後[30]; 曾子"約束", 節節猛心.

『附註』8-3 　　朱子曰: "屛山先生病時, 熹以童子侍疾. 一日請問平昔入道次第, 先生欣然告曰: '吾於『易』, 得入德之門焉. 所謂不遠復者, 乃吾之三字符也. 汝尙勉之!'"

『疾書』6-2 　　有不善, 知之不速, 旣知, 改之不急, 皆無以不遠復也. "三字符"者, 致知、力行之謂也. 屛山平日於事物, 必將先究其所安, 因以勇行, 故不至大過. 若不然而徒用力於三字節度, 不幾於汗漫不要耶? 若屛山, 可謂學顔子者矣.

『附註』8-5 　　南軒 張氏曰: "夫習之有斷絶者, 心過有以害之也. 心過尤難防, 一萌于中, 雖非視聽所及, 而吾時習之功, 已間斷矣, 察之緩, 則滋長矣. 惟人安於故常, 以爲微而忽焉, 此豈可使之熟也哉? 今日一念之差而不痛以求改, 則明日玆念重生矣. 積而熟, 時習之功銷矣, 不兩立也. 是以君子懼焉, 萌于中必覺, 覺則痛懲而絶之, 如分桐葉然, 不可復續. 如此則過境自疎, 時習之功專, 以至於德以凝道. 顔子之不貳, 一絶不復生也, 故名吾室曰不貳."

---

30 後: 국중본에는 '后'로 되어 있다.

『疾書』6-3 ___ 痛改心過, 卽愼獨之極功.

7 『語』絶四

『心經』9 ___ 子絶四: 毋意, 毋必, 毋固, 毋我.

『疾書』7-1 ___ 意有公底有私底. 此特因私底而言也. 意是初頭錯路, 旣無意焉, 又安有必與固、我? 此章非汎論夫子平生功夫所造. 蓋見凡人意而不防, 至於必, 必而不防, 又至於固、我, 因以夫子爲準, 曰子都絶此四病云爾.

8 顔淵問仁

『心經』10 ___ 顔淵問仁. 子曰: "克己復禮爲仁. 一日克己復禮, 天下歸仁焉. 爲仁由己, 而由人乎哉?" 顔淵曰: "請問其目." 子曰: "非禮勿視, 非禮勿聽, 非禮勿言, 非禮勿動." 顔淵曰: "回雖不敏, 請事斯語矣."

『原註』10-1 ___ 揚子曰: "勝己之私謂之克."

『疾書』8-1 ___ 克己而後無我.

『附註』10-1 ___ 伊川先生曰: "天地儲精, 得五行之秀者, 爲人. 其本也, 眞而靜, 其未發也, 五性具焉, 曰'仁義禮智信'. 形旣生矣, 外物觸其形, 而動其中矣, 其中動, 而七情出焉, 曰喜怒哀樂愛惡欲. 情旣熾而益蕩, 其性鑿矣. 故覺者約其情, 使合於中, 正其心, 養其性而已. 然必先明諸心, 知所往, 然後力行以求至焉. 若顔子之非禮勿視聽言動, 不遷怒貳過者, 則其好之篤, 學之得其道也. 然其未至於聖人者, 守之也, 非化之也, 假之以年, 則不日而化矣. 今人乃謂聖本生知, 非學可至, 而所以學者, 不過記誦文辭之間, 其亦異乎顔子之學矣."

『疾書』8-2 ___ "天地儲精", 二五之精也. "其本也眞而靜", 無極之眞也. 已說主靜張本也. "得五行之秀"者, 卽得其秀而最靈也. "五性感動"以下, 又與形生神發等語汤合. "情熾性鑿"及"約情31養性", 便是善惡分而萬事出矣. 程子之學, 一32出於濂溪, 可以左契.

『附註』10-2 ___ 張子曰: "天體物而不遺, 猶仁體事而無不在也. 禮儀三百、威儀三千, 無一物之非仁也. '昊天曰明, 及爾出王, 昊天曰旦, 及爾游衍', 無一物之不體也."

『疾書』8-3 ___ "體事無不在", 謂仁無所不包, 未說到克復處, 篁墩說未明. 然因此而其事可證, 其必然所以爲赤心說與人.33【"橫渠赤心說與人", 卽朱子語.】

『附註』10-3 ___ 又曰: "學者且須觀禮. 蓋禮者, 滋養人德性, 又使人有常業守得定. '非禮勿言, 非禮勿動', 卽是養之之術."

『附註』10-3-1 ___ 又曰: "載所以使學者先學禮者, 只爲學禮, 則便除去世俗一副當習熟纏繞. 譬之延蔓之物, 解纏繞將上去, 苟能除去世習, 則自然脫灑也."

『疾書』8-4 ___ 欲學禮, 先要除去習俗纏繞. 此克己而復禮也. 滋養德性, 便是爲仁.

『疾書』8-5 ___ "己"者, 對人之稱. 言己則未必皆邪惡, 卽人心是也. 惟其易流於惡, 故便須先去. 若聖人地位, 己便是道理, 將無事乎克之. 此所云者, 只是

---

31 情: 전서본과 국중본에는 모두 '靜'으로 되어 있는데,『心經附註』의 본문에 따라 '情'으로 바로잡는다.
32 一: 국중본에는 '一'이 없다.
33 '體事無不在' …… 所以爲赤心說與人: 전서본에서는 이 구절이 앞의『心經附註』10-1에 대한 星湖의 설명(『疾書』8-2) 뒤에 잘못 이어져 있다.

可克之已也, 則私慾[34]而已. 西山說得正當.

『疾書』8-6 ___ 言動比視聽, 其迹又著. 所以學禮, 先從言動始, 爲其有據守也. 朱子曰: "言動, 自內而出於外也."

『疾書』8-7 ___ 延蔓之物, 纏繞於物, 而不能上行, 如人痼於習俗, 而不能進也. 解纏繞, 則延蔓上行矣; 除習俗, 則德性進矣.

『疾書』8-8 ___ 顔淵旣從事博文約禮之誨, 其於格物致知, 庶幾有得矣. 及其問仁, 直曰"克己復禮", 不復去知性上提說. 若總論回之爲人, 則曰"有不善, 未嘗不知, 知之, 未嘗復行", 夫然後本末兼該矣.

『附註』10-9 ___ 又曰: "『說文』謂: '勿字似旗脚.' 此旗一麾, 三軍盡退. 工夫只在勿字上. 纔見非禮來, 則禁止之, 便克去, 纔克去, 便能復禮."

『疾書』8-9 ___ 旗在右手, 而其脚左轉, 非偃旗也, 乃揮旗之象, 故爲退也.

9 仲弓問仁

『心經』11 ___ 仲弓問仁, 子曰: "出門如見大賓, 使民如承大祭, 己所不欲, 勿施於人, 在邦無怨, 在家無怨." 仲弓曰: "雍雖不敏, 請事斯語矣."

『附註』11-1 ___ 程子曰: "孔子言仁, 只說出門如見大賓, 使民如承大祭, 看其氣象, 便須心廣體胖, 動容周旋中禮. 唯愼獨便是守之之法."

『附註』11-2 ___ 問: "出門使民之時, 如此可也, 未出門使民之時, 如之何?" 曰: "此'儼若思'時也, 有諸中而後, 見於外, 觀出門使民之時, 其敬如此, 則

---

34 慾: 국중본에는 '欲'자로 되어 있다.

前乎此者, 敬可知矣. 非因出門使民然後, 有此敬也."

『附註』11-2-1 __ 東嘉 史氏曰: "出門使民, 雖人所同知之地, 敬之至與不至, 則己之所獨知者也. 程子以爲出門使民, 便有見賓承祀之敬, 看其氣象, 便須心廣體胖, 動容周旋中禮. 然此不能謹之於己所獨知之地, 則人所同知者, 特象恭色莊耳, 此謹獨所以爲動時主敬者然也. 至於儼若思, 又未出門使民之前, 內主於敬, 初無怠惰放肆之習, 雖未與物接, 常整齊嚴肅, 若有所思耳, 非靜時主敬之謂乎? 要之, 二者正與『中庸』戒謹愼獨二節相類."

『疾書』9-1 __ 出門如賓, 使民如祭, 則未出門使民, 其敬可知. 此『中庸』所謂"愼獨"也. 因此推之, 非禮勿視, 非禮勿聽, 則未有視聽, 可知. 此『中庸』所謂"戒懼"也.

『附註』11-3 __ 問: "己所不欲, 勿施於人, 是恕?" 朱子曰: "伊川云, '恕字須兼忠字說'. 蓋忠是盡己, 盡己而後爲恕, 今人不理會忠, 而徒爲恕, 其弊只是姑息. 張子韶『中庸解』云, '聖人因己之難克, 而知天下皆可恕之人'. 卽是論之, 因我不會做, 皆使天下之人不做, 如此則相爲懈怠而已, 此言最害理."

『疾書』9-2 __ 范忠宣云"以恕己之心恕人", 卽子韶之意[35]. 須盡己而後恕人, 則雖未必至精微之極, 要是盡吾分而推及, 方是無病. 『中庸』"忠恕, 違道不遠"云云, 將說恕而先以忠兼言, 亦此意.

10 『中庸』

『心經』12 __ 『中庸』: "天命之謂性, 率性之謂道, 修道之謂敎. 道也者, 不可須臾離也, 可離, 非道也. 是故君子戒愼乎其所不睹, 恐懼乎其所不聞.

---

35 意: 국중본에는 '意也'로 되어 있다.

莫見乎隱. 莫顯乎微, 故君子愼其獨也. 喜怒哀樂之未發, 謂之中, 發而皆中節, 謂之和. 中也者, 天下之大本也, 和也者, 天下之達道也. 致中和, 天地位焉, 萬物育焉."

『附註』12-3 ___ 蘇昞問: "於喜怒哀樂之前, 求中可否?" 程子曰: "不可. 旣思於喜怒哀樂未發之前, 求之, 又却是思也. 旣思卽是已發, 才發謂之和, 不可謂之中也." 問: "呂氏言當求中於喜怒哀樂未發之前, 信斯言也, 恐無著摸, 如之何而可?" 曰: "言存養於喜怒哀樂未發之時則可, 若言求中於喜怒哀樂未發之前則不可."

『疾書』10-1 ___ "求中"之"求", 若作思量看, 則固是已發, 若只是提掇恁地, 依舊是未發也. 心之常[36]惺, 只賴[37]吾之力存, 便是求中也. 求字只輕輕說不涉思度, 則固自無病. 但呂氏之意, 不能如此, 故程子非之.

『附註』12-3-1 ___ 朱子曰: "程子'才思卽是已發'一句, 能發明子思言外之意. 蓋言不待喜怒哀樂之發, 但有所思, 卽是已發. 此意精微, 到未發界至十分盡頭, 不可以有加矣."

『疾書』10-2 ___ 凡有物在前, 便知其爲何物, 於此說喜怒哀樂不得, 此只是知覺不昧, 未[38]及乎喜怒之情. 至於善者喜之, 不善者怒之, 方始是情也, 亦有淺深之不同[39]. 若心有靈覺而猶未及乎思量, 此實本體之不昧, 不可道已發; 若思量而知其爲何物, 則雖未及於喜怒, 而不可道未發. 此所以發子思言外之意.

『附註』12-4 ___ 或問: "喜怒哀樂之前, 下動字? 下靜字?" 曰: "謂之靜則可,

---

36 常 : 전서본에는 '甞'으로 되어 있으나, 국중본에 따라 고쳤다.
37 賴 : 국중본에는 '懶'로 되어 있다.
38 未 : 전서본에는 '不'로 되어 있으나, 국중본에 따라 고쳤다.
39 同 : 국중본에는 '固'로 되어 있고, 그 옆에 "恐同"이라는 교정주가 붙어 있다.

然靜中須有物始得. 這裏便是難處. 學者莫若且先理會得敬, 能敬則自知此矣."

『附註』12-5 ___ 或曰: "當靜坐時, 物之過乎前者, 還見不見?" 曰: "看事如何, 若是大事如祭祀, 前旒蔽明, 黈纊充耳, 凡物之過者, 不見不聞也, 若無事時, 目須見耳須聞."

『疾書』10-3 ___ 朱子曰: "至靜之時, 但有能知覺, 而未有所知覺也. 故以爲靜中有物則可, 而便以纔思卽是已發爲比則未可." 以此言之, 凡有知覺莫非已發. 然朱子又曰: "靜中有物者, 只是知覺便是. 伊川却云'纔說知覺, 便是動', 此恐說得太過, 今不曾著於事, 但有知覺在, 何妨其爲靜? 不成靜坐便只是瞌睡." 以此言之, 心雖未動, 知覺自在. 二說不同, 將何適從? 以理言之, 後說尤長, 而『延平行狀』之類, 又可以爲證也.

且和者, 喜怒哀樂之中節也. 思則雖屬已發, 只是知覺如此而已, 未有所謂中節與否, 則安可便謂之和乎? 和之反, 則不和是也. 惟有不和, 故有和之名, 如知寒覺暖處, 更有不和者存, 而以此爲稱耶? 是未可知耳.

又按朱子以爲知寒覺暖爲已發, 此固然矣. 凡寒暖逼已, 我便有寒之暖之之心, 故曰發. 如物之在前, 開目便會, 白者知其爲白, 黑者知其爲黑, 是物來相照, 而心固未嘗動也. 何可謂已發? 程子曰"耳須聞目須見", "見聞"云者, 非視不見聽不聞之謂也. 若使有色入眼[40], 有聲入耳, 心則漠然不會可乎? 抑知其爲如何, 當應而應, 不當應而不應可乎? 聖人常寧然, 當應必應, 未應之前, 非漠然不會者矣. 然則方其[41]未應, 已有知覺, 可見.

如又曰物之來接, 心亦已動, 則外物自在, 而耳目不閉矣. 若然, 心豈有不動時節耶? 其於千條萬品, 知其不當應而不應者, 不可謂已發, 未發之前, 已有知覺, 明矣.

---

40 眼: 국중본에는 '目'으로 되어 있다.
41 其: 국중본에는 '知'로 되어 있다.

『疾書』10-4 ___ 程子曰: "以道言之, 無時而不中; 以事言之, 有時而中. 蓋在中之理, 雖曰天命之秉彛, 一不中節, 亦且漂蕩淪胥而不知所存矣." 又曰: "善觀者, 却於已發之際觀之." 朱子「答南軒書」詳之.

11 『大學』"誠意"

『心經』14 ___ 『大學』: "所謂誠其意者, 毋自欺也. 如惡惡臭, 如好好色, 此之謂自謙. 故君子必愼其獨也. 小人閒居, 爲不善, 無所不至, 見君子而后, 厭然揜其不善, 而著其善. 人之視己, 如見其肺肝然, 則何益矣? 此謂誠於中形於外, 故君子必愼其獨也. 曾子曰: '十目所視, 十手所指, 其嚴乎!' 富潤屋, 德潤身, 心廣體胖, 故君子必誠其意."

『附註』14-2 ___ 又曰: "有人胸中, 常若有兩人焉. 欲爲善, 如有惡以爲之間; 欲爲不善, 又若有羞惡之心者. 本無二人, 此正交戰之驗也. 持其志, 使氣不能亂, 此大可驗. 要之聖賢必不害心疾."

『疾書』11-1 ___ 氣之亂志, 交戰可驗. 旣持其志, 則便氣不能亂, 故無交戰之患. 此又大可驗也. 聖賢志已立矣, 又何患於心疾?

『附註』14-3 ___ 又曰: "欲知得與不得, 於心氣上驗之, 思慮有得, 中心悅豫, 沛然有裕者, 實得也. 思慮有得, 心氣勞耗者, 實未得也, 强揣度耳. 嘗有人言: '比因學道思慮心虛', 曰: '人之血氣, 固有虛實, 疾病之來, 聖賢所不免. 然未聞自古聖賢, 因學而致心疾者.'"

『疾書』11-2 ___ "勞", 悅豫之反; "耗", 裕之反.

『附註』14-3 ___ 【按】所撫二條, 皆誠意章事. 然皆以心病爲言, 蓋恐學者持之大過. 而又不可失其所有事, 必如孟子所謂勿忘勿助, 而馴致于心廣體胖, 乃有得耳.

『疾書』11-3 ___ 按『近思錄』, 交戰一條, 在存養, 悅豫一條, 在致知, 皆不涉於力行. 然知有未至則, 不能實用其力, 而意不得誠矣. 存養又在知行之間, 而誠意之所不可闕. 故程氏合以爲誠意事.

『附註』14-4 ___ 劉忠定公見溫公問"盡心行己之要, 可以終身行之者", 公曰"其誠乎!" 又問"行之何先?", 公曰"自不妄語始". 劉初甚易之, 及退而自櫽括日之所行, 與凡所言, 自相掣肘矛盾者多矣. 力行七年而後成, 自此言行一致, 表裏相應, 遇事坦然, 常有餘裕.

『疾書』11-4 ___ "盡心行己", 正心修身是也, 誠意豈非其要? 力行七年而成者, 乃盡心行己之有得.

『疾書』11-5 ___ 溫公不妄語之敎, 蓋如夫子言訒之訓.

『附註』14-11 ___ 趙致道問於朱子曰: "周子云'誠無爲, 幾善惡', 此明人心未發之體, 而指已發之端. 蓋欲學者致察於萌動之微, 知所決擇而去取之, 以不失乎本心之體而已. 或疑之, 以謂有類於胡子同體異用之云者, 遂妄以意揣量爲圖如后. 善惡雖相對, 當分賓主, 天理人欲, 雖分派, 必省宗孼. 自誠之動而之善, 則如木之自本而榦, 自榦而末, 上下相達者, 則道心之發見, 天理之流行, 此心之本主而誠之正宗也. 其或旁榮側秀, 若寄生疣贅者, 此雖亦誠之動, 則人心之發見, 私欲之流行, 所謂惡也, 非心之固有, 蓋客寓也, 非誠之正宗, 蓋庶孼也. 苟辨之不早, 擇之不精, 則客或乘主, 孼或代宗矣. 學者能於萌動幾微之間, 察其所發向背, 凡直出者爲天理, 旁出者爲人欲, 直出者爲善, 旁出者爲惡, 而於直出者, 利道之, 旁出者, 遏絶之, 功力旣至, 則此心之發, 自然出於一途, 而保有天命矣. 於此, 可見未發之前, 有善無惡, 而程子所謂, 不是性中元有此兩端相對而生者, 蓋謂此也. 若以善惡爲東西相對, 彼此角立, 則是天理人欲, 同出一原, 未發之前, 已具兩端, 所謂天命之性, 亦甚汚雜矣. 此胡氏同體異用之說也." 朱子曰: "得之."

『疾書』11-6 ＿＿ 誠之無爲, 與有爲相對. 凡人欲之生, 莫非有所爲者也. 未發旣無所爲, 又安有不善? 趙氏以私欲爲誠之動, 此甚未安. 心比如水, 誠比如淸⁴², 淸者卽水之形容, 水之無滓, 非水之名也. 至於水動而或塵滓濁汚, 是水不能保其淸也, 非淸之所動者然也.

12   修身

『心經』15 ＿＿ 所謂"脩身在正其心"者, 身有所忿懥, 則不得其正; 有所恐懼, 則不得其正; 有所好樂, 則不得其正; 有所憂患, 則不得其正. 心不在焉, 視而不見, 聽而不聞, 食而不知其味. 此謂"脩身在正其心".

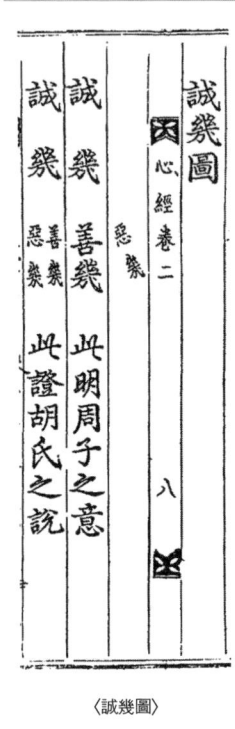

〈誠幾圖〉

『附註』15-3 ＿＿ 又曰: "閱機事之久, 機心必生. 蓋方其閱時, 心必喜, 旣喜, 則如種下種子." 又曰: "疑病者, 未有事至時, 先有疑端在心; 周羅事者, 先有周事之端在心, 皆病也."

『附註』15-3-1 ＿＿ 朱子曰: "心不可有一物. 外面酬酢萬變, 都只是隨其分限應去, 纔繫於物, 心便爲其所動. 其所以繫於物者有三. 或事未來而自家先有期待底心; 或事已應去了, 又却長存在胸中, 不能忘却; 正應事之時,

---

42 淸: 국중본에는 '水之淸'으로 되어 있다.

意有偏重. 這都是爲物所繫縛. 既爲所繫縛, 便有這箇物事, 及別事來到面前, 應之便差了. 這如何會得其正? 聖人之心, 堅然虛明, 無纖毫形迹, 事物之來, 若小若大, 四方八面, 莫不隨物隨應. 此心元不曾有這箇物事."

『附註』15-3-2 ── 東萊 呂氏曰: "喜事, 則方寸不凝定. 故擇義不精, 衛生不謹."

『疾書』12-1 ── "種下種子"[43], 如"暮歸喜獵"及"計度林木"之類. 可見"疑病"一條, 雖與此不同, 病根在心, 觸境復發. 比如濕生蒲葦、陸生荊楚, 不待種下而便自化[44]出也. 較之於上, 其害尤甚.

『附註』15-4 ── 張子曰: "正心之始, 當以己心爲嚴師, 凡有動作, 則知所懼. 如此一二年間, 守得牢固, 則自然心正矣." 又曰: "定然後有光明. 若常移易不定, 何由光明? 『易』大抵以艮爲止, 止乃光明. 故 『大學』 '定而至於能慮', 人心多則無由光明."

『附註』15-4-1 ── 西山 眞氏曰: "'多'者, 思慮紛雜之謂."

『疾書』12-2 ── 程子曰: "以心使心則可. 人心自由, 便放去也." 朱子釋之曰: "只要此心有所主宰." 問: "以心使心, 則是道心爲一身之主, 而人心其聽命否?" 朱子曰: "亦是如此. 然觀程先生之意, 只是自作主宰耳." '心爲嚴[45]師', 亦當以此意觀. '定然後光明', 於止水可驗.

『附註』15-5 ── 問: "『大學』 '誠意'如何便可以平天下?" 龜山 楊氏曰: "後世自是無人正心. 正得心, 其效自然如此. 心一念之間, 毫髮有差, 便是不正."

---

43 子: 국중본에는 '字'로 되어 있으나 전서본에 따라 바로잡는다.
44 化: 전서본에는 '比'로 되어 있으나 국중본에 따라 바로잡는다.
45 嚴: 전서본에는 '品'으로 되어 있으나 '皿'으로 되어 있는 국중본과 『張子全書』 卷6, 「學大原上」의 '以己心爲嚴師'에 따라 바로잡는다.

『疾書』12-3 ___ "誠意", 所以正心, 故可以平天下. 若但知誠意, 不能正心, 無以直內爲進德之基. 故龜山特以正心爲言.

『附註』15-6 ___ 朱子曰: "古人言'志帥'、'心君', 須心有主張始得."

『疾書』12-4 ___ 對氣而言, 則曰"志帥"[46]; 對形而言, 則曰"心君", 要是一箇主宰.

『附註』15-7 ___ 又曰: "人只有箇心, 若不降伏得, 更做甚麽人?"

『疾書』12-5 ___ "降伏", 矯其不正而正之也. 若賢者無此.

『附註』15-8 ___ 又曰: "世俗之學所以與聖賢不同者, 亦不難見. 聖賢直是眞箇去做, 說正心, 直要心正; 說誠意, 直要意誠; 修身齊家, 皆非空言. 今之學者說正心, 但將正心, 吟詠一餉; 說誠意, 又將誠意, 吟詠一餉; 說脩身, 又將聖賢許多說脩身處, 諷誦而已. 或掇拾言語, 綴緝時文, 如此爲學, 却於自家身上, 有何交涉? 這裏須用著意理會. 今之朋友固有樂聞聖賢之學, 而終不能去世俗之陋者, 無他, 只是志不立耳. 學者大要立志, '纔學, 便做聖人', 是也."

『附註』15-9 ___ 一日因論讀『大學』, 諸生答以每爲念慮攪擾, 曰: "只是不敬. 敬是常惺惺法. 以敬爲主, 則百事皆從此做去. 今人都不理會我底, 自不知心所在, 都要理會他事, 又要齊家、治國、平天下. 心者, 身之主也. 撐船須用篙, 喫飯須使匙. 不理會心, 是不用篙、不使匙之謂也. 攝心只是敬. 才敬, 看做甚麽事. 登山亦只這箇心, 入水亦只這箇心."

---

46 帥: 전서본에는 '師'로 되어 있고, 그 옆의 교정주에 '帥'라고 쓰여 있다. 『孟子』와 국중본에 따라 바로잡는다.

『疾書』12-6 __ "志立", 誠意上事; "纔學", 正心以下者, 皆是上云彼聖賢不過如是而做得成, 依此行去, 豈不是做聖人耶? 其不能者, 畢竟行之不力耳, 所以勉人之必行也. 才敬, 便攝心, 故必見做何等事也. 登山、入水, 都是攝心所做.

『附註』15-10 __ 問『忿懥章』. 曰: "這心之正, 却如秤一般, 未有物時, 秤無不平, 纔把一物在上面, 便不平了. 鏡中先有一人在裏面, 別一箇來, 便照不得. 這心未有物之時, 先有箇主張, 說道'我要如何處事', 便是不正. 且如今人說'我做官, 要抑强扶弱', 及遇著當强底事, 也去抑他, 這便是不正." 又問公私之別. 曰: "譬如一件事若係公衆, 便心下不大管, 若係私己, 便只管橫在胸中, 念念不忘, 只此便是公私之辨."

『疾書』12-7 __ "公私之別"一段, 恐非專爲正心發. 雖係公衆, 若橫在胸中, 念念不忘, 心便不正也. 朱子曰: "意未誠, 是私罪; 心不正, 是公罪." 意旣誠後, 豈有私係橫肚之理? 此云者是誠意以前之事.

『附註』15-11 __ 問: "憂患、恐懼四字似一般." 曰: "不同. 恐懼是目下逼來得繁底, 使人恐懼失措; 憂患是思慮預防將來有大禍福利害." 又問: "忿懥、好樂, 在我之事, 可以勉强不做, 如憂患、恐懼是外面來底, 不由自家." 曰: "都不得. 便是外面來底, 須是自家有箇道理, 處置得下, 恐懼、憂患, 只是徒然. 孔子畏匡人, 文王囚羑里, 死生在前了, 聖人處之恬然. 只看此, 便是要, 見得道理分明, 自然無此患."

『附註』15-11-1 __ 仁山 金氏曰: "忿懥、恐懼、好樂、憂患四者, 喜怒哀樂之發, 乃心之用, 而人所不能無者, 則何惡於是而便以爲不得其正哉? 蓋當怒則怒, 怒而不遷; 當懼則懼, 懼而非懾; 可好則好, 好而非欲; 可憂則憂, 憂而非傷, 是爲得此心體用之正, 而非可以有無言之也. 今以傳文觀之, 一則曰有所, 二則曰有所, 則是心之所主者在此, 其失也固矣. 忿而曰忿懥, 懼而曰恐懼, 好而曰好樂, 憂而曰憂患, 卽其重疊之辭, 則是情之所勝者至此, 其滯也深矣. 夫以心主於此而失之固, 情勝至此而滯之深, 則此心能得其正乎? 夫無所喜怒憂懼而歸於寂滅, 固非心之正體; 有所喜怒憂懼而失之滯固, 亦非心之正用. 惟事至而隨應, 物去而不留, 其斯以爲正乎! 非聖賢, 其孰能若此?"

『疾書』12-8 ___ 心之不正, 患在於"有所"二字, 而不[47]在於"重疊". 退溪已辨[48]得良是.

『附註』15-12 ___ 張思叔詬詈僕夫, 伊川先生曰: "何不動心忍性?" 思叔慙謝.

『疾書』12-9 ___ "詬詈"者, 怒之過也. 怒卽情也. 情者, 性之動, 而性中原有此理, 故曰人所不能無也. "忍性", 如所謂定性. 性定, 則情無妄, 故任性而不攝者謂之索性也. 心者, 統性情者也. 凡有所作爲, 皆心之爲也. 故不動心[49], 則又無以忍性也.

『附註』15-13 ___ 伊川先生曰: "呂與叔有詩云: '學如元凱方成癖, 文似相如殆類俳. 獨立孔門無一事, 只輸顔氏得心齋.' 古之學者, 惟務養性, 其他則不學; 今爲文者, 專務章句, 悅人耳目. 旣務悅人, 非俳優而何?"

『疾書』12-10 ___ 方且成癖, 而不自覺悟云, 則有惜之之意. 務悅耳目, 幾於俳優之賤其己以[50]媚人, 則有哀之之意. 彼皆心有所累而然也. "無一事"者, "心齋"也. 心無所累, 惟顔氏爲然. "輸"者, 乃輸致於彼, 不敢與比, 則輸贏之輸是也, 有願慕忻[51]服之意.[52]

---

47 不: 전서본에는 누락되어 있으나 국중본에 따라 보충한다.
48 辨: 국중본에는 '辯'으로 되어 있다.
49 心: 국중본에는 '心'자가 빠져 있다.
50 己以: 국중본에는 '以己'로 되어 있다.
51 忻: 국중본 원문의 글자가 불분명하여 문맥상 추정하였다.
52 輸者 …… 有願慕感服之意: 전서본에는 누락되어 있으나 국중본에 따라 보충한다.

『附註』15-14 ___ 問: "獨處一室, 或行闇中, 多有驚懼, 何也?" 曰: "只是燭理不明. 若能燭理, 則知所懼者妄, 何懼焉? 有人雖知此, 然不免有懼心者, 只是氣不充. 須是涵養, 久則氣充, 自然物動不得. 然有懼心, 亦是敬不足."

『疾書』12-11 ___ "燭理明"云者, 非謂鬼、魅無可懼. 固有魍魎、夜叉能懾殺人者, 豈非可懼[53]乎? 然在我愼[54]之而已, 驚懼何益? 此謂理不明敬不足也.

『附註』15-15 ___ 伊川涪陵之行, 過灩澦, 波濤洶湧, 舟中之人皆驚愕失措, 獨伊川凝然不動. 岸上有樵者厲聲問曰: "舍去如斯? 達去如斯?" 欲答之, 而舟已行.

『疾書』12-12 ___ "舍去如斯? 達去如斯?", 問之之辭也. "舍", 如向勇取義之士舍置死生, 而不爲動也; "達", 如齊彭殤、一榮辱, 達於生死之命, 而亦不爲動也. 樵者見其如斯, 而以此兩者設問. 先生之所欲答者, 蓋理明心定, 隨遇而安之意也.

『附註』15-17 ___ 伊川歸自涪州, 氣貌、容色、鬚髮皆勝平昔. 門人問: "何以得此?" 曰: "學之力也. 大凡學者學處患難貧賤. 若富貴榮達, 卽不須學."

『附註』15-17-1 ___ 太常臧格撰諡議曰: "伊川先生之學, 專以敬爲主, 充養旣至, 固宜粹然, 一出於正也. 夫一恚罵之微, 若未過也, 則戒其動心忍性, 蓋有所忿懥, 則不得其正; 一警懼于暗室之頃, 未爲失也, 則斥其燭理不明, 蓋有所恐懼, 則不得其正; 以至溺文章, 則惡其玩物, 遇患難, 則憫其不能舍生, 蓋有所好樂憂患, 則俱不得其正. 夫人而能盡去其累, 奚患不盡復其全乎?"

『附註』15-17-2 ___ 【按】臧氏所論敬, 與『章句』不合, 然深有警于學者.

---

53 懼: 전서본에는 '愼'으로 되어 있으나 국중본에 따라 바로잡는다.
54 愼: 국중본에는 '懼'로 되어 있다.

『疾書』12-13 ___ 篁墩以爲臧氏說與『集註』不同. 其意蓋曰『集註』以敬爲存心之要, 臧氏以敬爲去累之方也. 然存心乃所以去累, 敬以直內之, 則可以忍性, 可以明理, 可以不溺於玩物, 而遇難舍生. 如是看, 初未嘗有異也. 但其"未爲失"等語下得有病, 更詳之.

『附註』15-21 ___ 問: "每有喜好適意底事, 便覺有自私之心. 若欲見理, 莫當便與克下否?"曰: "此等事見得道理分明, 自然消磨了, 似此迫切, 却生病痛."

『疾書』12-14 ___ 雖有喜好適意之事, 我卽順應, 而不滯於心. 不然者, 是自私也. 只是見理不明, 不能以外物爲應迹. 若不先務[55]致知之學, 徒於痛下克去, 反生病痛也.

『附註』15-22 ___ 又曰: "風俗尙鬼, 如新安等處, 朝夕如在鬼窟. 鄕里有所謂五通廟, 最靈怪. 某初還, 被宗人煎迫令去, 不往. 是夜, 會族人, 往官司, 打酒有灰, 乍飮, 遂動臟腑終夜. 次日, 又偶有一蛇在塔旁, 衆人闚然以爲不謁廟之故. 某告'以臟腑是食物, 不著關他甚事, 莫枉了五通.' 中有某人, 是向學之人, 亦來勸往, 云'亦是從衆'. 某以'從衆何爲? 不意公亦有此語.'"

『疾書』12-15 ___ "莫枉了五通", 謂此非五通所爲. 今勒以爲然, 則是枉了也. 枉是冤枉之枉.

『疾書』12-16 ___ 佛書云: "神五通, 佛六通. 五通不死, 六通無死無生." "六通"者, 謂天眼、天耳、他心、宿命、神境、漏盡也. "五通", 卽不能盡通于彼也. 故謂神祠曰五通廟. 【『柳文別錄』: "柳州舊有鬼, 名五通. 予始到, 不之信. 一日因發篋易衣, 衣盡爲灰燼. 余乃爲文, 醮訴於帝, 帝悉我心, 遂爾龍城絶妖邪之恠."】

『疾書』12-17 ___ 醫家以酒之無滓曰無灰. 酒有灰, 卽滓濁不佳者.

---

55 務: 국중본에는 다음에 '於格物'이 있다.

13 『樂記』"禮樂"

『心經』16 ___ 『樂記』君子曰: "禮樂不可斯須去身. 致樂以治心則易直子諒之心, 油然生矣, 易直子諒之心生則樂, 樂則安, 安則久, 久則天, 天則神. 天則不言而信, 神則不怒而威, 致樂以治心者也. 致禮以治躬則莊敬, 莊敬則嚴威. 中心斯須不和不樂, 而鄙詐之心入之矣; 外貌斯須不莊不敬, 而易慢之心入之矣. 故樂也者, 動於內者也; 禮也者, 動於外者也. 樂極和, 禮極順, 內和而外順, 則民瞻其顏色, 而弗與爭也, 望其容貌, 而民不生易慢焉. 故德輝動於內而民莫不承聽, 理發諸外而民莫不承順. 故曰'致禮樂之道, 擧而錯之天下, 無難矣.'"

『附註』16-1 ___ 程子曰: "學只要鞭辟近裏著己而已. 故'切問而近思, 則仁在其中矣', '言忠信, 行篤敬, 雖蠻貊之邦行矣; 言不忠信, 行不篤敬, 雖州里行乎哉! 立則見其參於前也, 在輿則見其倚於衡也. 夫然後行.' 只此是學, 質美者明得盡, 查滓便渾化, 却與天地同體, 其次惟莊敬持養, 及其至則一也."

『附註』16-1-1 ___ 問: "鞭辟如何?" 朱子曰: "此是洛中語, 一處說作鞭約. 大抵是要鞭督向裏去. 今人皆不是鞭督向裏, 心都向外, 恰似一隻船覆在水中. 須是去翻將轉來, 便得使吾輩須勇猛著力."

『疾書』13-1 ___ "鞭辟", 謂驅以辟上[56]之也. "近裡[57]", 謂收放心也. 放者, 須[58]回向裡也, "著[59]己", 如要在腔子, 而不離於軀殼也. 自"切問近思"至"參前倚衡", 爲近裡著己之範度也. 質美爲上、莊敬次之, 謂近裡著己之有難易先後也.

---

56 上: 국중본에는 '止'로 되어 있다.
57 裡: 국중본에는 '理'로 되어 있고, 그 옆에 교정주로 "恐裏"라고 쓰여 있다.
58 須: 국중본에는 '收'로 되어 있다.
59 著: 국중본에는 '著'자의 교정주에 "著字皆着字"라고 쓰여 있다.

『附註』16-2 ___ 李端伯問: "每日常遇事, 卽能知操存之意. 無事時, 如何存養得熟?" 曰: "古之人, 耳之於樂, 目之於禮, 左右起居, 盤盂几杖, 有銘有戒, 動息皆有所養. 今皆廢此, 獨有理義之養心耳. 但存此涵養意, 久則自熟矣. 敬以直內, 是涵養意. 言不莊不敬, 則鄙詐之心生矣; 貌不莊不敬, 則怠慢之心生矣."

『附註』16-3 ___ 又曰: "古者, 玉不去身, 無故不徹琴瑟, 自成童入學, 四十而出仕, 所以敎養之者備矣. 理義以養其心, 禮樂以養其血氣. 故其才高者爲聖賢, 下者亦爲吉士, 由養之至也."

『疾書』13-2 ___ 樂主和樂, 禮主莊敬. 言不莊不敬, 言之非禮也; 貌不莊不敬, 動之非禮也. 凡聲音之養耳, 彩色之養目, 則今皆無之. 故只以言動爲喩.

『疾書』13-3 ___ 『記』云"入", 程子云"生", 其實一也. "生"者, 始無而今有, 故謂之"入", 亦可矣.

『疾書』13-4 ___ 言由中出, 故其失鄙詐; 貌自外飾, 故其失怠慢.

『附註』16-6-3 ___ 又曰: "今人不肯做工夫, 有是覺得難, 後遂不肯做; 有自知不可爲, 公然遜與他人. 如退產相似, 甘伏批退, 自己不願要."

『疾書』13-5 ___ "退產"恐是交易財產, 又自還退任他人典買也. 其退也, 亦必有自批題券文上以爲信, 故曰"伏批退"也.

『附註』16-10 ___ 南軒 張氏曰: "李季修問: '所謂敬之說, 當用力, 誠不可怠惰, 而嚮晦宴息, 亦當隨時.' 某以爲嚮晦入宴息乃敬也, 知嚮晦宴息之爲非怠惰, 乃可論敬之理矣."

『疾書』13-6 ___ "向晦宴息"之"敬", 當於「夙夜箴」求之.

『附註』16-15 ___ 明道先生曰:"某書字甚敬, 非是欲字好. 只此是學, 只此求放心."

『疾書』13-7 ___ 朱子「書字銘」云"握管濡毫, 伸紙行墨. 一在其中, 點點畫畫. 放意則荒, 取姸則惑. 必有事焉, 神明其德.", 足以發揮矣.'

『附註』16-16 ___ 藍田 呂氏曰:"橫渠先生終日危坐一室, 左右簡編, 俯而讀, 仰而思, 有得則識之. 或中夜起坐, 取燭以書. 其志道精思, 未始須臾息, 亦未嘗須臾忘也."

『疾書』13-8 ___ "夜起取燭", 朱子所謂"妙契疾書"是也. 程子聞之云:"子厚如是不熟."

『附註』16-21 ___ 朱子曰:"陳才卿問:'程先生如此謹嚴, 何故諸門人皆不謹嚴?' 某答云:'是程先生自謹嚴, 諸門人自不謹嚴, 干程先生何事?' 某所以發此者, 正欲才卿深思而得, 反之於己, 如針之箚身, 皇恐發憤, 無地自存, 思其所以然之故."

『附註』16-21-1 ___ 【按】程門高弟如上文所記楊、呂、朱、尹愼獨之事, 可謂"謹嚴"矣. 陳氏乃有此問, 當時必有所指, 合不可考矣.

『疾書』13-9 ___ 程門不謹嚴, 恐指周行己之類.

14 反情和志

『心經』17 ___ 君子反情以和其志, 比類以成其行. 姦聲亂色, 不留聰明, 淫樂慝禮 不接心術. 惰慢邪僻之氣, 不設於身體, 使耳目鼻口心知百體, 皆由順正, 以行其義.

『附註』17-1 ___ 張子曰: "戲言, 出於思也; 戲動, 作於謀也. 發於聲, 見乎四支, 謂非己心, 不明也. 欲人無己疑, 不能也. 過言, 非心也; 過動, 非誠也. 失於聲, 繆迷其四體, 謂己當然, 自誣也. 欲他人己從, 誣人也. 或者謂出於心者, 歸咎爲己戲, 失於思者, 自誣爲己誠, 不知戒其出汝者、歸咎其不出汝者, 長敖且遂非, 不知孰甚焉!"

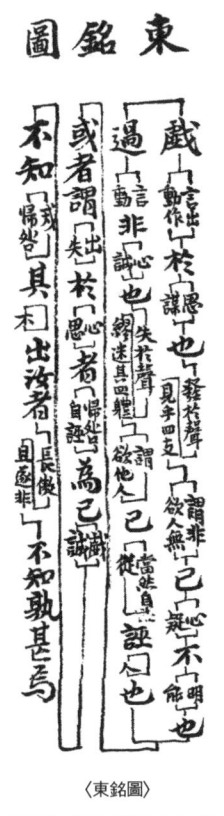

〈東銘圖〉

『附註』17-1-1 ___ 朱子曰: "橫渠學力絶人. 尤勇於改過, 獨以戲爲無傷. 一日忽曰: '凡人之過, 猶有出於不知而爲之者, 至戲則皆有心爲之也. 其爲害尤甚, 遂作「東銘」.'"

『疾書』14-1 ___ 『東銘』之說, 甚艱晦, 然亦有條理可尋. 蓋"戲"者, 畢竟出於思. 率爾爲之, 亦不自覺其然, 故謂非己心, 此不明也. 如此猶無"長傲"之患. 其或以戲爲無妨而任情肆行, 只歸咎爲己戲者, 所謂"不知戒其出汝者"也. "過"者, 畢竟不出於心, 猶不肯知罪而勇改, 反[60]自視蔑然, 謂吾事宜然, 是爲自棄, 不可以有進矣. 然如此者, 猶無"遂非"之患. 其或以過爲道理當然而反自誣己誠者, 所謂"不知歸咎其不出汝者"也. 若戲者戒之, 過者歸咎之, 則焉有長傲遂非之患? 仍畫爲圖.

『附註』17-2 ___ 又曰: "戲謔, 不惟害事, 志亦爲氣所流. 不戲謔亦是持氣之一端."

---

[60] 反: 국중본에는 '及'으로 되어 있다.

『附註』17-2-1 ___ 西山 眞氏曰: "韓子與張籍書云'昔者, 夫子猶有所戲', 『詩』曰'善戲謔兮! 不爲虐兮!', 『記』曰'張而不弛, 文武不能也', 惡害其爲道哉, 而張子乃云爾, 何耶? 蓋牛刀之言, 夫子特以發子遊而非正言, 故曰'戲爾'. 武公之戲, 曰'善', 曰'不爲虐', 則和而有節, 可知. '百日之蜡, 一日之澤', 蓋是日也 恣民之燕樂, 以休其勞 非文、武自爲戲也'. 若張子則持志養氣之功嚴, 惟恐戲言戲動以害之, 故旣爲『東銘』, 又發此語. 學者誠以身體之, 當戲謔時, 志能不爲氣所流否, 然後知張子眞藥石之言, 未可以夫子武公自諉也."

『疾書』14-2 ___ "志能不爲氣所流否", 此"否"字當衍. 或以此句爲自省語, 然終始語脈不着.

『附註』17-5 ___ 南軒 張氏曰: "古人衣冠容止之間, 不是要作意矜持, 只是循他天則合如是. 爲尋常因循怠弛, 故須著勉强自持. 外之不肅, 而謂能敬於內, 可乎?"

『附註』17-6 ___ 又曰: "詳考從古聖賢論下學處, 莫不以正衣冠、肅容貌爲先. 蓋必如此, 然後得所存而不流於邪僻. 『易』所謂'閑邪存其誠'、程氏所謂'制之於外以養其中'者, 此也."

『疾書』14-3 ___ 南軒於此, 以"閑邪"爲"正衣冠"、"肅容貌"等制外之事. 然程子曰: "主一則不須言閑邪." "主一"者, 通貫動靜, 如動容貌、整思慮, 皆是"閑邪"節度. 若但屬之於制外工夫, 則恐未免偏枯不該. 更詳之.

『原註』17-1 ___ 孔氏曰: "'反情', 反去情欲也; '比類', 比擬善類也."

『附註』17-8 ___ 東匯澤 陳氏曰: "'反情', 復其情性之正也, 情不失其正, 則志無不和; '比類', 分次善惡之類也, 不入於惡類, 則行無不成. 曰'不留'、'不接'、'不設', 如『論語』四勿之謂, 皆'反情'、'比類'之事. 如此則百體從令而義之與比矣. 此一節, 乃學者修身之要法."

『疾書』14-4 ___ "反情"、"比類", 孔註非. 陳說正當.

15 君子樂得其道

『心經』18 ___ 君子樂得其道, 小人樂得其欲. 以道制欲, 則樂而不亂; 以欲忘道, 則惑而不樂.

『原註』18-1 ___ 鄭氏曰: "'道'謂仁義, '欲'謂淫邪也."

『原註』18-2 ___ 程子曰: "人雖不能無欲, 然當有以制之. 無以制之, 而惟欲之從, 則人道廢而入於禽獸矣."

『附註』18-1 ___ 呂與叔曰: "嘗有一朝士, 久不見伯淳, 謂曰: '以伯淳如此聰明, 因何許多時, 終不肯回頭來?' 伯淳答云: '蓋恐回頭錯耳.'"

『疾書』15-1 ___ "朝士", 仕宦者也. 謂以明道之聰明, 何不回顧以仕宦爲務. 其意如陽貨之喩孔子也. 明道之答, 若曰仕止, 自有其義, 曲學順時, 則吾道已[61]錯矣.

『附註』18-2 ___ 有人勞伊川曰: "先生謹於禮四五十年, 亦甚勞且苦矣." 先生曰: "吾日履安地, 何勞苦之有? 他人日踐危地, 乃勞苦也."

『疾書』15-2 ___ 君子之視小人, 亦猶小人之視君子. 彼日踐不安之地, 而無知妄作, 在君子觀之, 豈非勞苦之甚耶?

---

61 吾道已: 국중본에는 '自有其'로 되어 있다.

『附註』18-4 ___ 王信伯曰: "伊川先生一日偶見秦少游, 問: '「天若知也和天瘦」, 是公詞否?' 少游意伊川稱嘗之, 拱手遜謝. 伊川云: '上穹尊嚴, 安得易而侮之.' 少游面色駭然."

『疾書』15-3 ___ 秦觀贈妓柳梢青詞云'天還有知, 和天也瘦', 此如李賀詩所謂'天若有知, 天應老'之意也. 觀蘇門押客, 已與程氏作仇, 其有責喩, 必將如子瞻之於公掞, 而遽發不遜之語, 固無所怪然, 而爲之駭然知恥者, 豈非觀之不善, 不至索性, 而先生之德容, 有以服之也? 不然, 則不有益於彼, 而徒致損於己. 此又處世接物之所省念.

『附註』18-6 ___ 武夷 胡氏曰: "『左氏』'公孫敖奔莒, 從己氏也.' 男女, 人之大欲存焉. 寡欲者, 養心之要. 欲而不行, 可以爲難矣. 然欲生於色, 而縱於淫, 色出於性, 目之所視, 有同美焉, 不可掩也. 淫出於氣, 不持其志, 則放辟趨蹶, 無不爲矣. 夫以志徇氣, 肆行淫欲, 而不能爲之帥, 至於棄其家國, 出奔而不顧, 此天下之大戒.『春秋』謹書其事, 於敖與何誅? 使後人爲鑑, 必持其志, 修身窒欲之方也."

『疾書』15-4 ___ 公孫敖事, 見『左傳』文公八年. 【謹按『朱子語類・春秋卷』曰: "胡氏'色出於性, 淫出於氣', 其說原於上蔡, 此殊分得不是. 大凡出於人身上, 道理固是性, 色固性也. 然不能節之以禮, 制之以義, 便是惡. 故孟子於此, 只云'君子不謂性也'. 其語便自無病.】

『附註』18-7 ___ 致堂 胡氏曰: "'唯酒無量, 不及亂', '亂'者, 內昏其心志, 外喪其威儀, 甚則班伯所謂'淫亂之原皆在於酒也'. 聖人飮無定量, 亦無亂態. 蓋'從心所欲不踰矩', 是以如此. 學者未能然, 當知戒可也."

『疾書』15-5 ___ 『漢書』: "成帝引滿擧白, 班伯見輕坐屛風畫紂醉踞妲己, 乃曰: '淫亂之戒, 其原皆在酒.' 上曰: '久不見班生, 又復聞讜言.'" 卽其事也. 蓋女色淫昏, 猶或可以自省自靖. 惟酒蕩志, 志蕩則將無所不至矣. 故曰"其原在酒".

16 『孟子』 "四端"

『心經』19 ___ 孟子曰: "人皆有不忍人之心. 先王有不忍人之心, 斯有不忍人之政矣. 以不忍人之心, 行不忍人之政, 治天下可運於掌上. 所以謂人皆有不忍人之心者, 今人乍見孺子將入於井, 皆有怵惕惻隱之心, 非所以納交於孺子之父母也, 非所以要譽於鄕黨朋友也, 非惡其聲而然也. 由是觀之, 無惻隱之心, 非人也; 無羞惡之心, 非人也; 無辭讓之心, 非人也; 無是非之心, 非人也. 惻隱之心, 仁之端也; 羞惡之心, 義之端也; 辭讓之心, 禮之端也; 是非之心, 智之端也. 人之有是四端也, 猶其有四體也. 有是四端而自謂不能者, 自賊者也. 謂其君不能者, 賊其君者也. 凡有四端於我者, 知皆擴而充之矣. 若火之始然, 泉之始達, 苟能充之, 足以保四海. 苟不充之, 不足以事父母."

『原註』19-1 ___ 朱子曰: "人之所以爲心, 不外乎是四者, 故因其惻隱而悉數之. 言人若無此則不得謂之人, 所以明其必有也."

『附註』19-1 ___ 龜山 楊氏曰: "『孟子』一部, 只是要正人心, 教人存心養性, 收其放心. 至論仁義禮智, 則以惻隱、羞惡、辭讓、是非之心爲之端; 論邪說之害, 則曰'生於其心, 害於其政'; 論事君, 則'欲格君心之非'. 千變萬化只說從心上來, 人能正心, 則事無足爲者矣."

『疾書』16-1 ___ 四七分理氣之說, 退溪、高峯有許多議論, 至李栗谷却又專守高峯初說曰: "四端是七情中善一邊也." 近世或有引朱子四端亦有中節不中節之說, 以足栗谷之說以爲渾全定論. 夫栗之所以異於退者, 以其七兼善惡 而四但有善也. 今又足之以朱子說, 則四亦兼善惡, 七亦兼善惡, 其所謂 "七情中善一邊"者, 果何指而云然? 詳在『四七新編』.

『附註』19-2 ___ 朱子曰: "孔子不說心, 只就事實上說. 孟子始說心."

『附註』19-2-1 ___ 西山 眞氏曰: "孔子雖不言心, 然教人於言忠信行篤敬居處恭執事敬上, 用功, 則所謂存心收放心, 固在其中矣. 又四勿、三戒、絶四, 正心上工夫. 又四勿、三戒, 知其非禮而勿之者, 心也; 其當戒而戒之, 亦心也. 子絶四, 意必固我, 心之病也. 好仁惡不仁者, 心之正也. 則孔子未嘗不言心, 特不指言其本體耳. 此孔、孟所以同道也."

『疾書』16-2 ___ 『大學』云誠意而正心, 此孔子之言而曾子述之. 孟子引孔子之言曰操存舍亡, 惟心之謂歟, 孔子何嘗不說心? 特記聞者有詳略而『論語』偶不載耳.

『附註』19-4 ___ 問: "人心陷溺之久, 四端蔽於利欲之私, 初用工亦未免間斷?" 曰: "固是. 然義理之心纔勝, 則利欲之念便消. 如惻隱之心勝, 則殘虐之意自消; 羞惡之心勝, 則貪冒無恥之意自消; 恭敬之心勝, 則驕惰之意自消; 是非之心勝, 則含胡苟且頑冥昏繆之意自消."

『疾書』16-3 ___ 蔽於利欲, 故始則含胡苟且, 轉輾沉[62]痼, 終至頑冥昏繆而不自覺也. 非愚駭不曉事之謂也.

17 赤子心[63]

『心經』21 ___ 孟子曰: "大人者, 不失其赤子之心者也."

『原註』21-1 ___ 朱子曰: "大人智周萬物, 赤子全未有知, 其心疑若甚不同矣. 然其不爲物誘而純一無僞, 則未嘗不同也. 故言其所以爲大人者, 特在於此."

---

62 沉: 전서본에는 '深'으로 되어 있으나 국중본에 따랐다.
63 赤子心: 국중본에는 '孟子心'으로 되어 있다.

『附註』21-1 ___ 或問: "『雜說』中以赤子之心爲已發, 是否?" 程子曰: "已發, 而去道未遠也." "大人不失其赤子之心, 如何?" 曰: "取其純一近道也." 曰: "赤子之心與聖人之心, 若何?" 曰: "聖人之心, 如明鏡如止水."

『附註』21-2 ___ 朱子曰: "赤子無所知無所能, 大人者, 是不失其無所知無所能之心. 若失了此心, 使些子機關, 計些子利害, 便成箇小底人了. 大人心下, 沒許多事."

『疾書』17-1 ___ 人在孩提, 已有良知良能[64]. 今日赤子無所知能, 何哉? 無所知能者, 如所謂 "無所爲" 也. 凡一知一能, 有所爲而然者, 皆非天理之正也, 赤子奚有焉? 大人者, 豈但不失其無所知無所能? 亦且不失其良知良能, 兼之周知萬物遍能萬事, 此赤子大人之別也.

18   牛山之木

『心經』22 ___ 孟子曰: "牛山之木, 嘗美矣. 以其郊於大國也, 斧斤伐之, 可以爲美乎? 是其日夜之所息, 雨露之所潤, 非無萌蘖之生焉, 牛羊又從而牧之, 是以若彼濯濯也. 人見其濯濯也, 以爲未嘗有材焉, 此豈山之性也哉? 雖存乎人者, 豈無仁義之心哉? 其所以放其良心者, 亦猶斧斤之於木也, 旦旦而伐之, 可以爲美乎? 其日夜之所息, 平旦之氣, 其好惡與人相近也者幾希, 則其朝晝之所爲, 有梏亡之. 梏之反覆, 則其夜氣不足以存, 夜氣不足以存, 則其違禽獸不遠矣. 人見其禽獸也, 而以爲未嘗有才焉者, 是豈人之情也哉? 故苟得其養, 無物不長, 苟失其養, 無物不消. 孔子曰 '操則存, 舍則亡, 出入無時, 莫知其鄕', 惟心之謂與?"

---

64 良知良能: 국중본에는 '良能良知'로 되어 있다.

『原註』22-1 ___ 朱子曰:"良心者, 本然之善心, 卽所謂仁義之心也. 平旦之氣, 謂未與物接之時淸明之氣也. 好惡與人相近, 言得人心之同然也. 幾希, 不多也. 梏, 械也. 反覆, 展轉也. 言人良心, 雖已放失, 然其日夜之間, 亦必有所生長, 故平旦未與物接, 其氣淸明之際, 此心必猶有發見者, 但其發見至微. 而旦晝所爲之不善者, 又已隨而梏亡之. 如山木旣伐, 猶有萌蘖, 而牛羊又牧之也. 晝之所爲旣熾, 則必有以害其夜之所息, 夜之所息旣薄, 則愈不能勝其晝之所爲. 是以展轉相害, 至於平旦之氣, 亦不能淸, 而不足以存其仁義之良心也."

『疾書』18-1 ___ 人有知覺, 而山則不然, 山木之萌蘖, 如人心之[65]好惡也. 於萌蘖處, 只須言性, 而於好惡處, 又須言情.

『原註』22-2 ___ 又曰:"孔子言心操之則在此, 捨之則失去, 其出入無定時, 亦無定處. 孟子引之, 以明心之神明不測危動難安, 如此, 不可頃刻失其養也."

『原註』22-3 ___ 程子曰:"心豈有出入, 亦以操舍而言耳. 操之之道, 敬以直內而已."

『附註』22-1 ___ 范純夫之女, 讀『孟子』操存章, 曰:"孟子不識心, 心豈有出入." 伊川先生聞之曰:"此女雖不識孟子, 却能識心."

『附註』22-1-1 ___ 或問伊川言純夫女却能識心一段. 朱子曰:"心却易識, 只是不識孟子之意. 心不是死物, 須把做活看, 不爾則是釋氏入定坐禪樣. 存者只是於應事接物之時, 事事中理, 便是存. 若只是兀然守在這裏, 忽有事至吾前, 操底便散了, 却是舍則亡也."

---

[65] 之: 전서본에는 '之'가 빠져 있으나 국중본에 따라 보충하였다.

『附註』22-1-2 ___ 又曰: "純夫女知心而不知孟子. 此女當是實不勞攘, 故云無出入, 而不知人有出入, 猶無病者, 不知人之疾痛也."

『疾書』18-2 ___ 心之出入帖操⁶⁶舍字, 孟子⁶⁷從衆人立教也. 或以爲心之體段合當如此者, 非也. 聖人之心, 未發萬象森然, 發而應物毫毛不差, 何嘗莫知其鄕耶? 故以無病⁶⁸者不識人之疾痛爲喩. 『語類』有十數條皆可證, 今『大全』中亦多收載.

『附註』22-2 ___ 蘭溪 范氏曰: "君子之學, 本於心. 心不在焉, 則視簡不見, 聽諷不聞. 此其於口耳之學, 猶莫之入也, 況窮理致知乎? 是以學者, 必先存心. 心存則本立, 本立而後, 可以言學. 蓋學者, 覺也. 覺由乎心, 心且不存, 何覺之有? 孟子曰: '人之所以異於禽獸者幾希, 庶民去之, 君子存之.' 是心不存, 殆將晦昧僻違, 觸情從欲, 不能自別於物, 尙安所覺哉? 然心雖未嘗不動也, 而有所謂至靜, 彼紛紜于中者, 浮念耳, 邪思耳, 物交而引之耳, 雖百慮煩擾而所謂至靜者, 固自若也. 君子論心, 必曰存亡云者, 心非誠亡也, 以操捨言之耳. 人能知所以操之, 則心存矣. 孟子曰: '養心, 莫善於寡欲.' 養以寡欲, 使不誘於外, 此存心之權輿也."

『附註』22-2-1 ___ 【按】范氏此段謂"學者覺也", 及謂"心非誠亡, 以操捨言之", 皆有合於程子之說. 又謂存心在至靜而權輿于寡欲, 亦有合於周子之說.

『疾書』18-3 ___ 蘭溪云: "百慮紛擾, 而所謂至靜者固自若也." 此與胡文定所謂"百起百滅而心固自若"者, 語近而意實不同. "百起百滅", 心之用也, 感而遂通天下之事也. 動而又靜, 則其不起不滅之體, 固依舊自若也, 寂然不動是也.

---

66 操: 전서본에는 '存'으로 되어 있으나 국중본에 따랐다.
67 孟子: 국중본에는 '此孟子'로 되어 있다.
68 以無病: 국중본에는 '無以病'으로 되어 있다.

若這百起百滅者, 是浮念邪思紛紜而引去, 則此便是舍亡之病, 豈有至靜者自若之理? 觀蘭溪之意, 非以一動一靜而言也. 其百慮紛紜之中, 自有至靜者存, 如朱子所譏百起百滅之中, 別有一物不起不滅也, 篁墩不能辨別, 混以採錄, 錯矣.

『附註』22-3 ___ 朱子『答石子重書』曰: "孔子言操存、舍亡、出入無時、莫知其鄕四句, 而以'惟心之謂'一句結之, 正是直指心之體用, 而言其周流變化神明不測之妙也. 若謂其舍亡致得如此走作, 則孔子言心體, 是[69]只說得心之病矣. 聖人立言命物之意, 恐不如此, 兼出入兩字, 有善有惡, 不可皆謂舍亡所致也. 又謂心之本體不可以存亡言, 此亦未安. 若所操而存者, 初非本體, 則不知所存者果爲何物, 而又何必以其存爲哉?
偶記胡文定公所謂'不起不滅心之體, 方起方滅心之用. 能常操而存, 則雖一日之間百起百滅, 而心固自若'者, 自是好語. 但讀者當知所謂'不起不滅'者, 非是塊然不動無所知覺也, 又非百起百滅之中別有一物不起不滅也. 但此心瑩然全無私意, 是則寂然不動之本體, 其順理而起, 順理而滅, 斯乃所以感而遂通天下之故者云爾."

『疾書』18-4 ___ 近世或有引朱子所謂"直指心之體用"一句, 以出入屬之體用, 而爲合當如此者, 予謂不然. 孔子既言四句, 而"惟心之謂"一句結之, 四句之中, 其舍[70]亡一句, 分明是心之病. 孔子必不混謂之心之體也. 朱子之意, 見人之不解者, 乃置其操存[71]一句, 只謂因舍亡致得如此出入, 故爲之喩之曰出因舍亡則然矣, 其入則因操存, 豈可全歸於心之病也耶? 故又曰"兼出入二字, 有善有惡"也. 余謂"心之體用"之"用"字, 不必深看. 據"心之病"一句, 其不可以舍亡而出者爲用之所當然, 明矣.

---

69 是: 『晦菴集』에는 '乃'로 되어 있다.
70 舍: 국중본에는 '捨'로 되어 있다.
71 操存: 전서본에는 '操亡'으로 되어 있으나 국중본에 따라 고쳤다.

其『答呂子約書』云: "操舍存亡之說, 諸人皆謂人心私欲之爲, 乃舍之而亡所致, 却不知所謂存者亦操此而已矣. 子約又謂存亡出入, 皆神明不測之妙, 而於其間區別眞妄, 又不分明, 兩者胥失矣.[72] 要之, 存亡出入, 固皆神明不測之所爲, 而其眞妄邪正、始終動靜, 又不可不辨." 其說恰[73]與此段上下相符, 其意不待辨而躍如矣. 近世議論多主不辨眞妄之說如子約之見, 故於此備論之.

『疾書』18-5 ___ 或云此謂善有出入, 惡有出入, 與他日所論不同, 卽前後異說不可相攙, 更詳之.

『附註』22-6 ___ 程子曰: "學者患心慮紛亂不能寧靜, 此則天下公病. 學者只要立箇心, 此上頭儘有商量."

『附註』22-7 ___ 又曰: "人多思慮, 不能自寧, 只是作心主不定. 惟是止於事, 爲人君止於仁之類. 如舜之誅四凶, 四凶已作惡, 舜從而誅之, 舜何與焉? 人不止於事, 只是攬他事, 不能使物各付物. 物各付物則是役物; 爲物所役則是役於物. 有物必有則, 須是止於事."

『附註』22-7-1 ___ 西山 眞氏曰: "程子又嘗言'人有四百四病, 皆不由自家. 只是心須敎由自家', 此卽做心主之謂也."

『疾書』18-6 ___ 『維摩經』云: "一大增損, 百一病生. 四大增損, 四百四病同時俱作." "四大"者, 地、水、火、風也. 凡肌匃屬地, 血脈屬水, 華色屬火, 動作屬風. 不記全文, 大槪如此. 西方之敎, 不言五行, 只論四大也. 一大失宜, 或增或損, 其病百數, 四大則爲四百病矣. 其百病, 各從一大出, 故以百爲一項, 若曰彼四百之四病云耳.

---

72 矣: 『주자대전』 본문에는 '之'로 되어 있다.
73 恰: 전서본에 '恰'으로 되어 있으나 국중본에 따라 고쳤다.

『附註』22-8 ___ 又曰: "人心作主不定, 正如一箇飜車, 流轉動搖, 無須臾停, 所感萬端. 若不做一箇主, 怎生奈何? 張天祺嘗[74]言: '約數年自上著牀, 便不得思量'. 才不思量後, 須强把這心來制縛, 亦須寄寓在一箇形象, 皆非自然."

『疾書』18-7 ___ "翻車", 按『字彙』, 水碓曰輬車. 今俗依水涯甕上流, 設水車轉輪, 與碓身交激使自舂, 卽其遺制也. 陳與義詩"荒村終日水車鳴", 是也. 或云"激水器", 非也.

『疾書』18-8 ___ "著", 如著罇之著, 『周禮』六罇之一有著罇, 無足而著地也. 然則著牀, 無足之床也. 夜臥之床, 異於坐床, 無足而著地, 故曰"著牀"也. 按『綱目』, "彭寵蒼頭子密等, 因寵臥寐, 共縛著床". 謂共就臥所而縛之於著床也. 此可以爲證. "上著床", 謂夜就寢床也. 其意蓋曰朝晝之時, 應事接物, 不能不思, 自其上於著床之後, 則禁制吾心, 不得有所思量也. 然心旣不能作主, 則雖欲, 無端不思量, 得乎? 必須托在吾那箇形象而後, 方能如此. 如以中爲念, 以敬直內之類是也. 是[75]豈自然之謂乎?

『附註』22-11 ___ 又曰: "司馬子微作『坐忘論』, 是所謂'坐馳'也."

『附註』22-11-1 ___ 朱子曰: "人心至靈, 主宰萬變而非物所能宰. 故才有執持之意, 卽是此心先自動了. 此程夫子每言'坐忘卽是坐馳', 而其指示學者操存之道, 雖曰'敬以直內'而又有'以敬直內, 便不直矣'之云也."

『疾書』18-9 ___ 坐與忘, 自是兩件事. 其意蓋曰行道而不見其行, 則坐也; 有見而不行其見, 則忘也. 程子[76]則謂非行而坐也, 乃坐而亦馳也. 言馳, 則其心之

---

74 嘗: 『二程遺書』에는 '常'으로 되어 있다.
75 是: 전서본에는 '是'자가 빠져 있으나 국중본에 따라 보충하였다.
76 子: 전서본에는 '氏'로 되어 있으나 국중본에 따랐다.

非忘, 不待辨而明矣.

『附註』22-12 ___ 又曰: "人於夢寐間, 亦可以卜自家所學之淺深. 如夢寐顚倒, 卽是心志不定、操存不固."

『附註』22-12-1 ___ 朱子曰: "魂與魄交而成寐, 心在其間, 依舊能思慮, 所以做出夢. 若心神安定, 夢寐亦不至顚倒."

『疾書』18-10 ___ 魄定魂蟄, 則交而不開. 心是活[77]物, 能於其間作思慮一如覺時. 覺時若無胡思亂想, 則寐時豈復有此乎? 然覺時猶或是强制得定, 故宜於寐時卜之.

『附註』22-13 ___ 張子曰: "心淸時少, 亂時多. 其淸時, 視明聽聰, 四體不待羈束而自然恭謹. 其亂時反是, 何也? 蓋用心未熟, 客慮多而常心少也, 習俗之心未去, 而實心未完也. 人又要得剛, 剛則守得定不回, 進道勇敢."

『疾書』18-11 ___ "常心"者, 恒存之本心, 不比乍去乍來之客慮也; "實心"者, 實理之道心, 非汚染習俗之心也. 彼一分去, 則此一分完, 如所謂嗜欲深者, 天機淺也. 要之, 這常心存而都去習俗之汚, 則實心而已. 這實心守得定, 無客慮之偸, 則常心而已. 未至於此, 須先剛勇.

『附註』22-14 ___ 朱子曰: "今日學者不長進, 只是心不在焉. 嘗記少年時在同安, 夜聞鐘聲, 聽其一聲未絶, 此心已自走作. 因是警省, 乃知爲學須是致志."

『疾書』18-12 ___ 一聲未絶, 已自走作, 則其心大段不寧靜矣. 朱子初年, 亦復有此, 以其因是而警省致志, 得至於聖賢地位, 所貴乎學者如是. 蓋其平常泛

---

77 活: 국중본에는 '濶'로 되어 있다.

忽, 自不能有覺, 及越着[78]心聽, 方知走作. 此必朱夫子斡旋之大機也歟. 後之學者, 要有操存, 必於此類, 試之可見.

『附註』22-16 ___ 又曰: "人有一正念, 自是分曉, 又從旁別生一小念, 漸漸放闊去, 不可不察."

『疾書』18-13 ___ "正念"、"小念", 即『大學』正心、誠意之謂也. 朱子曰: "心是大底, 意是小底. 心要如此做, 却被意從後面牽將去, 所以不正也." 意誠須於萌芽處理會. 故曰"不可不察".

『附註』22-17 ___ 謝顯道從明道先生於扶溝. 明道一日謂之曰: "爾輩在此相從, 只是學某言語. 故其學心口不相應. 盍若行之?" 請問焉. 曰: "且靜坐."

『疾書』18-14 ___ "盍若行之"者, 謂得之於心, 不徒口說而已. 得之由乎窮理, 窮理基於靜坐. 此非小學之節, 卽大學上達工夫.

『附註』22-19 ___ 邵康節先生於百原深山中闢書齋, 獨處其中. 王勝之常乘月訪之, 必見其燈下正襟危坐, 雖夜深亦如之.

『疾書』18-15 ___ 夜而靜臥, 良心必息, 可以見書以[79]靜坐, 心定理得矣. 此以衆人之所共者, 喩學者用功[80].

『附註』22-28 ___ 又曰: "入道莫如敬, 未有能致知而不在敬者. 今人主心不定, 視心如寇賊而不可制. 不是事累心, 乃是心累事. 當知天下無一物是合

---

78 着: 국중본에는 '著'로 되어 있다.
79 以: 국중본에는 '而'로 되어 있다.
80 功: 국중본에는 '工'으로 되어 있다.

少得者, 不可惡也."

『疾書』18-16 ___ 思慮如麻, 雖欲屛除而不可得. 故視之如寇賊.

『疾書』18-17 ___ 事至斯應, 則事不累心. 心繫於物, 故心[81]反累事. 然此所謂"事"指倫常當行之事, 故曰無一物合少得者.

『附註』22-28-1 ___ 問: "程子謂'格物窮理, 但立誠意以格之'. 又曰'入道莫如敬'. 愚以爲誠意工夫, 在格致後. 今乃云先立誠意, 始去格物, 毋乃反經意與?" 潛室 陳氏曰: "程門此類甚多. 如致知用敬, 亦是先侵了正心誠意地位. 蓋誠、敬二字, 通貫動靜始末, 不是於格致之先更有一敬工夫在. 只是欲立箇主人翁耳. 不然皆妄."

『疾書』18-18 ___ 知先而行後者, 大槪如此. 然畢竟知行並進, 故知亦賴行而深造也. 格致亦豈無誠意之所資乎? 況敬之一字, 通貫動靜, 則不必曰先侵了誠正地位. 陳說更詳之.

『附註』22-30 ___ 橫渠先生嘗言: "吾十五年學箇恭而安不成." 明道先生曰: "可知是學不成有多少病在."

『疾書』18-19 ___ "恭而安", 若以極[82]致言, 卽聖人事. 橫渠如何行得? 然人之地位, 各有淺深分數, 雖學者, 亦不宜全無功程也. 若橫渠者, 專是苦心强做, 無安舒[83]氣味, 故云爾[84].

『附註』22-35 ___ 問: "居常持敬, 於靜時最好, 及臨事則厭倦. 或於臨事時

---

81 心: 전서본에는 '心'자가 빠져 있으나 국중본에 따라 보충하였다.
82 極: 국중본에는 '格'으로 되어 있다.
83 舒: 전서본에는 '序'로 되어 있으나 국중본에 따라 고쳤다.
84 爾: 전서본에는 '耳'로 되어 있으나 국중본에 따라 고쳤다.

著力, 則覺紛擾, 不然則於正存敬時, 忽忽爲思慮引去. 是三者將何以勝之." 曰: "今人將敬來別做一事, 所以有厭倦, 爲思慮引去. 敬只是自家一箇心常惺惺便是, 不可將來別做一事. 又豈可指 擎跽曲拳塊然在此而後爲敬?"

『疾書』18-20 ___ "紛擾"、"引去"等病, 下文上蔡一條, 可以破的.

『附註』22-36 ___ 程子曰: "人心常要活, 則周流無窮而不滯於一隅."

『附註』22-36-1 ___ 【按】聖賢論心, 固以出入操存爲難, 而程子又以周流不滯爲貴. 蓋心具寂感, 敬兼動靜, 非欲爲坐禪攝念之一於靜者. 正毫釐千里之辨, 學者所當謹也.

『疾書』18-21 ___ 篁墩[85]云"論心, 以出入操存爲難", 此不成語脈.

『附註』22-38 ___ 張子曰: "言有敎, 動有法; 晝有爲, 宵有得; 瞬有養, 息有存."

『疾書』18-22 ___ 言動以終身言, 晝宵以一日言, 瞬息以晷刻言. 息比於瞬, 尤速; 存比於養, 尤急.

『附註』22-43 ___ 問: "當官事多, 膠膠擾擾, 奈何?" 曰: "他自膠擾, 我何與焉? 濂溪云'定之以中正仁義, 而主靜'. 中與仁是發動處, 正是當然定理處, 義是截斷處. 常要主靜, 豈可只管放出不收斂? '截斷'二字最緊要."

『疾書』18-23 ___ 言中正, 則中先於正, 如四德之起於仁, 故曰"中與仁是發動處"也.

---

[85] 墩: 전서본에는 '璈'로 되어 있으나 국중본에 따라 바로잡는다.

『疾書』18-24 ___ 以義截斷, 可者行之, 不可者廢之, 豈復有膠膠擾擾之患?

『附註』22-45 ___ 朱子『答許順之書』曰: "來諭'欲棲心淡泊, 與世少求, 玩聖賢之言, 以資吾神, 養吾眞'者, 無一字不有病痛. 夫人心活物, 當動而動, 當靜而靜, 不失其時則其道光明, 是乃本心全體大用. 如何須要棲之澹泊, 然後爲得? 且此心是箇什麼? 又如何其可棲也邪?"

『疾書』18-25 ___ 愚謂當靜而靜, 意思何嘗不舒暢? 當應而應, 與客說話, 非厭其寂寥也. 君子一動靜而貫之, 何憂乎無以過日? 朱子雖斥厭煩求靜之非, 而語意微覺太[86]快, 更詳之.

『疾書』18-26 ___ 許順之書, 未[87]必字字有病. 然其大意遠事絶物, 未離於修鍊家圈套, 則其言都未免一齊差却. 故朱子云耳.

『附註』22-46 ___ 『答張敬夫書』曰: "來諭謂'靜則溺於虛無', 此二字如佛、老之論, 誠有此患. 若以天理觀之, 則動之不能無靜, 猶靜之不能無動也; 靜之不可不養, 猶動之不可不察也. 但見一動一靜互爲其根, 敬義夾持, 不容間斷之意, 則雖下靜字, 元非死物. 至靜之中, 自有動之端焉, 是乃所以見天地之心者, 而先王之所以至日閉關. 蓋當此時, 則安靜以養乎此耳, 固非遠事絶物閉目兀坐而偏於靜之謂. 但未接物時, 便有敬以主乎中, 則事至物來, 善端昭著, 所以察之者益精明耳. 又謂'某言以靜爲本, 不若逐言以敬爲本', 此固然也. 然敬字工夫, 貫動靜, 而必以靜爲本. 今若遂易爲敬, 雖若完全, 却不見敬之所施有先有後, 亦未爲的當也. 亦如所謂'要須靜以涵動之所本, 察夫動以見靜之所存, 動靜相須, 體用不離, 而後爲無滲漏也'. 此數語卓然, 意語俱到, 當書之座右, 出入觀省."

---

86 太: 전서본은 '大'로 되어 있으나 국중본에 따라 바꾸었다.
87 未: 국중본에는 '大'로 되어 있다.

『疾書』18-27 ___ 按, 『大全』云"至於來敎所謂'要須察夫動而見靜之所存、靜而涵動之所本云云'", 繼之云"上兩句得[88]序, 似甚未安. 意謂易而置之, 乃有可行之實." 蓋欲先言靜而後言動, 方得次第也. 所謂"察夫", 兼動靜而言. 今依朱子說, 易之而先言靜, 則固是矣. 却以"察夫"二字專屬之動, 則非其本意也.

『疾書』18-28 ___ 朱子前後數段, 反覆明夫敬之通貫動靜, 而答南軒書又斥其易敬以靜, 則此爲斷案也. 南軒兩條却又以敬爲靜, 則却欠敬之通貫動靜. 此在當更詳之.

19　仁人心也

『心經』23 ___ 孟子曰: "仁, 人心也; 義, 人路也. 舍其路而不由, 放其心而不知求, 哀哉! 人有雞犬放, 則知求之, 有放心而不知求. 學問之道, 無他, 求其放心而已矣."

『原註』23-1 ___ 程子曰: "心本善而流於不善, 所謂'放'也."

『原註』23-2 ___ 朱子曰: "仁者, 心之德也, 程子所謂'心譬如穀種, 生之性乃仁也', 卽此意也. 然但謂之'仁', 則不知其切於己, 故反而名之曰'人心', 則可見其爲此身酬酢萬變之主, 而不可須臾失矣. 義者, 行事之宜, 謂之'人路', 則可見其爲出入往來必由之道, 而不可須臾舍矣."

『疾書』19-1 ___ 仁性也而謂之"心[89]", 故引程子說爲證. 心中有仁, 如穀種有生之性. 如無這生之性, 則不可謂"穀種", 比如無仁, 則不可謂"人心"也. 此言者, 若曰"人心者, 仁也."

88　得: 『주자대전』에는 '次'로 되어 있다.
89　心: 국중본에는 '心也'로 되어 있다.

『原註』23-5 ___ 程子曰: "聖賢千言萬語, 只是欲人將已放之心約之, 使反復入身來, 自能尋向上去, 下學而上達也."

『疾書』19-2 ___ "尋向上去", 謂尋向其上處而去也.

『疾書』19-3 ___ "反復入身"之義, 只是下面"下學上達"之築底. 若無下一句, 其所以入身者, 果何爲? 孟子曰"求其放心", "放"謂放逸而爲[90]非僻矣, "求"則求[91]而要復乎善也. 放之則失之, 復則在我, 如鷄犬之求而入笠. 故求放心須要入身來.

『疾書』19-4 ___ 鷄犬之放, 不能司晨防偸. 故求而復之, 欲其各守其職也. 心之入身亦如此, 若入而無所爲, 則便是釋氏空寂也. 善端充廣之義, 於斯可見.

『附註』23-12 ___ 西山 眞氏曰: "仁者, 心之德也, 而孟子直以爲'人心'者, 蓋有此心, 卽有此仁, 心而不仁, 則非人矣. 孔門之言仁, 多矣, 皆指其用功處而言, 此則徑擧全體, 使人知心卽仁、仁卽心, 而不可以二視之也. 義者, 人所當行之路, 跬步而不由乎此, 則陷於邪僻之徑矣. 世之人, 乃有舍其路而弗由, 放其心而不知求者, 正猶病風喪心之人, 猖狂妄行而不知反也. 豈不可哀也哉? 雞犬至輕也, 放則知求之, 人心至重也, 放而不知求, 借至輕而喩至重, 所以使人知警也. 然則人心之放, 何也? 欲汩之則放, 利誘之則放, 心旣放, 則其行必差. 故孟子始以人心、人路並言, 而終獨諄諄於放心之求. 能求放心, 則中有主而行不失矣. 求之匪他, 以敬自持而一念不敢肆而已. 心本非外, 縱之則放, 求之則存, 猶反覆手也. 心存則仁存, 仁存則動無非理, 卽所謂'義, 人路也'. 聖學之要, 孰先乎此?"

---

90 爲: 국중본에는 '謂'로 되어 있다.
91 求: 국중본에는 '求'자가 빠져 있다.

『疾書』19-5 ___ 眞氏云: "欲汩之則放, 利誘之則放." 欲汩、利誘, 非有異義. 且上文所引朱子說數條, 皆云"放心, 不獨走作, 纔昏眊[92]去, 也卽是放", 此意宜添改.

20 今有無名指

『心經』24 ___ 孟子曰: "今有無名之指, 屈而不信, 非疾痛害事也, 如有能信之者, 則不遠秦楚之路, 爲指之不若人也. 指不若人, 則知惡之, 心不若人, 則不知惡, 此之謂不知類."

『附註』24-1 ___ 程子曰: "人於外物奉身者, 事事要好, 只有自家一箇身與心, 却不要好. 苟得外物好時, 却不知道自家身與心, 已自不好了也."

『附註』24-2 ___ 永嘉鄭氏曰: "覽鏡面目有汙, 則必滌之; 振衣而領袖有垢, 則必濯之; 居室而几案窓壁有塵, 則必拂之. 不如是, 則不能安焉. 至於方寸之中神明之舍, 汚穢垢塵日積焉, 而不知滌濯振拂之, 察小而遺大, 察外而遺內, 其爲不能充其類, 不亦甚乎?"

『附註』24-1-1 ___ 西山眞氏曰: "程子、鄭氏之言, 皆足以警學者, 故附見焉."

『疾書』20-1 ___ 附註者, 乃程氏所添, 而今西山自註有"附見"之說, 可疑.

---

92 眊: 국중본에는 '耗'로 되어 있다.

21   人之於身也兼所愛

『心經』25 ___ 孟子曰: "人之於身也, 兼所愛, 兼所愛, 則兼所養也. 無尺寸之膚不愛焉, 則無尺寸之膚不養也, 所以考其善不善者, 豈有他哉? 於己取之而已矣. 體有貴賤, 有小大, 無以小害大, 無以賤害貴, 養其小者爲小人, 養其大者爲大人. 今有場師, 舍其梧檟, 養其樲棘, 則爲賤場師焉. 養其一指, 而失其肩背而不知也, 則爲狼疾人也. 飮食之人, 則人賤之矣, 爲其養小以失大也. 飮食之人, 無有失也, 則口腹, 豈適爲尺寸之膚哉?"

『附註』25-1 ___ 張子曰: "'湛一', 氣之本; '攻取', 氣之欲. 口腹於飮食, 鼻口於臭味, 皆攻取之性也. 知德者, 屬饜而已, 不以嗜欲累其心, 不以小害大, 末喪本焉爾."

『附註』25-1-1 ___ 朱子曰: "'湛一', 是未感物時湛然純一, 此是氣之本; '攻取', 如目之欲色、耳之欲聲, 便是氣之欲."

『疾書』21-1 ___ 氣之本, 則澄湛而專一, 何從而有此物欲哉? 夫有身, 則自有人心. 凡口腹之於飮食, 鼻口之於臭味, 皆人心之固有, 初不害義, 但不可過分, 孟子所謂 "有命焉"者, 是也. 其飢而欲食之類, 豈有攻取之患哉? 雖使有之, 而吾湛一, 則固自若, 是謂 "屬饜"也. 旣有人心, 不能以道裁之, 於是乎流爲邪惡, 是謂 "以末喪本"也. 此皆從形身上觸感而爲之者, 這湛一之氣, 便是[93]爲翻動, 故曰"攻取"也. 若但以飮食、臭味, 都歸之攻取, 則非張子本義也. 以聖人言之, 豈容有攻取之患? 而其飢食、渴飮之心自在, 可以見矣. 『註』中朱子一條, 亦以此意看.

『附註』25-2 ___ 武夷 胡氏曰: "治心修身, 以飮食男女爲切要. 從古聖賢,

---

93 是 : 국중본에는 '是'자가 빠져 있다.

自這裏做工夫, 其可忽乎?"

『疾書』21-2 ___ "飮食男女, 人之大欲存焉; 死亡貧苦, 人之大惡存焉. 故欲惡者, 人之大段[94]." 胡氏此言, 卽克己之要也.

『附註』25-4 ___ 南軒 張氏曰: "何以爲大且貴? 人心是已. 小且賤, 則血氣是已. 血氣亦稟於天, 非可賤也, 而心則爲之宰者也, 不得其宰, 則倍天遁情, 流爲一物, 斯爲可賤矣. 人惟不知天理之存, 故憧憧然獨以養其口腹爲事, 自農、工、商、賈之競乎利, 以至公、卿、大夫、士之競乎祿仕, 皆然也. 良心日喪, 人道幾息, 而不自知, 此豈不類於場師之舍梧檟而從事樲棘, 治疾者養其一指而失其肩背者與? 雖然, 失其大者, 則役於血氣而爲人欲, 先立乎其大者, 則本諸天命而皆至理. 一飮一食之間, 亦莫不有則焉, 此人之所以成身而通乎天地者也. 然則可不謹其源哉?"

『疾書』21-3 ___ 『莊子』有"遁天滅情"之語, "滅情"字, 於此不襯, 故南軒改下"倍天遁情".

22 均是人也

『心經』26 ___ 公都子問曰: "鈞是人也, 或爲大人; 或爲小人, 何也?" 曰: "從其大體爲大人, 從其小體爲小人." 曰: "鈞是人也, 或從其大體, 或從其小體, 何也?" 曰: "耳目之官, 不思而蔽於物, 物交物則引之而已矣. 心之官則思, 思則得之, 不思則不得也. 此天之所與我者, 先立乎其大者, 則其小者弗能奪也, 此爲大人而已矣."

---

94 人之大段: 『심경질서』에도 이렇게 되어 있으나 『예기(禮記)』, 「예운(禮運)」에 의하면 '心之大端'이다.

『附註』26-5 ___ 又曰: "孟子說'先立乎其大者', 此語最有力, 且看他下一箇 '立'字. 昔有人問譙先生爲學之道, 譙曰'某只是先立乎其大者', 他之學亦自 有要. 卓然竪起自心, 便是立, 所謂'敬以直內'也."

『疾書』22-1 ___ 頹靡不起, 則非立也; 傾盪不定, 則非立也. 立心須兼兩義看.

23 鷄鳴而起

『心經』29 ___ 孟子曰: "鷄鳴而起, 孶孶爲善者, 舜之徒也; 鷄鳴而起, 孶 孶爲利者, 蹠之徒也, 欲知舜與蹠之分, 無他, 利與善之間也."

『附註』29-1 ___ 程子曰: "董仲舒有言'正其義不謀其利, 明其道不計其功', 此仲舒所以度越諸子."

『疾書』23-1 ___ 正義而或有道不明者, 不謀利而或有計功者. 人於事上, 切 切然求其是, 而於道之大體, 未必明也; 於己, 則雖不求利, 而於功之成敗, 或不 免有所繫吝.

『附註』29-3 ___ 問: "利與善之間?" 朱子曰: "不是冷水, 便是熱湯, 無那中 間溫呑煖處也."

『疾書』23-2 ___ "溫呑煖"恐是當時俗語, 不冷不熱之稱. 按, 『語類』此非答問 之辭, 當更考.

『附註』29-7 ___ 又曰: "世間喩於義者, 則爲君子, 喩於利者, 卽是小人, 而 近年一種議論, 乃欲周旋於二者之間, 回互委曲, 費盡心機, 卒旣不得爲君 子, 其爲小人, 亦不索性, 可謂誤用其心矣."

『疾書』23-3 ___ "索", 如索祭之索, 盡也; "性", 如聲、色、臭、味等之性. 人於物欲, 盡性而徇之, 無所顧忌曰 "索性".

『附註』29-8 ___ 南軒 張氏曰: "學者潛心孔、孟, 必求其門而入. 愚以爲莫先於明義利之辨. 蓋聖賢無所爲而然也, '無所爲而然'者, 命之所以不已; 性之所以不偏; 而敎之所以無窮也. 凡'有所爲而然'者, 皆人欲之私, 而非天理之所存, 此義利之分也. 自未知省察者言之, 終日之間, 鮮不爲利矣, 非特名位貨殖而後爲利也. 意之所向, 一涉於有所爲, 雖有淺深之不同, 其爲徇己自私則一而已. 是心日滋, 則善端遏塞, 欲邁聖賢之門牆, 以求自得, 豈非却行而望及前人乎? 學者當立志以爲先, 持敬以爲本, 而精察於動靜之間, 毫釐之差, 審其爲霄壤之判, 則有以用吾力矣. 孔子曰'古之學者爲己, 今之學者爲人', 爲人者, 無適而非利; 爲己者, 無適而非義. 曰'利', 雖在己之事, 皆爲人也; 曰'義', 則施諸人者, 亦莫非爲己也. 嗟乎? 義利之辨大矣, 豈學者治己之所當先? 施之天下國家, 一也."

『疾書』23-4 ___ 君子治平天下也, 莫非分內, 則爲己之當爲者而已. 雖施諸人者, 固莫非爲己也. 若利之在己, 而耳目之於聲色, 四肢[95]之於安逸之類, 何繫於爲人乎? 蓋南軒之所指, 言有在耳. 此都承"有所爲"而爲說, 雖在己當爲之事, 若不能順理自然, 而有所計較之心, 則不是. 如人端坐讀書, 自是正理, 而其心以爲如是可以取名譽, 則這便是計較而爲人者也. 此蓋辨析於學者操術之幾微處, 若夫貪色悅聲, 惟徇便利者, 卽向所謂"索性小人", 非南軒之所指也.

24 養心

『心經』30 ___ 孟子曰: "養心莫善於寡欲. 其爲人也寡欲, 雖有不存焉者, 寡矣; 其爲人也多欲, 雖有存焉者, 寡矣."

---

[95] 肢: 전서본에는 '支'로 되어 있으나 국중본에 따라 고쳤다.

『附註』30-2 ___ 張子曰: "'仁之難成久矣. 人人失其所好', 蓋人人有利欲之心, 與學正相背馳. 故學者要寡欲."

『疾書』24-1 ___ 『表記』之言, 引而不發. 好善惡惡, 秉彛之當然. 然或不然者, 物欲害之也. 去其欲而得其所好, 則天理顯矣. 去欲, 克己也. 克己則復禮, 復禮則爲仁. 故張子以寡欲爲要.

『附註』30-6 ___ 或問謝氏: "於利如何?" 曰: "打透此關, 十餘年矣. 當初, 大段做工夫, 揀難捨底棄却, 後來漸漸輕, 至今日, 於器用之類, 置之, 只爲合用, 更無健羨底心."

『附註』30-7 ___ 問: "於外間, 一切放得下否?" 曰: "實就上面做工夫來. 凡事須有根, 屋柱無根, 折却便倒, 樹木有根, 雖剪, 枝條相次又發. 如人要富貴, 要他做甚? 必須有用處, 尋討要用處病根, 將來斬斷, 便沒事."

『附註』30-7-1 ___ 西山 眞氏曰: "上蔡此二段語, 乃去人欲存天理切實工夫."

『疾書』24-2 ___ "將來斬斷", 其術何居? 寡欲而已. 尋討病根, 不過在自便而已. 此心未去, 雖欲斬斷而不得也. 如飮食薄滋味, 衣服崇儉素, 車馬、宮室、妻妾之養, 莫不節損, 無所嗜好, 則要富貴, 將無所用. 然後方可以視富貴如[96]浮雲然矣.

『附註』30-8 ___ 問: "'養心莫善於寡欲.' 養心也只是中虛?" 朱子曰: "固是. 若眼前事事要時, 這心便一齊走出了. 所以伊川敎人, 直是都不去他用其心, 也不要人學寫字, 也不要人學作詩文. 這不是僻, 道理是合如此. 人只有一箇心, 如何分做許多去? 若只管去閑處用了心, 到得合用處, 於這

---

96 如: 국중본에는 '若'으로 되어 있다.

本來底, 都不得力. 要得寡欲, 存這心最是難, 以湯﹑武聖人, 孟子猶說 '湯﹑武反之也.' 如不邇聲色, 不殖貨利, 只爲要復此心. 觀『旅獒』之書, 一箇犬, 受了有甚大事, 而反復切諫. 於此, 見欲之可畏, 無小大, 皆不可忽."

『疾書』24-3 ___ 雖許其用心, 而不許用於閑處. 許其用心者, 用心於合用處也. 用心期於有用也, 所謂"本來底", 是也. 按『語類』, "詩文"作"文章".

『疾書』24-4 ___ "寡欲, 存這心", 謂寡欲而養心也. 故曰: "不邇⁹⁷聲色, 不殖貨利, 只爲要復此心也."

『附註』30-9 ___ 又曰: "人最不可曉. 有人奉身儉嗇之甚, '充其操, 上食槁壤, 下飮黃泉'底, 却只愛官職, 有人奉身淸苦而好色. 他只緣私欲不能克, 臨事, 只見這箇重了." 或云"似此等人, 分數勝已下底", 曰: "不得如此說. 才有病, 便不好, 更不可以分數論. 他只愛官職, 便殺父與君也敢."

『疾書』24-5 ___ "已下"與"以下"同, 謂此等以下也.

『附註』30-10 ___ 勉齋 黃氏曰: "孟子嘗言'求放心'矣, 又言'存其心'矣. '操之則存, 舍之則亡', 心之存亡, 決於操舍, 而又曰'莫善於寡欲', 何也? 操存, 固學者之先務. 然人惟一心, 攻之者衆, 聲色臭味交乎外, 榮辱利害動乎內, 隨感而應, 無有窮已, 則淸明純一之體, 又安能保其常存而不放哉? '出門如賓, 承事如祭', 夫子之告仲弓, '操存'之謂也. '非禮, 勿視﹑聽﹑言﹑動', 夫子之告顔淵, '寡欲'之謂也. 二子之問仁則同, 而夫子告之異者, 豈其所到固有淺深與. 高城深池, 重門擊柝, 固足以自守矣. 內姦外宄, 投隙伺便, 一有少懈, 而乘之者至矣. 良將勁卒, 堅甲利兵, 掃除妖氛, 而乾淸坤夷矣. 此孟子發明操存之說, 而又以爲莫善於寡欲也. 雖然寡欲固善矣, 然非

---

97 邇: 전서본에는 '通'으로 되어 있으나 국중본에 따라 바로잡았다.

眞知天理人欲之分, 則何以施其克治之功哉! 故格物致知, 又所以爲寡欲
之要. 此學者所當察也."

『疾書』24-6 ___ "出門如賓, 承事如祭", 臼季之言於晉文公者. 今當云"使民
如祭". 此失照管.

『疾書』24-7 ___ 從前諸賢, 以養心作存心看, 乃以寡欲爲劈初工夫. 至勉齋,
則以操存屬之仲弓, 以克己屬之顏淵, 而謂有淺深, 比之於高城深池與掃除妖
氛, 則操存當在寡欲之先[98]也. 抑嘗思之, 欲雖克治, 而苟先無操存之功, 則外
誘之侵, 千頭萬緖, 將不勝其克矣. 操存與舍亡相對, 須先去舍亡之患, 方可以
下寡欲之功矣. 寡之益寡, 心於是得其養, 故操存之功, 通貫始終. 此勉齋之意
也. 又按, 孔子曰"克己", "己"者, 身也, 可克, 不可以除去也; 孟子曰"寡欲", "欲"
者, 耳目口鼻四體之欲, 可寡而不可以滅息也. 勉齋比之寇賊妖氛, 期於掃蕩,
此殆於釋氏滅根磨塵而爲空寂之敎, 言意之間, 不可以不詳. 當與下章葉氏說
通看.

25 『養心說』

『心經』31 ___ 周子『養心說』曰: "孟子曰: '養心莫善於寡欲. 其爲人也,
寡欲, 雖有不存焉者, 寡矣; 其爲人也, 多欲, 雖有存焉者, 寡矣.' 予謂養心
不止於寡而存耳. 蓋寡焉以至於無, 無則誠立明通. 誠立, 賢也; 明通, 聖
也. 是聖賢非性生, 必養心而至之, 養心之善有大焉如此, 存乎其人而已."

『附註』31-1 ___ 朱子曰: "周子言'寡欲以至於無', 蓋恐人以寡欲爲便得了.
故言不止於寡而已, 必至於無然後可. 然無底工夫, 則由於能寡欲, 到無欲,

---

98 先: 전서본에는 '兆'로 되어 있으나 국중본에 따라 고쳤다.

非聖人不能也."

『附註』31-2 ___ 又曰: "'誠立', 謂實體安固; '明通', 則實用流行."

『疾書』25 ___ 實體安固, 以後實用流行. 聖則兼之, 誠意[99]於內而明通於外也.

26 『通書』

『心經』32 ___ 周子『通書』曰: "聖可學乎?' 曰: '可.' '有要乎?' 曰: '有.' '請問焉.' 曰: '一爲要, 一者, 無欲也. 無欲則靜虛動直, 靜虛則明, 明則通; 動直則公, 公則溥. 明通公溥, 庶矣乎!'"

『疾書』26-1 ___ 明則通乎用, 公則溥乎衆.

『附註』32-1 ___ 朱子曰: "'一者, 無欲.' 今試看無欲之時, 心豈不一? 人只爲有欲, 此心便千頭萬緖.

『附註』32-2 ___ 又曰: "周先生說'一者, 無欲也.' 然這話頭高, 卒急難湊泊, 尋常人如何便得無欲? 故伊川只說箇敬字, 敎人只就這敬字上崖[捱]去, 庶幾執捉得定, 有箇下手處. 縱不得, 亦不至失. 要之, 皆只要人於此心上見得分明, 自然有得耳. 然今之言敬者, 乃皆裝點外事, 不知直截於心上求功, 遂覺累墜不快活, 不若眼下於求放心處有功則尤省力."

『疾書』26-2 ___ 不於心用功[100], 故累上墜下, 所以不快活.

---

99 意: 의미 상 '立'일 가능성이 있으나 대본들에 따라 그대로 두었다.
100 功: 국중본에는 '工'으로 되어 있다.

『疾書』26-3 ___ 且置言敬, 先下功於求放心, 求而存之, 敬亦可以馴致, 所以省力.

27 四勿

『心經』33 ___ 程子曰: "顏淵問克己復禮之目, 子曰: '非禮勿視, 非禮勿聽, 非禮勿言, 非禮勿動.' 四者, 身之用也. 由乎中而應乎外, 制於外, 所以養其中也. 顏淵事斯語, 所以進於聖人, 學者宜服膺而勿失也. 因箴以自警.

其『視箴』曰: '心兮本虛, 應物無迹. 操之有要, 視爲之則. 蔽交於前, 其中則遷. 制之於外, 以安其內. 克己復禮, 久而誠矣.'

其『聽箴』曰: '人有秉彝 本乎天性. 知誘物化, 遂亡其正. 卓彼先覺, 知止有定. 閑邪存誠, 非禮勿聽.'

其『言箴』曰: '人心之動, 因言以宣. 發禁躁妄, 內斯靜專. 矧是樞機, 興戎出好. 吉凶榮辱, 惟其所召. 傷易則誕, 傷煩則支. 己肆物忤, 出悖來違. 非法不道, 欽哉訓辭.'

其『動箴』曰: '哲人知幾, 誠之於思. 志士勵行, 守之於爲. 順理則裕, 從欲惟危. 造次克念, 戰兢自持. 習與性成, 聖賢同歸.'"

『附註』33-2 ___ 問: "『視箴』何以特說心, 『聽箴』何以特說性?" 曰: "互換說也得. 然諺云'開眼便錯', 視所以就心上說. '人有秉彝, 本乎天性', 道本自在這裏, 却因雜得外面言語來誘之, 聽所以就性上說."

『疾書』27-1 ___ 心屬乎氣, 性屬乎理, 理無爲而氣有爲, 故凡發處, 皆主乎心. 視者, 我去視物, 是氣爲主, 故以心言也. 聽者, 物來而我受, 只是靈覺之應, 而心未嘗發, 故主於理而以性言也.

『疾書』27-2 ___ 言則人聽, 動則人視, 此四者之所以對勘也. 仍爲圖以觀省.

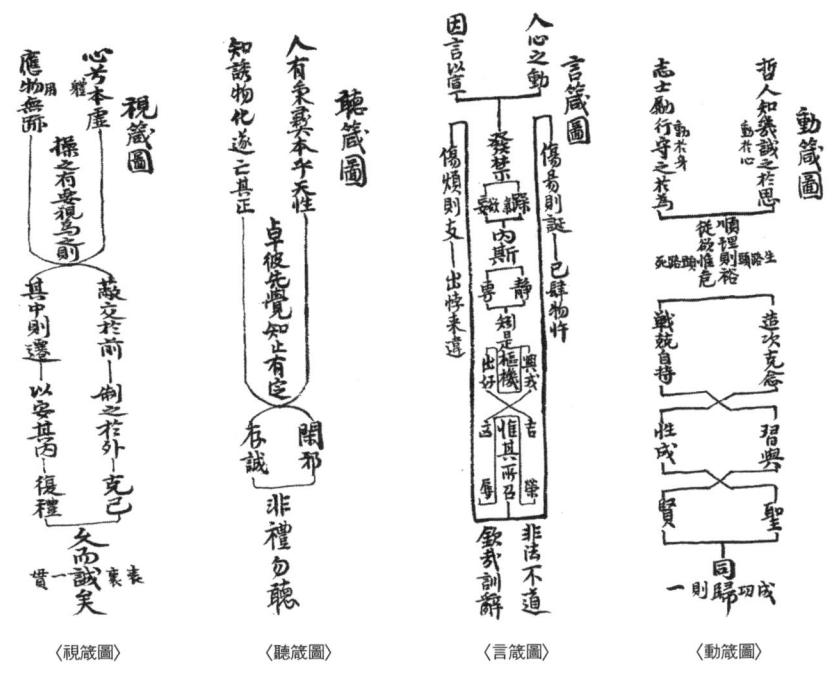

〈視箴圖〉　　〈聽箴圖〉　　〈言箴圖〉　　〈動箴圖〉

28 『心箴』

『心經』34 ___ 范氏『心箴』曰: "茫茫堪輿, 俯仰無垠, 人於其間, 眇然有身. 是身之微, 太倉稊米, 參爲三才, 曰惟心爾. 往古來今, 孰無此心? 心爲形役, 乃獸乃禽. 惟口耳目, 手足動靜, 投間抵隙, 爲厥心病. 一心之微, 衆欲攻之, 其與存者, 嗚呼幾希. 君子存誠, 克念克敬, 天君泰然, 百體從令."

『疾書』28-1 ___ "堪輿"謂天[101]地也. 釋者貼"俯仰"字, 而兼天爲解, 則未必

---

101 天: 전서본에는 '大'로 되어 있으나 국중본에 따라 고쳤다.

然.【按『春秋』哀公十三年,『公羊傳』[102]字[103]『疏』云"堪輿"云: '九月日體[104]在大火'', 下亦云'『堪輿』,『星經』亦云', 則似是指天地爲言.】[105]

『疾書』28-2 ___ "其與", 猶言"彼哉", 指存者也. 先言"其與"者, 贊歎其難存也.【"其與"二字, 出『周語』. 召公曰: "若壅其口, 其與能幾何." 註云: "'與', 語辭."】[106]

『附註』34-1 ___ 問: "所載范箴, 不知范從誰學?" 朱子曰: "不曾從人. 但他自見得到, 說得此件物事如此好. 向見呂伯恭, 甚忽之." 問: "似恁地說話, 人也多說得到, 須取他則甚?" 曰: "正爲少見有人能說得如此者." 此意蓋有在也.

『疾書』28-3 ___ "問似恁地云云", 伯恭問也. "曰正爲云云", 朱子答伯恭也. 朱子以向之問答者, 言于門人也. "此意蓋有在"者, 欲以警乎伯恭也. 旣陳問答之辭, 又說其所以然, 蓋伯恭於此有未之及, 故其言如此.

『附註』34-2 ___ 或問: "佛者有觀心之說, 然乎?" 曰: "心者, 人之所以主於身者也, 一而不二者也, 爲主而不爲客者也, 命物而不命於物者也. 故以心觀物, 則物之理得. 今復有物以反觀乎心, 則是此心之外, 復有一心而能管乎此心也. 然則所謂心者, 爲一邪? 爲二邪? 爲主邪? 爲客邪? 爲命物者邪? 爲命於物者邪? 此亦不待較而審其言之謬矣."
或者曰: "若子之言, 則聖賢所謂'精一', 所謂'操存'者, 皆何爲哉?" 應之曰:

---

102 公羊傳: 전서본에는 없으나 국중본에 따라 보충하였다.
103 字: 국중본에는 '索'으로 되어 있다. 『春秋公羊傳』의 원문에 나오는 '字'일 가능성도 있으나 확실하지 않다.
104 體: 전서본에는 '体'로 되어 있으나 국중본에 따랐다.
105 "堪輿" ⋯⋯ 則似是指天地爲言: 전서본에는 이 조목이 이 章의 세 번째로 나오지만 국중본에 따라 순서를 바로잡았다. 국중본의 조목 순서를 기준으로 삼을 경우, 『심경질서』 28장의 전서본은 3조목 → 4조목 → 1조목 → 2조목 순으로 배치되어 있는 셈이다.
106 其與二字 ⋯⋯ 與語辭: 국중본에는 이 細註가 빠져있다.

"此言之相似而不同, 正苗・莠、朱・紫之間, 而學者之所當辨者也. 夫謂
'人心之危'者, 人欲之萌也; '道心之微'者, 天理之奧也. 心則一也, 以正不正
而異其名耳.
'惟精惟一', 則居其正而審其差者也, 紬其異而反其同者也. 能如是, 則信
執其中而無過不及之偏矣. 非以道爲一心, 人爲一心, 而又有一心以精一
之也.
夫謂'操而存'者, 非以彼操此而存之也; '舍而亡'者, 非以彼舍此而亡之也.
心而自操則亡者存, 舍而不操則存者亡耳. 然其操之也亦曰: '不使旦晝之
所爲, 得以梏亡其仁義之良心'云爾, 非塊然兀坐, 以守其炯然不用之知覺,
而謂之'操'也.
大抵聖人之學, 本心以窮理, 而順理以應物, 如身使臂, 如臂使指, 其道夷
而通, 其居廣而安, 其理實而其行自然. <u>釋氏</u>之學, 以心求心, 以心使心, 如
以口齕口, 以目視目, 其機危而迫, 其途險而塞, 其理虛而其勢逆. 蓋其言
雖有若相似者, 而其實之不同, 蓋如此也. 然非夫審思明辨之君子, 其亦孰
能無惑於斯邪?"

『疾書』28-4 ___ 以人心爲人欲, 則當是初年說.[107]

29 『敬齋箴』

『心經』35 ___ <u>朱子</u>『敬齋箴』曰: "正其衣冠, 尊其瞻視, 潛心以居, 對越
上帝. 足容必重, 手容必恭, 擇地而蹈, 折旋蟻封. 出門如賓, 承事如祭, 戰
戰兢兢, 罔敢或易. 守口如瓶, 防意如城, 洞洞屬屬, 罔敢或輕. 不東以西,
不南以北, 當事而存, 靡他其適. 弗貳以二, 弗參以三, 惟心惟一, 萬變是

---

[107] 以人心爲人欲, 則當是初年說: 전서본에는 이 조목이 이 장에서 두 번째로 나오지만
국중본에 따라 순서를 바로잡았다.

監. 從事於斯, 是曰持敬, 動靜弗違, 表裏交正. 須臾有間, 私慾萬端, 不火而熱, 不冰而寒. 毫釐有差, 天壤易處, 三綱旣淪, 九法亦斁, 於乎小子. 念哉敬哉, 墨卿司戒, 敢告靈臺."

『疾書』29-1 ___ "惟心"『大全』作"惟精", 更詳之.

『附註』35-2 ___ 問: "『敬齋箴』後面, 少些從容不迫之意, 欲先生添數語." 曰: "如何解迫切? 今未曾下手, 便要從容不迫, 却無此理. 除非那人做工夫大段迫切, 然後勸他勿迫. 如人相戰, 未曾交鋒, 便要引退. 今未曾做工夫, 便要開後門, 然亦不解迫切, 只是不曾做. 做著時, 不患其迫切, 某但常覺得寬緩底意思多耳."

『疾書』29-2 ___ "如何解迫切"謂如何但知其迫切乎, "亦不解迫切"謂此『箴』亦不知其迫切也.[108]

『附註』35-2 ___ 臨川 吳氏曰: "『敬齋箴』, 凡十章, 章四句. 其一言靜無違, 其二言動無違, 其三言表之正, 其四言裏之正, 其五言心之正而達於事, 其六言事之主一而本於心, 其七總前六章, 其八言心不能無適之病, 其九言事不能主一之病, 其十總結一篇. 其言持敬工夫周且悉矣."

『疾書』29-3 ___ 魯齋之圖、臨川之釋恐多未合, 故別爲圖若說.

『疾書』29-4 ___ 朱子論敬, 以程子、謝、尹之說爲至, 比之室有四方, 從一方入至此, 三方入處皆在其中也. 其一, 則"主一無適", 此總論包括者也. 其一, "整齊嚴肅, 則心自一", 是也. 此乃外面事, 先儒所謂"正衣冠, 尊瞻視"、"足容重, 手容恭", 是也. 此程子之說也.
又謝氏所謂"常惺惺法"、尹氏所謂"其心收斂, 不容一物"者, 各占一方之功而

---

108 "如何解迫切" …… 謂此『箴』亦不知其迫切也: 국중본에는 이 조목이 없다.

要之不可闕一也. 如欲該言敬義, 則三先生之說, 宜皆排列地頭, 然後其旨可見. 今朱子之『箴』, 是也.

以意臆之, 謝、尹兩條皆內面事, 與程子"整齊嚴肅"者對勘, 而"收斂"主於靜, "惺惺"兼動靜, 但"惺惺"之功尤著於動處, 故朱子嘗論此云: "古人警誨, 無時不然, 被他聒後, 自住不得", 又云: "吾儒喚惺, 欲他照管許多道理, 佛氏則空喚惺在此, 無所作爲". 此盖以動爲主也.

若論四者先後, 則朱子又未嘗不以"整齊嚴肅"爲最初下功, 而又其中有動靜之別, 故『箴』中首八句正是說此, 而其"正"、"尊"、"重"、"恭"之語符合無痕, 是爲表之有動靜也. 從此推去, 其"出門"、"承事"一節爲裏之動, "守口"、"防意"一節爲裏之靜, 而與謝、尹之說相似. 是爲裏之有動靜也.

繼之云東西二三, 則是主一無適之總括, 而表裏之交正者也. 朱子『答南軒書[109]』云: "所謂'要須察夫動而見靜之所存、靜而涵動之所本, 動靜相須, 體用不離, 而後爲無滲漏也', 此數語卓然, 語意俱到, 當書之左[110]右, 出入觀省." 此南軒之語, 而朱子許之者如此.

夫『敬齋箴』者, 本見南軒『主一箴』, 掇其餘意而爲之也. 其所以"觀省"者, 宜於此二節推究. 故"不東"、"不南"一節, 卽動而見靜之存, 而體不離於用也; "不二"、"不三"一節, 卽靜而涵動之所本, 而用不離於體也. 然後以"從事"以下四句, 合而結之, 凡敬之爲說, 於是盡矣.

其"須臾有間"一節, 卽靜有違而裏失正也; "毫釐有差"一節, 卽動有違而表失正也. 此更言違失不敬之端而終之, 而[111]自『箴』上下參驗, 表裏動靜數字擧之矣. 其文如錢鎖鉤連, 方隅無罅. 嗚呼可敬!

---

109 書: 전서본에는 '書'자가 빠져 있으나 국중본에 따라 보충하였다.
110 左: 전서본에는 '座'로 되어 있으나 국중본에 따라 고쳤다.
111 而: 전서본에는 '以'로 되어 있으나 국중본에 따라 바로잡는다.

30 『求放心齋銘』

『心經』36 ___ 『求放心齋銘』曰: "天地變化, 其心孔仁. 成之在我, 則主于身. 其主伊何? 神明不測. 發揮萬變, 立此人極. 晷刻放之, 千里其奔. 非誠曷有, 非敬曷存. 孰放孰求, 孰亡孰有. 詘伸在臂, 反覆惟手. 防微謹獨, 玆守之常. 切問近思, 曰惟以相."

『疾書』30-1 ___ "屈伸"以寂感言, "反覆"以出入言.

『疾書』30-2 ___ "相"交相也, 謂"切問近思"與"防微謹獨"交相致力.

31 『尊德性齋銘』

『心經』37 ___ 『尊德性齋銘』曰: "惟皇上帝, 降此下民, 何以予之? 曰義與仁. 維義與仁, 維帝之則, 欽斯承斯, 猶懼弗克. 孰昏且狂, 苟賤汙卑, 淫視傾聽, 惰其四支? 褻天之明, 嫚人之紀, 甘此下流, 衆惡之委. 我其鑒此, 祗栗厥心, 有幽其室, 有赫其臨. 執玉奉盈, 須臾顚沛, 任重道悠, 其敢或怠?"

『附註』37-8-1 ___ 【按】朱子中歲, 恐學者交修之功不逮, 而或至於不振; 且擇善之未精, 而或流於異學之空虛也. 故於道問學爲重. 今撫附凡十條.

『附註』37-14 ___ 『答劉公度書』曰: "天下事物之理、方冊聖賢之言, 皆須子細反復究竟. 至於持守, 却無許多事. 若覺得未穩, 只有黙黙加功, 著力向前耳. 今聞廢書不講, 而反以持守之事爲講說之資, 是乃兩失其宜, 下梢弄得無收殺, 只成得杜撰捏合而已."

『疾書』31-1 ___ "弄得無收殺"與"成得杜撰"對勘. "弄得"者恐是玩愒而至於如此也. "收殺"如'愁殺'、'笑殺', '殺猶甚也. 收拾得盡謂之"收殺".

『附註』37-15 ___ 『答范文叔書』曰: "尹和靖門人贊其師云'丕哉聖謨, 六經之編, 耳順心得, 如誦己言', 要當至此地位, 始是讀書人耳."

『疾書』31-2 ___ 非六經聖謨, 雖和靖, 不能如此, 雖六經聖謨, 非和靖, 不能如此. 此不但爲學者勉, 亦且爲作文辭者戒.

『附註』37-16 ___ 『答劉定夫書』曰: "要得學者息却許多狂妄身心, 除却許多閑雜說話, 著實讀書. 初時儘且尋行數墨, 久之自有見處. 最怕人說學不在書, 不務佔畢, 不專口耳, 下梢說得張皇, 都無收拾, 只是一場大脫空, 直是可惡."

『疾書』31-3 ___ "說得張皇", 如釋氏異學之大言也. "不專"字恐是未穩, 或是專廢之意, 更詳之.

『附註』37-11 ___ 又曰: "某不敢自昧, 實以銖累寸積而得之."

『疾書』31-4 ___ "道問學"十條之中, 如第四條"銖累寸積"及第八條和靖贊, 只言講誦之勤, 未見重於一邊之意.

『附註』37-20-2 ___ 問: "向蒙見敎, 讀書須要涵養, 須要浹洽. 因看[112]『孟子』千言萬語, 只是論心. 七篇之書, 如此看, 是涵養工夫否?" 曰: "某爲見人讀書鹵莽. 所以說讀書須當涵養, 令胸中有所得耳. 如吾友所說, 又襯貼一件意思, 硬要差排, 看書豈是如此?"
又一士友曰: "先生涵泳之說, 乃杜元凱'優而柔之'之意." 曰: "亦不用如此解說. 所謂涵泳, 是子細讀書之異名也. 大率與人說話, 便是難, 某只說一箇涵泳, 一人硬來差排, 一人硬來解說. 此是隨語生解, 支離延蔓. 少間展轉, 只是添得多說得遠. 如此讀書, 全不是自做工夫, 全無巴鼻. 可知是使

---

112 看: 『心經附註』에는 '言'으로 되어 있으나 『朱子語類』원문에 따라 고쳤다.

人說學是空談."

『疾書』31-5 ___ "仔細讀書", 謂從容詳審以經訓涵在心內, 不可忘忽也. "差排"者, 謂差定而安排也. "解說"者, 謂解縱爲說也, 卽『記』所謂"弛而不張"之義.

『附註』37-21-1 ___ 又曰: "今有學者在某門者, 其於考理, 非不精當, 說得來置水不漏. 然所爲却顚倒錯繆, 全然與所知者相反. 人只管道某不合引他, 如今被他累, 却不知渠實是理會得, 某如何不與他說. 然所爲背馳者, 只是不曾在源頭上用力, 只是徒然耳."

『疾書』31-6 ___ "今有學者"一條, 語意艱深. 盖人摠道吾不宜引進此等人, 今[113]反被他所累也, 却不知使他理會得, 則吾如何不與他說耶. 然所謂"背馳"者, 過在他, 不在吾說與之故.

『附註』37-24 ___ 『答林擇之書』曰: "涵養一節, 疑古人直自小學中, 涵養成就, 所以『大學』之道只從格物做起. 今人從前無此工夫, 但見『大學』以格物爲先, 便欲只以思慮知識求之, 更不於操存處用力, 縱使窺測得十分, 亦無實地可據. 大抵敬字, 是徹上徹下之意, 格物致知, 乃其間節次進步處."

『附註』37-29 ___ 『答黃直卿書』曰: "爲學直是先要立本, 文義却可且與說出正意, 令其寬心玩味, 未可便令考校同異, 硏究纖密, 恐其意思促迫, 難得長進. 將來見得大意, 略擧一二節目, 漸次理會, 蓋未晚也. 此是向來定本之誤[114], 今幸見得, 却須勇革, 不可苟避譏笑, 却誤人也."

---

113 今 : 전서본에는 '令'으로 되어 있으나 국중본에 따라 고쳤다.
114 定本之誤 : 『朱子全書』과 『朱子大全』에는 '差誤'로 되어 있다. 『心經釋疑』에는 羅欽順의 말을 인용하여 "監本에도 '向來差誤'로 되어 있다.〔監本只云向來差誤.〕"라고 밝히고 있다.

『疾書』31-7 ___ "定本之誤", 『大全』作"差誤". 【此篇所引又見『退115溪集』, 而"差誤"作"定本".】

『附註』37-29-1 ___ 北溪 陳氏曰: "老先生平日敎人最喫緊處, 尊德性、道問學二件工夫, 固不偏廢, 而所大段著力處, 却多在道問學上. 江西一派, 却只是厭煩就簡, 偏在尊德性上去, 先生蓋深病之."

『附註』37-29-2 ___【按】朱子晚年答項平父及林擇之、劉子澄、何叔京、程允夫、黃直卿書, 其言如此. 朱子沒後, 陳氏之言如彼, 則考亭之學, 固不俟一再傳而未免失眞者矣. 宜臨川吳氏於北溪有不能滿焉, 殆此類也夫.

『附註』37-30 ___ 勉齋 黃氏『答李敬子書』曰: "古先聖賢言學, 無非就身心上用工夫, 人心道心、直內方外, 都未說近講學處. 夫子恐其識見易差, 於是以博文約禮對言, 博文先而約禮後, 博文易而約禮難.
後來學者專務其所易, 而常憚其所難, 此道之所以無傳, 須是如『中庸』之旨, 戒懼謹獨爲終身事業, 不可須臾廢, 而講學窮理, 所以求其明且正耳, 若但務學而於身心不加意, 恐全不成學問也.
人藏其心, 不可測度, 欲一以窮之, 捨禮何以哉? 詞氣容止之間, 應事接物之際, 察其中理不中理, 十得其七八矣. 以此律之, 庶不至流而爲口耳之學也. 嘗觀明道先生語謝上蔡云: '諸公來此, 只是學某說話.' 上蔡請益, 明道云: '且靜坐.'
程門如上蔡可謂務實爲己者也. 明道尙以此箴之, 使視今之學者, 則豈不大爲之太息乎? 老矣他無所望於世, 只是望得先師之學有傳, 故不自知其僭越, 及於此也."

『疾書』31-8 ___ "尊德性"、"道問學", 程、朱固皆幷輸其功, 無可議爲, 而觀

---

115 退: 전서본에는 '退'자가 빠져 있으나 국중본에 따라 보충하였다.

兩先生門法, 氣象自不同. 以程子爲得中, 則朱子疑亦少偏於道問學一邊; 以朱子爲得中, 則程子宜若少偏於尊德性一邊. 其得失有非後學所可窺測, 而其不同則明矣.

觀程門諸子多涉佛、老, 則疑於道問學一邊或有少忽; 觀朱門諸子有繳繞文義之弊, 則疑於尊德性一邊或有少忽. 兩相較量其深淺高下, 則畢竟黃、蔡諸公輸却一[116]籌於謝、楊地位, 何也? 此必有能辨之者也. 要之, 縱曰有些偏重, 此終始未至於聖人處, 非合當有所取舍也.

北溪之說, 其疵不可掩, 篁墩之擧以斥之, 未爲不是. 至於以十二條終之, 而歸重於德性上以爲定論, 則隱然竊附陸氏之意, 而爲『道一編』之苗脈, 此亦是倒了一邊矣. 何以明之?

今觀十二條之說, 其間只言德性之當尊者, 其意與他日勉以學問者一般, 卽隨人淺深, 對證[117]而藥之, 未見有懲前歸宿之意, 篁墩之必採以爲證, 卽滯却私意, 未能看得完全. 其『答項平甫』之類, 實有懺悔改路之語, 然此又是覺得向來引接後學不能無過也, 以道言之, 其過與無過自係朱子身上, 果何干於爲學公共之程規?

末乃以『答黃直卿』者爲結梢, 承之以勉齋之論, 是椿[118]定爲案, 謂儒門宗法有然者也. 其書曰: "未可研究纖密, 恐其難得長進." 又曰: "略擧一二節目, 漸次理會." 若然, 不但有先後緩急之別, 其於問學上全沒思議, 一如江西派脈, 而朱子一生辛苦家計, 盡歸虛套, 其於陸氏費力排擯者, 却成胡叫亂罵矣. 噫, 玆豈然乎?

以『大全』考之, 此書實爲敎導幼學之課式, 其上有"子春相過"等[119]數句, 盖後生有子春者學於勉齋, 故以此爲言. 夫以『小學』言, 力行爲先, 與『大學』不同. 若令劈初頭, 考同異究纖微, 專意玩索, 未免有迫促難進之患, 此朱子所以云爾

---

116 一: 국중본에는 '一'자가 빠져 있다.
117 證: 전서본에는 '証'으로 되어 있다.
118 椿: 국중본에는 '搶'으로 되어 있다.
119 等: 전서본에 없으나 국중본에 따라 보충하였다.

也.

　今也儞侗攙入證成, 始終把作懸空之話, 俾讀者一成規模, 浸浸然爲象山護法, 則豈非誤耶? 盖先涵養而後格致者, 其『答林擇之書』不可以改評, 涵養一段固已包在小學之時, 故『大學』所以只從格致說起也.

　若年已蹉過, 不能從事於此, 須先收斂存省以爲基本, 然後許多窮格, 方有可據也. 然此猶以箚脚向道者言也. 槩以[120]詳之, 知如何不先於行? 要在靜坐, 是知坐之當靜者也; 要在收心, 是知心之當收者也.

　且如童昏之士無所知識, 則也有先知者導以着[121]力, 俾爾無此, 亦貿貿終其身而已矣. 故入頭據[122]脈則先致知, 箚定用功則涵養, 要須體當.

---

120 以: 국중본에는 '已'로 되어 있다.
121 着: 전서본에는 '著'으로 되어 있으나 국중본에 따랐다.
122 據: 전서본에는 '路'로 되어 있으나 국중본에 따랐다.

찾아보기

가

간재(艮齋) 이덕홍(李德弘)　17
『간재집(簡齋集)』　141
감여(堪輿)　192
『강목(綱目)』　142
강서시파(江西詩派)　141
건괘(乾卦)　36, 41
「건괘(乾卦)·문언(文言)」　36
격물치지(格物致知)　42, 67
겸손　56
경(卿)　165
경(敬)　19, 36
경세치용(經世致用)파　17
경재(敬齋)　198
「경재잠(敬齋箴)」　50, 198
계구(戒懼)　71, 214
계신공구(戒愼恐懼)　70
『고고도(考古圖)』　73

「고자상(告子上)」　45
「곡례(曲禮)」　69
곤(鯤)　139
「곤괘(坤卦)」　41
공(公)　165, 186
공공(共工)　139
공구(恐懼)　93
공사　92
공자　61
관심(觀心)　195
광(匡)　93
구계(臼季)　180
「구방심재(求放心齋)」　205
「구방심재명(求放心齋銘)」　205
구이효(九二爻)　36
구중(求中)　74
군자　34
궁리　15
귀산(龜山)　89

『귀산어록(龜山語錄)』 89
『귀산집(龜山集)』 89
극기복례(克己復禮) 49, 65, 66, 67, 115
근독(謹獨) 70, 214
『근사록(近思錄)』 25, 81
금계(錦溪) 황준량(黃俊良) 16
기(氣) 80
기미(機微) 83
기미처(幾微處) 172
기사(機事) 85
기심(機心) 85
기질 39
김이상(金履祥) 93

나

낙양(洛陽) 104
난계(蘭溪) 범씨(范氏) 133
남전 여씨(藍田呂氏) 108
남헌 장씨(南軒張氏) → 장식
『남헌집(南軒集)』 47
노재(魯齋) 30, 32, 200
『논어(論語)』 30, 39, 52
『논어맹자집주고증(論語孟子集注考證)』 94
『논어집주(論語集註)』 46
농부(農夫) 164
누진(漏盡) 101

다

다산(茶山) 정약용(丁若鏞) 17
『단서(丹書)』 44
달기(妲己) 120
담일(湛一) 162
「답량백상이(答梁伯翔二)」 47
「답로덕장(答路德章)」 53
「답리굉중(答李宏仲)」 95
「답림택지(答林擇之)」 48
『답성호원(答成浩原)』(壬申) 123
「답여자약(答呂子約)」 76
「답장흠부(答張欽夫)」 27
대부(大夫) 165
「대우모(大禹謨)」 28
대체(大體) 168
『대학(大學)』 38, 57
『대학연의(大學衍義)』 26
『대학장구(大學章句)』 26
『대학장구소의(大學章句疏義)』 94
『대학혹문(大學或問)』 49
덕(德) 44
도(道) 72
도교 18
도문학(道問學) 15, 215
도심(道心) 28
『도일편(道一編)』 15
도척(盜跖) 168
독서 209
『독서기(讀書記)』 31
『독역기(讀易記)』 31

「독이율곡서기의(讀李栗谷書記疑)」 124
동가(東嘉) 사씨(史氏) → 사백선
동동촉촉(洞洞燭燭) 50
동래(東萊) 53
『동래별집(東萊別集)』 86
「동명(東銘)」 12
「동잠(動箴)」 37, 189
동회택(東匯澤) 진씨(陳氏) 114
두보(杜甫) 141
두예(杜預) 96, 210
둔천멸정(遁天滅情) 165

몸〔身〕 57
무극(無極) 63
무위(無爲) 84, 190
무이 호씨〔胡安國〕 164
「무주사(無住詞)」 141
「문언전(文言傳)」 39
문왕 93
물(物) 75
물욕(物欲) 173
미발(未發) 20

라

리(理) 42
리학(理學) 16

마

마음 92
마음〔心〕 57
『맹자(孟子)』 19, 30
면재 황씨(勉齋黃氏) → 황간
『면재집(勉齋集)』 56
「명당실기(名堂室記)」 198
명도(明道) 54
「명헌실기(名軒室記)」 60
『모시(毛詩)』 26

바

박문약례(博文約禮) 67
반계(磻溪) 유형원(柳馨遠) 17
반백(班伯) 120
방의여성(防意如城) 50
배천둔정(倍天遁情) 165
백(魄) 144
「백이열전(伯夷列傳)」 27
범문숙(范文叔) → 범중보(范仲黼)
범순부 132
범순부 → 범조우
범순인(范純仁) 71
범조우(范祖禹) 15, 132
범준(范浚) 19, 133, 192
범중보(范仲黼) 207
범충선(范忠宣) → 범순인
『범충선문집(范忠宣文集)』 71
『법언(法言)』 62

병산 선생 → 유자휘
「병산선생류공묘표(屛山先生劉公墓表)」 59
병이(秉彝) 173
복괘(復卦) 58
본성 156
본심 19
부릉(涪陵) 97
부원복(不遠復) 59
부주(涪州) 98
『부지집(浮沚集)』 109
북계(北溪) 진씨(陳氏) → 진순
분치(忿懥) 93
분치장(忿懥章) 92
불교 18
불서(佛書) 101
불선(不善) 30
불원복(不遠復) 59
불이(不貳) 60

사

사(士) 165
사(思) 76
『사기(史記)』 27, 35
사량(思量, 반성적 사유) 20
사량좌(謝良佐) 49, 55, 73, 146, 201
사려(思慮) 20, 148
사마광(司馬光) 81, 132
사마상여(司馬相如) 96

사마온공(司馬溫公) → 사마광
사마자미(司馬子微) 142, 143
사무사(思無邪) 39
「사무사재설(思無邪齋說)」 39
사물(四勿) 125
「사물잠(四勿箴)」 12, 39, 100
사백선(史伯璿) 70
사상채(謝上蔡) 201, 214, 215
사서(四書) 25
「사제도기억평일어(謝題道記憶平日語)」 86
『사칠신편』 124
사하(師夏) 82
사현도(謝顯道) 146
산천재(山泉齋) 이함형(李咸亨) 17
삼계(三戒) 125
삼묘(三苗) 139
삼위산(三危山) 139
『상산집(象山集)』 25
『상서주(尙書注)』 94
『상서표주(尙書表注)』 94
상성성(常惺惺) 21
「상전(象傳)」 52, 53
상정(常情) 48
상채사씨(上蔡謝氏) → 사량좌
『상채선생어록(上蔡先生語錄)』 55
색성소인(索性小人) 172
서(恕) 72
『서경(書經)』 28
『서명(西銘)』 64
서산(西山) 진덕수(眞德秀) 26

서산(西山) 진씨(眞氏) 88
『서산독서기(西山讀書記)』 88, 139
서우(徐寓) 44
「서자명(書字銘)」 108
「서증오교수(書贈吳教授)」 47
서학 20
「서회암선생소서손익대상(書晦菴先生所書損益大象)」 57
『석문(釋文)』 73
석씨(釋氏) 196
석자중(石子重) 136
『설문(說文)』 67
섭념(攝念) 150
성(誠) 36
성(性) 95
『성경(星經)』 193
성명(性命) 26, 32
성성(惺惺) 202
성의(誠意) 90, 91
성의장(誠意章) 80
성인(聖人) 29, 196
성찰(省察) 15
성호학파 17
세 글자의 신표〔三字符〕 59
소강절 147
소남(邵南) 윤동규(尹東奎) 11
소병(蘇昞) 73
소식(蘇軾) 118
소자첨(蘇子瞻) → 소식
소학(小學) 19
『속고고도(續考古圖)』 73

손괘(損卦) 52
「손괘·상전(損卦·象傳)」 52
손복(孫復) 71
송시열 18
수구여병(守口如瓶) 50
수렴(收斂) 21
수신(修身) 57, 90
숙명(宿命) 101
숙손무숙(叔孫武叔) 170
「숙흥야매잠(夙興夜寐箴)」 107
순 28
순경(荀卿) 65
순암(順菴) 안정복(安鼎福) 12
숭산(崇山) 139
승사여제(承事如祭) 50
승정(承禎) 143
『시경(詩經)』 34
시문(時文) 90
「시잠(視箴)」 100, 188
『식인편(識仁篇)』 53
신경(神境) 101
신독(愼獨) 60
신안(新安) 100
『신안문헌지(新安文獻志)』 25
실리(實理) 145
실사구시(實事求是) 21
실심(實心) 144
심(心) 209
『심경(心經)』 26
『심경강록(心經講錄)』 17, 183
『심경부주(心經附註)』 25, 27

『심경석의(心經釋疑)』 18
『심경석의(心經釋義)』 74, 129
『심경어록간보(心經語錄刊補)』 74
『심경질의(心經質疑)』 17
「심경후론(心經後論)」 16, 25
심광체반(心廣體胖) 80
심기(心氣) 80
「심잠(心箴)」 12
심재(心齋) 96
심향상거(尋向上去) 156

아

아호사(鵝湖寺) 52
악좌(偓坐) 120
안연(顔淵) → 안회
「안연문인장(顔淵問仁章)」 66
안자(顔子) → 안회
「안자소호하학론(顔子所好何學論)」 64
안회(顔回) 58, 62, 67
알인욕(遏人欲) 42
양귀산(楊龜山) 215
양시(楊時) 28, 73
「양심설(養心說)」 183
「양심정설(養心亭說)」 183
양웅(揚雄) 62, 65
양자(揚子) 62
양지(良知) 20
『어록(語錄)』 25
『어록해(語錄解)』 74

「억시(抑詩)」 34
「언잠(言箴)」 188
엄위엄각(嚴威儼恪) 47, 48
여 35
여대림(呂大臨) 73
여대중(呂大中) 73
여백공(呂伯恭) → 여조겸
여여숙(呂與叔) 95
여왕(厲王) 34
「여자약(呂子約)에게 답하는 편지」 138
여조겸(呂祖謙) 31, 52, 53
「여조사경(與趙士敬)」 123
「여조사경문목(與趙士敬問目)」 95
「여진군거(與陳君擧)」 86
역행(力行) 59, 81
「연평선생리공행상(延平先生李公行狀)」 76
「연평행장(延平行狀)」 76
열예(悅豫) 80
염예퇴(灩澦堆) 97
영가 정씨(永嘉鄭氏) 161
영각(靈覺, 지각) 20, 75, 190
영대(靈臺) 199
예(禮) 48, 49
『예기정의(禮記正義)』 69
『예기집설(禮記集說)』 114
『예기』 164
예악(禮樂) 105
『오문정공집(吳文正公集)』 38
『오문정집(吳文正集)』 39
『오봉집(五峰集)』 28

오성(五性) 64
오일(吳鎰) 38, 200
오징(吳澄) 16, 38
오통(五通) 101
오통묘(五通廟) 100
오행(五行) 62
『옥계집(玉溪集)』 73
「옹야(雍也)」 60
완물(玩物) 99
왕개지(汪開之) 31
왕노재(王魯齋) → 왕백(王栢)
왕백(王栢) 30, 94
왕사유(王師愈) 31
왕수인(王守仁) 16
왕승지(王勝之) 147
왕신백(王信伯) 118
왕자경(汪子卿) 205
왕한(王瀚) 31
외물 37
용(用) 42
『용성록(龍城錄)』 101
「우모(禹謨)」 28
우산(羽山) 139
우환(憂患) 94
우환공구(憂患恐懼) 93
원개(元凱, 杜預) 96
월천(月川) 조목(趙穆) 16
「위강숙세가(衛康叔世家)」 35
위무공(衛武公) 34
유공도(劉公度) → 유맹용
유리(羑里) 93

『유마경(維摩經)』 140
『유마힐소설경(維摩詰所說經)』 140
유맹용(劉孟容) 207
『유문별록(柳文別錄)』 101
유안세(劉安世) 81
「유원승수편(劉元承手編)」 97
유위(有爲) 84, 190
유자징(劉子澄) 213
유자휘(劉子翬) 59
유정부(劉定夫) 208
유주(幽州) 139
유초(游酢) 73
유초청(柳梢青) 118
육구연(陸九淵) 15
육구연(陸九淵) 25, 208
「육선생화상찬(六先生畫像贊)」 108
육신통(六神通) 101
육이효(六二爻) 41
육통(六通) 101
윤돈(尹焞) 49, 201
윤화정(尹和靖) 201
음양(陰陽) 63
의(義) 42, 155
의가(醫家) 102
의봉(蟻封) 198
의재(義齋) 198
이계수(李季修) 107
이단백(李端伯) 105
이목 96
이발(已發) 74
이상정(李象靖) 74

이욕(利欲)　30
이이　18
이정(二程)　18
『이정문집(二程文集)』　37
『이정수언(二程粹言)』　89
『이정유서(二程遺書)』　28
이천(伊川) 선생 → 정이(程頤)
이해(利害)　93
익괘(益卦)　53
인(仁)　49
인산(仁山)김씨(金氏)　93
인심(人心)　26, 28
인심도심(人心道心)　66
인욕(人欲)　26, 28, 29
인의예지신(仁義禮智信)　62
임각(林恪)　159
임용중(林用中)　211, 213
임천 오씨 → 오일(吳鎰)
임천 오씨(吳澄) → 오징(吳澄)
임택지(林擇之) → 임용중

자

자겸(自謙)　79
자공(子貢)　55, 85, 170
자랑〔矜〕　56
자밀(子密)　142
자복경백(子服景伯)　170
자사(子思)　34, 74
자양서당(紫陽書堂)　198

『자치통감(資治通鑑)』　132
『자치통감전편(資治通鑑前編)』　94
『자휘(字彙)』　141
잠실(潛室) 진씨(陳氏)　148
『잡설(雜說)』　128
장격(臟格)　98
장구성(張九成)　71
장사숙(張思叔)　95
장식(張栻)　27, 59, 107
장인(匠人)　164
장자(張子)　64
『장자(莊子)』　31, 85, 165
장자소(張子韶)　71
장재(張載)　64, 65
장적(張籍)　112
장천기(張天祺)　141
장횡거 → 장재
적멸(寂滅)　94
「전문잡기(傳聞雜記)」　97
전전긍긍(戰戰兢兢)　50
절단(截斷)　151
절사(絶四)　125
점검(點檢)　56
정(情)　95
정기(精氣)　62
정단몽(程端蒙)　205
『정몽(正蒙)』　64
「정몽·건칭편제십칠(正蒙·乾稱篇第十七)」　110
정민정(程敏政)　25
정산(貞山) 이병휴(李秉休)　12

『정성서(定性書)』 53
정순(程洵) 206, 213
정심(正心) 39, 57, 90
정윤부(程允夫) → 정순
정의관(正衣冠) 48
정이(程頤) 15 41, 53, 54
정자(程子) 29, 201
정제엄숙(整齊嚴肅) 21, 48, 70
정좌(靜坐) 76, 147
정현(鄭玄) 116
정호(程顥) 53
제가(齊家) 90
「제의(祭義)」 48
조존(操存) 150
조존장(操存章) 132
조치도(趙致道) 82
존덕성(尊德性) 15, 215
「존덕성재명(尊德性齋銘)」 206
『존덕성재집(尊德性齋集)』 206
존심(存心) 99
존양(存養) 15, 74, 81
존천리(存天理) 42
존첨시(尊瞻視) 48
「좌망론(坐忘論)」 142
좌상인(坐商人) 164
좌선(坐禪) 150
좌치(坐馳) 143
주공염 118
주공염(朱公掞) 118
주돈이(周敦頤) 15, 53
『주돈이집(周敦頤集)』 183

주렴계(周濂溪) 64
『주례』 142
주무숙(周茂叔) → 주돈이
「주서·여오(周書·旅獒)」 177
『주역(周易)』 30, 36, 39
주일(主一) 36
주일무적(主一無適) 20, 50, 201
「주일잠(主一箴)」 198
주자(周子) 27, 82
『주자대전(朱子大全)』 27, 133, 212
「주자만년정론(朱子晚年定論)」 16
『주자어류(朱子語類)』 26, 177
주재 19
주정(主靜) 63
주행기(周行己) 109
주희(朱熹) 15
『주희행장(朱熹行狀)』 56
중(中) 73
『중용(中庸)』 34, 214
『중용장구(中庸章句)』 26
『중용표주(中庸標注)』 94
『중용해(中庸解)』 71
중정인의(中正仁義) 151
중화(中和) 73
「증민(蒸民)」 173
증자(曾子) 58, 79
지(知) 149
지각(知覺) 20, 76
지성(知性) 67
『지언(知言)』 28
진관(秦觀) 118

진덕(進德)　89
진덕수(眞德秀)　14
진문공(晉文公)　180
『진문충공집(眞文忠公集)』　26
『진북계대전(陳北溪大全)』　47
진사도(陳師道)　141
진소유(秦少游) → 진관(秦觀)
진순(陳淳)　18, 213
진식(陳埴)　148
진여의(陳與義)　141
「진유덕사경자(陳幼德思敬字)」　47
진재경(陳才卿)　109
진호(陳澔)　114
『집주(集註)』　99
징질(懲窒)　57

차

착준(著罇)　142
채계통(蔡季通)　215
처세접물(處世接物)　119
천개(遷改)　57
천리　28
「천선개과장(遷善改過章)」　57
천안(天眼)　101
천안통(天眼通)　101
천이(天耳)　101
『천주실의』　20
「천지(天地)」　85
첨체인(詹體仁)　15

「청잠(聽箴)」　188
체(體)　42
초구효(初九爻)　58
초년설(初年說)　197
초정(譙定)　166
축여옥(祝汝玉)　205
출문여빈(出門如賓)　50
충서(忠恕)　72
치지(致知)　15, 43, 59, 81, 100
칠정(七情)　29, 62

타

타심(他心)　101
「태극도설(太極圖說)」　64
『태현경(太玄經)』　62
『통서(通書)』　185
퇴계 이황　16
『퇴계속집(退溪續集)』　95
『퇴계집(退溪集)』　212

파

팽총(彭寵)　142
편벽(鞭辟)　104
편약(鞭約)　104
편중(偏重)　86
「표기(表記)」　173
『풍수집의(風水集議)』　11

하

하기(何基) 94
「하남정씨외서(河南程氏外書)」 58
『하남정씨외서(河南程氏外書)』 56, 58
하숙경(何叔京) 213
하학상달(下學上達) 156
『학기(學基)』 38
「학대원상(學大原上)」 65, 88
『학통(學統)』 38
『한서(漢書)』 120
한유(韓愈) 112
한자(韓子) → 한유(韓愈)
함양(涵養) 19, 42
함영(涵泳) 209
항안세(項安世) 213
항평보(項平父) → 항안세
행(行) 149
행상인(行商人) 164
허령(虛靈) 100
허령지각(虛靈知覺) 20
허순지(許順之) → 허승
허승(許升) 152
형기 28
호상학파(湖湘學派) 28
호안국(胡安國) 28, 119
호연지기(浩然之氣) 42
호오(好惡) 131
호오봉(胡五峯) 28
호요(好樂) 93, 94
호원(胡瑗) 71

호인(胡寅) 120
호자(胡子：胡宏) 82
혼(魂) 144
화(和) 35, 73
화복(禍福) 93
화정윤씨(和靖尹氏) → 윤돈
환도(驩兜) 139
황간(黃榦) 18, 56
황돈(篁墩) 정민정(程敏政) 11, 99
『황돈집(篁墩集)』 25
『황왕대기(皇王大紀)』 28
황정견(黃庭堅) 141
황직경(黃直卿) 212, 213
횡거선생(橫渠先生) → 장재
『횡포집(橫浦集)』 71
『효경장구(孝經章句)』 38
후중량(侯仲良) 28
희로애락(喜怒哀樂) 73, 94
희로애락애오욕(喜怒哀樂愛惡欲) 63

재단법인 실시학사

실학사상의 계승 발전을 위해 설립된 공익 재단법인이다. 다양한 학술 연구와 지원 사업, 출판 및 교육 사업 등을 수행하며, 실학사상의 전파와 교류를 위해 힘쓰고 있다. 1990년부터 벽사 이우성 선생이 운영하던 '실시학사'가 그 모태로, 2010년 모하 이헌조 선생의 사재 출연으로 공익 법인으로 전환되었다.

경학 관계 저술을 강독 번역하는 '경학연구회'와 한국 한문학 고전을 강독 번역하는 '고전문학연구회'라는 두 연구회를 두고 있으며, 꾸준하게 실학 관련 공동연구 과제를 지정하여 그에 맞는 연구자들을 선정·지원함으로써 우수한 실학 연구자를 육성하고 연구 결과물을 사회에 환원하고 있다. 이번에 상재하는 '실시학사 실학번역총서'도 그의 소산이다. 앞으로 아직 세상에 제대로 드러나지 않은 실학자들의 문헌을 선별해 오늘날의 언어로 옮기며, 실학의 현재적 의미를 확인해 나갈 것이다.

홈페이지 http://silsihaksa.org

실시학사 실학번역총서 10
성호 이익의 심경질서

1판 1쇄 인쇄 2016년 10월 10일
1판 1쇄 발행 2016년 10월 20일

기획 | 재단법인 실시학사
지은이 | 이익
옮긴이 | 실시학사 경학연구회

펴낸이 | 정규상
펴낸곳 | 성균관대학교 출판부·사람의무늬
등록 | 1975년 5월 21일 제1975-9호
주소 | 03063 서울특별시 종로구 성균관로 25-2
전화 | 02)760-1252~4 팩스 | 02)762-7452
홈페이지 | http://press.skku.edu

ⓒ 2016, 재단법인 실시학사
ISBN 979-11-5550-170-2 93150
       979-11-5550-001-9 (세트)
값 23,000원

잘못된 책은 구입한 곳에서 교환해 드립니다.
사람의무늬는 성균관대학교 출판부의 인문·교양·대중 지향 브랜드의 새 이름입니다.